JN024978

高校
入試

\実力メキメキ/

合格ノート

中学公民

中村充博 著

文英堂

はじめに

❶「もっているだけで合格する魔法の本」「努力せずに成績が上がる本」…
あったらいいですね。
でも，この本は「ちゃんと読まないといけないし，
いちいち書かないといけない本」です。
もとは塾の授業用のプリントです。
とくに入試対策問題演習の解説などで使っているもので，
中でも「これだけは！」というものを集めた，
受験用書き込み型決戦テキストです。
なお，この本は，問題集ではありません。
いちばんの問題集は過去問だと思います。

❷社会科に天才はいない。
ひらめきで解けるものではありません。
「なんにも知らないけどできた」そんなことはありませんね。
もちろん思考力を試す問題もありますが，
それも前提となる知識がなければ解けません。
社会科は暗記科目です。
「わからない」というより，多くの場合「知らない」だけです。
「じゃあ一体，何をどこまで覚えればいいの？」とよく聞かれます。
社会科は範囲が広いですからね。

❸書き込み編に書き入れるときに，
赤色フィルターで消える色のペンで書くことをおすすめします。
そして，書き込み編を完成させて終わりではなく，
何度も何度も，くりかえしてください。
よく「ムリ〜」と言う人がいます。
（気持ちはわかりますが…当たり前です。1回ではムリですよ）
でも，あきらめないで。
できない理由を考えるより，できる方法を考えよう。
たとえば，くりかえし書いたり，（声に出して）読んだり，
指さして確認したりしましょう。
道を覚える場合なども，何回か歩いているうちに
覚えられるのではないでしょうか？

❹**本の長所は，自分のペースですすめられること。**
欠点は，自分で始めなければ何も変わらないこと。
さあ，君の目標にむかって「学力補完計画」を遂行（すいこう）しましょう。

著者記す

本書の特長

講義テキスト **解説**編	＋	整理ノート **書き込み**編	＝	公民が得意なら, さらに完全マスター! 公民が苦手でも, 高校入試合格レベルへ!

現役の塾講師による講義テキスト

● 日常学習から高校入試まで, 中学公民のポイントを総合的にカバーしています。

● 最重要ポイントは, 徹底した反復トレーニングで確実に身につくようにしています。

自分で完成させる整理ノート

● 空らんを自分でうめる作業によって, 書いて覚えることができます。

● 空らんの語句はすべて, 解説編に同じ番号でのっています。

本書の使い方

❶ **書き込み編を完成させる** …… 書き込み編の空らんの答えは, すべて**解説編**にのっています。
   ❶, ❷などの番号とてらし合わせれば, **書き込み編**の整理ノートは完成です。

❷ **トレーニングをする** …… 反復して練習することは, 学力アップにとても効果があります。
   とくに重要なテーマには, 何回も勉強できる**トレーニング**がついているので, 自分の手で答えを書いてみることによって, 重要点をマスターすることができます。

❸ **知識を確かめる** …… 解説編では**赤色フィルター**で赤字の重要語をかくして, 知識を確認することができます。入試の前には, 通して読んでおくと総整理ができます。入試に出るポイントは, かざりわくの中に大きな文字で強調して書いてあります。知識を確かめる勉強に, 大いに役立つはずです。

❹ **読んで勉強する** …… 単元ごとにはっきりと分かれていますから, 必要なところだけを勉強できます。
   定期テスト, 模擬試験などの前に, 試験の範囲をしっかり読んでおきましょう。

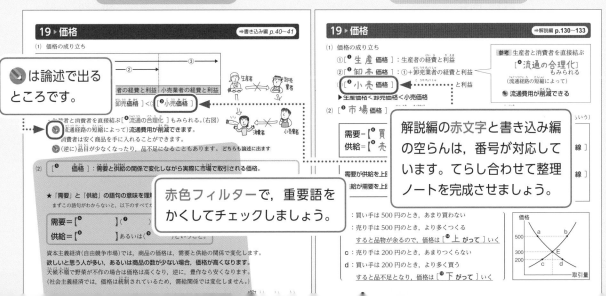

解説編

書き込み編

◎は論述で出るところです。

赤色フィルターで, 重要語をかくしてチェックしましょう。

解説編の赤文字と書き込み編の空らんは, 番号が対応しています。てらし合わせて整理ノートを完成させましょう。

もくじ ▶解説編

1章 わたしたちの生活と現代社会

1 ▶ 戦後の日本

➡書き込み編 p.4〜5

公民としては「現代の日本」というテーマですが，歴史と関連づけて説明します。

入試では複合問題が出ます。歴史とか公民とかいっていられませんので。

1 終戦〜独立

(1) 終戦は【❶ 1945 年 】（終戦記念日は 8 月 15 日）

(2) 【❷ 1950 年 】【❸ 朝鮮戦争 】がおこる。

「隣で戦争ひどく困る」（ことはなかったけど）

朝鮮民主主義人民共和国（北朝鮮）と大韓民国（韓国）の戦争です。

注意してください。朝鮮戦争によって分裂したのではありませんよ。

1948 年，北緯 38 度線を境に，北にソ連の援助で北朝鮮，南にアメリカの支援を受けた

韓国が成立していました。すでに分かれていた，2 つの国が戦ったのです。（→ p.168）

中国義勇軍が北朝鮮を，アメリカを中心とする国連軍が韓国を支援するなど長期化しました。

すると，

日本は，アメリカ軍からの物資の注文が増え，［❹ 特需景気 ］と呼ばれる好景気になりました。

敗戦で落ち込んでいた日本経済は，立ち直るきっかけをつかみ，

高度経済成長と呼ばれる発展をとげることとなりました。

「隣で戦争ひどく困る」…困るどころか，戦争のおかげで日本は豊かになったのです。

"戦争はもうかる"といった産業構造があることも，

世界から戦争がなくならない理由の 1 つです。

(3) 【❺ 1951 年 】【❻ サンフランシスコ平和条約 】。

この時の日本全権は**吉田茂**首相です。

翌年，日本の独立が認められました。

平和条約の調印▶

サンフランシスコ平和条約と同時に【❼ 日米安全保障条約 】が結ばれました。

日本が他国の侵略を受けた場合など，ピンチの時にアメリカが日本を守るという条約です。

一方的にアメリカが日本を守るという片務的なものです。

その代わり，日本はアメリカ軍に基地や費用を負担することになっています。

「インク濃い字で安保もね」…サンフランシスコ平和条約と安保条約，セットで押さえましょう。

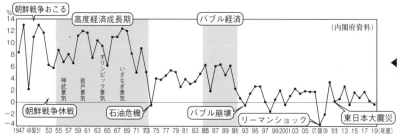

▲実質経済成長率の推移

2 【**^❽高度経済成長** 】： 1955年ころ〜 1973年

1950年代後半からの，日本経済の急成長を**高度経済成長**といい，
この時期を高度経済成長期といいます。（映画「Always 3丁目の夕日」のころです）

(1) 1950年代，電化製品など**耐久消費財**が普及しました。

耐久消費財とは，長い間使える品物のことです。「今週の洗濯機は…」なんてのはありませんよね。
1960年代に急速に普及し，
[**^❾三種の神器**]といわれたのが[**^❿白黒テレビ・冷蔵庫・洗濯機**]です。（電気冷蔵庫，電気洗濯機です）

(2) 【**^⓫1956年** 】【**^⓬日ソ共同宣言** 】によって【**^⓭国際連合** 】加盟が認められました。

サンフランシスコ平和条約は，資本主義側の48か国との講和でしたので，
ソ連などとは個別に講和条約を結んだのです。
ソ連との講和と，国連加盟をセットで押さえましょう。

(3) [**^⓮1960年**]　**日米新安全保障条約**（新安保・改定安保・60年安保ともいう）
同盟国としての関係をさらに強化するためのものです。
これに対して，日本がアメリカに協力すると，アメリカの戦争に
巻き込まれる恐れがあると，国会議事堂を取り囲むデモ行進や，
激しい学生紛争など，各地で安保闘争がおこりました。

▲ 安保闘争

(4) 1960年，池田勇人内閣は[**^⓯所得倍増計画**（政策）]を発表しました。
経済成長をすすめる政策です。
物価も高くなりますが，企業の収益が増え，社員の給料も増えるといったものです。

(5) 【**^⓰1964年** 】[**^⓱東海道新幹線**]が開通。首都高速道路の開通もこの年です。
同じ年，アジア初の[**^⓲東京オリンピック**]が開催されました。

「ひと苦労したよオリンピック」
東海道新幹線と東京オリンピックをセットで押さえましょう。

(6) 【**^⓳1965年** 】【**^⓴日韓基本条約** 】が結ばれ，韓国との国交が回復しました。

韓国を朝鮮半島における唯一の政府とし，北朝鮮は正式な国家として承認しませんでした。

▶経済発展の一方で「公害問題」が表面化しました。経済発展の影の面が出てきたのです。
これに対して政府は，

(7) 1967年【**^㉑公害対策基本法** 】を制定し，企業の責任を明確にしました。
1971年[**^㉒環境庁**]が発足しました。

後述の環境基本法，環境省と区別して押さえましょう。
また，四大公害病は絶対に覚えること。（何県か，何川なども，原因物質も）

(8)　1968年 [㉓ **GNP(国民総生産)**] が, アメリカに次いで2位となりました。(資本主義国の中で2位)

GNPとは1年間にその国で生産されたモノ(財とサービス)の合計金額のことです。(→ **p.159**)
一国の経済規模を示す数字となります。
ただ最近はGNPを使わず, GDPが使われるようなりました。
GDP(国内総生産)は, 海外生産を除いた, 国内の経済規模を示す数値です。
ちょっとややこしいけど。以前はGNP, 現在はGDPを使います。
ちなみに, 2020年現在のGDP 1位はアメリカ, 2位に中国が上がり, 3位は日本です。

・1968年,佐藤栄作首相は「**核兵器を,持たず,つくらず,持ちこませず**」の「**非核三原則**」を発表し,
後に, ノーベル平和賞を受賞しました。

(9)　1970年, 大阪で万国博覧会(大阪万博)が開催されました。(2025年, 大阪・関西万博開催予定)

(10)　1971年 [㉔ **ドル・ショック**] がおこりました。

アメリカのニクソン大統領が, 金とドルの交換を停止したため, ドルを中心通貨としてきた
世界経済が混乱しました。ニクソン・ショックということもあります。
また1ドル=360円の固定為替相場が終了, 現在の**変動為替相場**へ移行しました。
固定為替相場では, 1ドルの商品を売れば, 360円になったのですが,
為替相場が1ドル=308円になれば, 同じ1ドルの商品を輸出しても308円にしかなりません。
出題もありましたので一応。今は深入りしないでおきましょう。(なお, 為替相場→ **p.134**)

1968年の小笠原諸島返還に次いで,

(11)　[㉕ **1972年**]　[㉖ **沖縄**] が日本に復帰しました。「人, 苦難に耐えて復帰する」

でも, アメリカ軍基地は残されることになりました。

(12)　[㉗ **1972年**][㉘ **日中共同声明**] により, 中国との国交を正常化しました。

「ビッグなニュースで声が明るい」田中角栄首相の時です。

(13)　[㉙ **1973年**][㉚ **石油危機**(第1次)] がおこりました。(石油ショック, オイルショックとも)

「ナミダが出るぜ, 紙がない」
このとき, 日本では「トイレットペーパーがなくなる!」といううわさが広まり,
パニックになった人々がトイレットペーパーを買い求め, 各地で行列ができました。
[㉛ **第4次中東戦争**] の時, 石油の輸出国が [㉜ **OPEC(石油輸出国機構)**] を結成し,
イスラエル支援国に対して石油の輸出価格を上げました。(小売価格がなんと10倍にもなった)
これにより世界経済が混乱, 日本の高度経済成長が終わりました。
(アラブ石油輸出国機構=OAPECという組織もあります)

▶トイレットペーパー売り場に
殺到した人々

3 安定成長期と貿易問題

高度経済成長が終わったからといって，日本経済が没落したわけではありません。
省エネ製品の開発などにより，日本経済は安定した成長を続けました。

(1) 1970年代，[㉝ 3 C]と呼ばれる，[㉞ カラーテレビ・カー・クーラー]が普及しました。
頭文字がCです。カーは自動車，クーラーはエアコンと書かれることもあります。

　⚫電化製品の普及は家事負担を減らし，女性の社会進出を促す一因となりました。

また，それにともなって，化粧品産業や外食産業が発展しました。
ファストフードのチェーン店もみられるようになりました。

(2) 1975年，第1回先進国首脳会議(㉟ サミット)が開催されました。

石油危機後の世界経済などについて，世界のトップ(首脳)が集まって，話し合いました。
以後，毎年開催されています。あなたの受験年度のサミット開催地は押さえておきましょう。
当時は，先進国首脳会議，現在は，主要国首脳会議と呼ばれています。

　▶現在(2020年)のサミット参加国は[㊱ 米 英 仏 独 日 伊 加]…G7と呼ばれる。

　▶なお，G7に新興国などを加えたG20といわれる会議も開催されています。

(G7と，中国，韓国，インド，トルコ，サウジアラビア，インドネシア，ブラジル，アルゼンチン，メキシコ，
南アフリカ共和国，オーストラリア，EU(ヨーロッパ連合)，ロシアを加えた20の国と組織)

(3) 【㊲ 1978年 】【㊳ 日中平和友好条約 】が結ばれました。

「ビックなパンダは平和の使者」。福田赳夫首相の時です。

安定成長を続ける日本と，貿易赤字(加えて財政赤字も)となったアメリカなどとの間に，

(4) 【㊴ 貿易摩擦 】が高まりました。⚫貿易の不均衡(アンバランス)から生じる諸問題です。

「そんなの関係ねえ！メイドインジャパンは最高だ〜」といいたいところですが，
残念ながら，日本は食料自給率がとても低い国なのです。
「日本への農作物(小麦・とうもろこし・大豆など)の輸出を停止する」となったら大変です。
(食料自給率：その国で必要な食料のうち，国内で生産した量の割合のこと。)

1986年[㊵ GATT(関税と貿易に関する一般協定)]のウルグアイ・ラウンドでの合意を受けて
日本に市場開放を要求してきました。　(ウルグアイ・ラウンドとは，ウルグアイでおこなわれた会議のこと)
「日本は売るばかりじゃなく，外国からもっと買え」ということです。
(GATTは貿易のことを話し合う国際機関で，現在は世界貿易機関〈WTO〉となっています)

1991年【㊶ 牛肉 】・【㊷ オレンジ 】の輸入自由化が実施され，
1993年【㊸ コメ 】の部分開放も実施されました。

日本は国内の生産者を保護するために，特定の商品の輸入を禁止していました。
海外から安い商品が入ってくると，生産者がやっていけなくなり，さらに食料自給率が下がっ
てしまいかねませんからね。でも，自由貿易へと向かう国際的な流れには逆らえませんでした。
(なお，安い輸入品によってハンバーガーや牛丼の値段が下がりました。)

● 産業構造の変化

資源の乏しい日本では，

> 資源を輸入して，製品を輸出する【⑭加工貿易】がおこなわれていました。

安い鉄鉱石を輸入して製鉄し，さらに高価な自動車をつくって輸出するといったものです。

> 近年では，製品輸入が増加するようになりました。グラフや統計を使った出題あり

企業が，賃金(給料など賃金のことを人件費ともいう)の安い東南アジアや中国などへ工場を移転し，
そこで生産した部品などを逆輸入することが多くなったからです。(国際分業がすすんだ)

こうして，複数の国に拠点を持つ【⑮多国籍企業】が増加しました。

> 💧 日本よりも賃金の安い国で生産することで，安い製品をつくることができ，
> 国際競争力を高めることができるのです。しかし，一方で，

> 企業の海外進出によって，国内の産業が衰退する【⑯産業の空洞化】がすすみました。

日本国内では工場が閉鎖されるなどして，労働者が仕事を失うといったこともおこっています。
また最先端の技術が流出してしまうといった問題もあります。

④ 貿易摩擦の高まりを受けて (日本側の黒字，アメリカは赤字)

1985年，プラザ合意(プラザホテルでの会談)で円高政策がとられ(1ドルが約250円から2年後に130円
前後になった)，輸出産業が不振となりました。(円高と貿易の関係→p.134)
この円高による不況を受けて，日本銀行が金利を下げました。(不況と金利の関係→p.138)
金利が低いので，銀行に預けていてもしょうがないよね，ということで，
その資金で不動産(土地やビルなど)や，株を買い占めるようになったのです。
(さらっと説明しましたが，難しい内容の話ですので，p.139まで学習がすすんでから，また読み直してください)

円高(円の価値が倍近くになった)によって，海外のビルや会社などの買収もみられました。
買う人が多くなれば，価格は上がります。
例えば，1億円のマンションが短期間で1億3000万円に値上がりしたりしたので，
買って売って，また別の物件を買って売るといった「土地ころがし」もみられるようになり，
不動産や株価がどんどん値上がりしていき，

> 【⑰バブル経済】となりました。
> 【⑱1980年代末】から【⑲1990年代初め】ころのことです。
> (ちびまる子ちゃんのTV放送が始まったころです)

"バブル"は泡のことです。ふくらんだアワがはじけるように，
1990年代初めにはバブル経済は崩壊しました。
銀行は，土地などを担保に融資をしていたのですが，(返せない場合は土地を差し押さえる約束でお金を貸す)
地価が下がったため，不良債権をかかえて倒産する銀行が相次ぎました。
(不良債権：返してもらうことが困難となった借金のこと) 出題あり
バブル崩壊後は，低成長のため景気回復の実感がもてない，厳しい時期が続きました。
「就職氷河期」「失われた10年」などといわれています。

5 その他，年表でまとめる

(1) | 1986 年，日本の防衛費が[⁵⁰ GNP(国民総生産)]の 1 ％を突破しました。 |

GNP は前述しましたね。国の経済規模を表す数値です。
最近は，GDP(国内総生産)が使われますが，当時は GNP が指標でした。
額ではなく，国の経済規模を表す数値の 1 ％を国力に応じた防衛費の目安としていました。

(2) | 1989 年，米ソは[⁵¹ 冷戦]の終結を宣言しました。
ブッシュとゴルバチョフによる[⁵² マルタ会談]です。
冷戦の象徴だった[⁵³ ベルリンの壁]が崩壊。翌 1990 年，東西ドイツは統一しました。 |

以後，緊張緩和(デタント)がすすみました。
なお，マルタは地中海の島国(イタリアの南)で，EU 加盟国です。 地理でも出ます

(3) | 1989 年，昭和から平成となった年，【⁵⁴ 消費税(⁵⁵ 3 ％) 】が導入されました。 |

1997 年から税率は 5 ％となっています。(2014 年から 8 ％。2019 年 10 月から 10 ％)

バルト三国(エストニア，ラトビア，リトアニア)が分離独立，ついに，

(4) | 1991 年，【⁵⁶ ソ連 】が解体しました。 |

「悔いが残るぜソ連邦」
現在は，ロシア連邦を中心とする CIS(独立国家共同体)という，
ゆるやかな結びつきになりました。
ソ連時代に各地に配備した核兵器を管理する必要があるからです。
連邦を構成していた国々が，核兵器をもったまま独立してしまっては，
新たな脅威になりかねませんからね。

(5) | 1992 年，【⁵⁷ PKO協力法(国連平和維持活動協力法) 】が成立しました。
これにより自衛隊が[⁵⁸ カンボジア]へ派遣されました。 |

ただ，「自衛のための組織なのに，海外へ派遣するのは問題ではないか」
という議論もありました。(→ p.29)

(6) | 1993 年，【⁵⁹ 環境基本法 】制定。公害だけでなく総合的な環境政策をすすめるためです。
2001 年，[環境庁]が【⁶⁰ 環境省 】に昇格しました。(公害対策基本法は廃止) |

省になると，大臣がおかれ権限が拡大し，法案提出や予算計上などで有利になります。

> おまけ 公民の学習を始める君へ
> テレビのニュースや新聞をみてみましょう。毎日，新聞の 1 面の太字だけでいいから目を通して
> みましょう。「これ，授業で習った〜」ということがきっとあるはずです。
> すると，いつもの授業がちょっと楽しくなるかもしれませんよ。

2 ▶ 現代の日本のキーワード

➡️書き込み編 p.6〜8

1 少子高齢化

(1) 原因 ▶ 医療の充実や栄養状態の改善などによる死亡率の低下と，出生率の低下。

高齢化社会とは，総人口にしめる[❶ **65歳**]以上の高齢者の割合が **7％以上**，

高齢社会とは，総人口にしめる[❷ **65歳**]以上の高齢者の割合が **14％以上**の状態です。

日本では，2010年に23.0％，2020年に28.7％となりました。2030年には31.2％となる予想です。

この数字は正確に覚えなくてもかまいませんが，とにかく，

> ▶ **日本は世界一の"高齢社会"です。**（世界トップクラスの長寿国でもあります）

（21％を超えると超高齢社会ということもあります。）

🖊 [❸ **生産年齢人口**] が減少し，負担が増加する。

高齢社会では，若者の負担が増加します。

税金や保険料などの経済的な負担のことです。

15歳〜64歳の人口を**生産年齢人口**といいます。

働き手となる年代で，国の生産能力のめやすとなるものです。

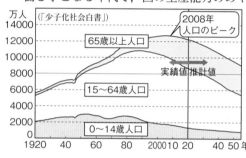

▲ 日本の人口構造の変化

国名	65歳以上人口の割合(%)
*日本	28
ドイツ	21
スウェーデン	20
アメリカ	16
中国	12
**インド	6

（『世界国勢図会』）(2018年。*2019年，**2011年)

▲ おもな国の65歳以上人口の割合

(2) その対策の一環として，

> 1999年，【❹ **育児・介護休業法** 】が施行されました。（1995年成立）

1歳6か月未満の子どもや，介護を必要とする家族がいる労働者は，

男女問わず，一定期間，仕事を休むことが認められるようになりました。

また，会社(雇用者)は，休んだことを理由に不利な扱いをしてはならないことを定めています。

> 2000年，【❺ **介護保険**(制度) 】が始まりました。

「うちは老人がいないから関係ないよ」ではなく，

社会全体で支えあっていこうというものです。

40歳以上のみんなで保険料を負担し，

要介護者や高齢者に介護や支援サービスを提供します。

（社会保険について→ **p.147**）

・少子化担当大臣もおかれるようになりました。

（常任ではなく特命大臣として）

2 女性の地位向上

(1) 1945 年，普通選挙法が改正され［❻満 20 歳］以上のすべての［❼男女］に選挙権が与えられた。

(2) 1947 年 **日本国憲法**施行・**民法**改正(新民法)：男女同権となりました。
また，新たに**教育基本法**が制定されました。(教育勅語は廃止)
男女共学を原則とし，義務教育が 9 年となりました。

(3) 1986 年【❽男女雇用機会均等法】施行：会社など職場における男女差別を禁止。

雇用とは雇って用いることです。
女性が働く上で不利にならないように，事業者(会社)は，努力する義務があります。
「雇用における男女の機会の均等をめざす法律は何？」と出題されることもあります。
わかりやすいですね(^0^)。
でも「女子差別撤廃条約(→ p.37)の批准を受けて制定された法律は？」という出題もあります。

(4) 1999 年【❾男女共同参画社会基本法】が施行されました。
【❿性別に関係なく個人として能力を発揮することができる社会をめざすもの】です。

長いですね(公民の重要用語で 2 番目に長い)。10 回唱えて，5 回書いて覚えましょう。

「仕事の上で」「職場で」とあれば…**男女雇用機会均等法**，
「個人として能力を〜」 とくれば…**男女共同参画社会基本法**。

・右グラフは，男女別就業率(仕事をしている割合)を示しています。
20 代後半から 30 代後半の女性の就業率がへこんでいます(M 字型)。
結婚や子育てで仕事をやめることが多いから(です)。

・少子高齢化にともなって，ますます女性労働者の役割が重要視されるようになっています。
「男は外で仕事，女は家で家事と育児という役割意識をなくし，
男女がお互いに協力し合うことが必要です」…と教科書にあります。

おまけ 1980 年ころ「はたらくおじさん」という教育番組がありました。子ども向け職業紹介番組でした。
そのうち 「おかあさんといっしょ」 という番組のタイトルが変わるかもしれませんね。

3 耐久消費財の普及(のポイント)

▶ **出現した時期と，普及率(%)に注目**

・白黒テレビに代わって【⓫カラーテレビ】が普及。
・洗濯機,冷蔵庫,カラーテレビは【⓬ほぼ 100%】普及。
・エアコン，［⓭乗用車］，パソコンの普及率は 100%でない。
サザエさんの家に車はありませんね。
鉄道などの公共交通機関が発達した都会の方が，
世帯あたりの乗用車数は少ない。
また 1 人暮らしの学生も，エアコンや車を持っていないことが多い。
一方で田舎は，一家に何台も車があるのは珍しくありません。
・パソコン,携帯電話は新しい製品です。(出現時期が遅い)

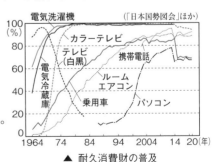

▲ 耐久消費財の普及

▲ 初期の携帯電話

4 情報社会

🔷 **情報社会とは，情報が価値をもつ社会のこと**（情報が大きな影響力をもつ社会）。
株価や原油価格，政変や災害，天気予報やスポーツ中継など，
形をもたない情報が価値をもち，大きな影響を与える社会です。

(1) [**⑭マスメディア**]：新聞・テレビ・ラジオなどの媒体。
　　　　　　　　　　不特定多数の人々に大量の情報を伝える**もの**のこと。

(2) [**⑮マスコミ**]：マスメディアによって不特定多数の人々に大量の情報を伝える**こと**。
　　　　　　　　マス・コミュニケーションの略。

(3) [**⑯ＩＴ革命**(情報通信技術革命)]：インターネットなどによって社会が大きく変わること。
　　ＩＴは，インフォメーション・テクノロジーのこと。インターネットのテクニックではありません。

・次は基本的人権や地方自治に関係する重要なものです。

(4) ┌───┐
　　│ 2001 年【**⑰情報公開法**】が施行されました。**知る権利に応じる**ものです。（成立は 1999 年）│
　　└───┘

・「知る権利」とは，政府や企業のもつ情報の公開を要求することができる権利です。（→ **p.50**）
　税金が，どのように使われているかを知ることは当然の権利ですね。

　ただし，知る権利は，行政機関(政府＝国や地方自治体)や，企業のもつ情報が対象ですが，
　法や条例で情報公開を規定しているのは，行政機関の情報の公開です。
　民間企業の企業秘密(味の秘密など)まで，すべてを公開しろというのは無茶です。
　情報公開制度は，[**⑱行政機関**](政府＝国や地方公共団体)のもつ情報の公開請求ができるものです。
　でも，すべて要求通りに情報が公開されるとは限りません。（裁判になることもある）

　参考 地方公共団体の中には[**⑲情報公開条例**]を制定する動きが広まっています。（1982 年～）
　　　　 法律は国会が定めたきまり，条例は地方公共団体が定めたきまりです。（→ **p.56**）

　●なぜ，国民が政治についての情報を知る必要があるのか？

　🔷 ┌ **⑳主権者である国民が，政治について正しい判断をするため。**
　　　│ **(または)国民が，政治について正しい判断をするために，**
　　　│ 　　　**政府や地方自治体がどのような活動をしているのか，知る必要があるから。**

　┌───┐
　│ ※地方自治に関して出題された場合は，国民を住民に置き換えるなど，対応してください。 │
　│ 論述のコツは，何を聞かれているかを理解し，出題の意図をくみとって解答することです。 │
　│ 会話のキャッチボールが成り立つようにしなければなりません。 │
　└───┘

・知る権利は無制限に認められるものではありません。
　プライバシーを守るために，

(5) ┌───┐
　　│ 2005 年【**㉑個人情報保護法**】が施行されました。（成立は 2003 年）│
　　└───┘

重要 |知る権利→情報公開法|。 |**プライバシーの権利→個人情報保護法**|。
　　　　　　　　　　　　　　　　　　　　　　　　　　区別しましょう。

・偏った情報やウソの情報によって，世論を誘導する(情報操作)がおこなわれることが
あります。敗戦前の日本では，戦局の悪化をふせて「我が軍は連戦連勝」と伝えました。
アメリカはイラクが大量破壊兵器をもっているとして，イラク戦争を始めましたが，
そのような兵器は見つかりませんでした。
また，誤った情報によって，無実の人が犯人扱いされたこともありました。

このようなことがないように，

(6) **情報社会において注意すべきこと**

・情報の受け手は

❷情報をうのみにせず，1人ひとりが，信頼できる情報かどうかを冷静に判断する。
(または)情報を無批判に受け入れるのではなく，何が真実であるかを判断できる目を養う。

必要な情報を取捨選択することが大切です。
とはいっても，東日本大震災にともなう放射能漏れの情報などは，難しいですよね。
せめて，冷静に行動したいものです。

・情報の発信者として

❷個人情報を流出させないようにするなど，他人のプライバシーに配慮する。

(7) なお「情報とどう付き合うのか」ということが，重視されるようになっています。
情報を活用する能力を[❷メディアリテラシー(情報リテラシー)]といいます。

(8) また，コンピューターやインターネットなどの情報技術を利用したり使いこなしたりできる人と，
そうでない人の間に格差が生じることがあります。(そのために不利になることもある)
この情報格差を[❷デジタルデバイド(デジタルディバイド)]といいます。

5 産業の分類

第1次産業	農業・牧畜・水産・林業など(自然に働きかける)
第2次産業	工業・鉱業・建設業など(鉱産物の生産と加工・第1次産業の製品の加工)
第3次産業	サービス業・商業・運輸業・通信業・金融業など

・**先進国で多いのは[❷第3次産業]** ⇔ **発展途上国で多いのは[❷第1次産業]**

▶**日本では戦後[❷第1次産業]人口が減少し，【❷第3次産業】人口の割合が増加しました。**

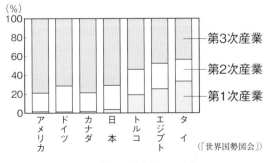

▲ 産業別の就業人口割合(2018年)

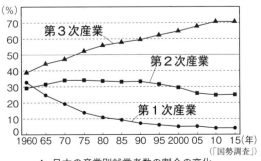

▲ 日本の産業別就業者数の割合の変化

6 グローバル化

韓国ドラマの DVD をみながら，ドイツ製のグラスに，フランス産のワインをそそぐ。
デンマーク製のソファーに腰掛け，イタリア製のネクタイをゆるめると，
中から中国製のシャツがみえる。(ボクのことではないですよ)
お店には世界中のいろいろな食材がならび，
海外旅行にも簡単に行くことができるようになりました。
世界の一体化がすすみ，近く感じられるようになりましたよね。

このように，人，モノ，資本(お金)が容易に移動できるようになった現在では…，
というところを，【㉚ グローバル化 】がすすんだ現在では…という。
貿易がさかんになると，**国際競争**がおこります。
どこの国の商品がいいか(価格も含めて)比べられますからね。
また，得意な分野はどんどん開発をすすめて競争力をつけますが，
苦手な分野の商品は輸入するといった**国際分業**がすすんでいます。

現在では，金融や経済，平和構築や復興，コロナウイルスなどの伝染病対策での
国際協力をすすめていく必要があります。
もはや一国だけの問題だけでは済まなくなりましたからね。

また，日本で暮らす外国人が増え，
さまざまな文化をもつ人々と共生する[㉛ 多文化共生社会](多文化社会)となってきています。
そうすると，🖝 それぞれの文化の違いを尊重しあい，共生していくこと(が求められる)
ようになってきます。(認め合うことであって，外国の文化を受け入れることではありません)
そういえば，クレヨンなどの "はだいろ" という表現がなくなりましたね。
肌の色は人種によって違いますからね。

7 現在の貿易

① **輸入も輸出も機械類が多いことに注目しましょう。**
　加工貿易に加え，海外生産による，**機械類の**[㉜ 逆輸入]**も多くなった**からです。(→ p.8)

② **輸入品に石油が多いことに注目しましょう。**
　輸入先の上位に，サウジアラビアとアラブ首長国連邦がありますね。

日本の輸出品(2019年)　76.9兆円

機械類 36.8%	自動車 15.6	その他 38.9

自動車部品 4.7　鉄鋼 4.0
(「日本国勢図会」)

日本の輸入品(2019年)　78.6兆円

機械類 24.9%	石油 12.1	6.2	その他 48.8

液化ガス　医薬品 3.9　衣類 4.1

③ 輸出額と輸入額を比べてください。日本は，これまで**輸出額の方が多い**，【㉝ 貿易黒字 】
　が基調でしたが，近年は輸入額の方が多い，貿易赤字となることも多い。(貿易黒字になる年もあります)

④ 日本の輸入相手国は，戦後，ずっとアメリカが 1 位でしたが，
　近年は【㉞ 中国 】**がアメリカを抜いて 1 位となりました。**
　アメリカに対しては貿易黒字ですが，中国に対しては輸入が多く貿易赤字となっています。

日本の輸出先(2019年)　76.9兆円

アメリカ 19.8%	中国 19.1	台湾 6.1	その他 43.6

韓国6.6　(香港)4.8
(「日本国勢図会」)

日本の輸入先(2019年)　78.6兆円

中国 23.5%	アメリカ 11.0	6.3	その他 44.0

アラブ首長国連邦 3.6
オーストラリア　(台湾)3.7
韓国 4.1　サウジアラビア 3.8

8 世界同時不況

- 2008年，[**㉟** リーマンショック]（リーマンブラザーズというアメリカの大手証券会社の破綻）によって，
100年に1度とまでいわれる**世界同時不況**におちいってしまいました。

- 2011年，[**㊱** ユーロ危機]ギリシャが借金だらけだったことが明らかになり，
共通通貨であるユーロが暴落し，EUだけでなく世界中に不安が広がりました。

- 2020年，新型コロナウイルス（COVID-19）の世界的流行（パンデミック）。

9 労働環境の変化

(1) [**㊲** 終身雇用（制度）]：**労働者を定年まで雇い続けるしくみ。**

日本では，労働者が同じ企業で長く（新卒から定年までずっと）働くことが多いのですが，
非正規雇用労働者（不安定雇用労働者）の増加（パートや派遣労働者など）が増加しています。
また，**リストラ**や「派遣切り」，あるいは転職する人も増えました。
一方で，中途採用や再就職も増えて，雇用関係は流動的になりました。

(2) [**㊳** 年功序列賃金（制）]：**勤続年数に比例して賃金が高くなるしくみ。**

日本では年齢とともに賃金が上昇するしくみが一般的です。
新入社員よりも，ベテラン社員の方が，給料が多いというものです。
当たり前のように思うかも知れませんが，プロ野球選手などは違いますよね。
まだまだ一部ですが，**成果主義**や**能力給・年俸制**もみられるようになりました。

> **参考** 労働市場・雇用形態が変化したといっても，まだ日本では終身雇用と年功序列賃金が多いです。
> ちなみに，日本の高度経済成長は，この終身雇用と年功序列という日本的経営方式（日本的労使慣行）
> に支えられてきたといえます。
> 定年までの人生設計が立てやすいですからね。ローンを組んで家や車を買うことが出来ます。
> そしてそのことは，消費の拡大につながります。また会社も，長期的な展望で人材の育成をすることができます。

10 その他

- [**㊴** 規制緩和]：**政府による経済活動の規制をゆるめていこうとすること。**

生活や安全を守るために必要な規制はありますが（なんでもかんでも自由にとはいきませんよね），
消費者の利益につながらない規制や，外国企業の参入を妨げているとの指摘もありました。
例えば，今まで薬局以外で薬を販売することが出来ませんでしたが，
コンビニで栄養ドリンク剤などが売られるようになりました。（**経済活動の自由→ p.43**）
ガソリンスタンドでのセルフ給油などもそうです。

- **行政改革**

多くなりすぎた国の仕事を減らして，無駄を省こうとする動きのひとつです。
国の仕事（許可を出したり，決定をおこなったりすること）が増えて，[**㊵ 行政の肥大化**]といわれるように
なりました。しかし，なんでもかんでも国がやっていると大変なので，民間企業や地方自治体に
まかせようと，電電公社はNTT，専売公社はJT，国鉄はJRとなり，郵政民営化で日本郵政グループ
（JP）が誕生するなど，国の事業のいくつかを民営化しました。
また，幼稚園は文部科学省，保育園は厚生労働省といったように，仕事がわかれている（たて割り
行政）の無駄を省き，簡素で効率的な行政＝[**㊶ 小さな政府**]をめざす改革もすすめられています。

3 ▶ 家族

➡書き込み編 p.9

・親等や遺産相続額などは，あまり入試には出ない内容ですが，学校の定期テストには出ます。
核家族や民法の原則については理解しておきましょう。

・まず，語句の説明。

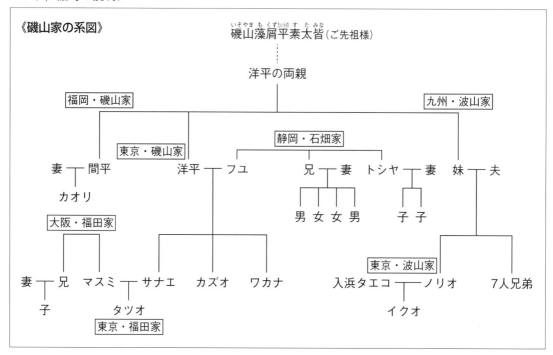

《磯山家の系図》
磯山藻屑平素太皆(ご先祖様)
洋平の両親
福岡・磯山家
東京・磯山家
九州・波山家
静岡・石畑家
妻—間平　洋平—フユ　兄—妻　トシヤ　妻—妹—夫
カオリ
大阪・福田家　男 女 女 男　子 子
妻—兄　マスミ—サナエ　カズオ　ワカナ　入浜タエコ—ノリオ　7人兄弟
子　タツオ　東京・波山家
東京・福田家　イクオ

・血　族：血のつながりがある(遺伝子的なつながりのある)人々。
　　　　　サナエと洋平，タツオとフユ，カズオとノリオなどもそうです。

・姻　族：血族の配偶者・配偶者の血族です。結婚によって親戚となった人々。
　　　　　血のつながっていない親戚のこと。
　　　　　マスミと洋平，フユとノリオ，サナエとタエコなどです。

・配偶者：自分の結婚相手のこと。
　　　　　洋平とフユ，サナエとマスミ，ノリオとタエコなどです。
　　　　　「ボクの配偶者になってください」なんて，あまり日常会話では使わない語句ですね。

・直　系：自分および配偶者が生まれてくるために不可欠な人々。
　　　　　タツオは，サナエとマスミがいないと生まれていません。
　　　　　さらに，マスミとサナエも両親がいなければ，生まれてこなかったわけで，
　　　　　その両親，その両親…と続く流れを直系といいます。

・傍　系：直系ではない人々。
　　　　　もしノリオが存在していなくても，タツオは生まれることはできますね。

　　　　　(例)カズオからみて，マスミの父は傍系の姻族です。でもタツオからみると直系の血族です。
　　　　　　　ノリオからみて洋平は傍系の血族です。(おじにあたります)

1 親族の範囲は [**❶6親等内の血族**]・[**❷配偶者**]・[**❸3親等内の姻族**] です。

親族は，遺産相続の権利や，扶養の義務が生じます。
(扶養は，高齢の親を扶養する，両親を亡くした姉の子を扶養するなど)

▶**親等の数え方**

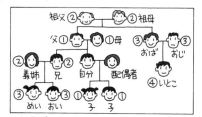

・自分からみて，父や母は1親等，子どもも1親等。

・自分の兄弟姉妹は2親等です。

  兄は自分の親の子と数えます。(①親等＋①親等＝②親等)

・自分の親の兄弟姉妹を「おじ」「おば」といいます。親の親(祖父母)の子なので3親等。

・おじ(おば)の子どもを「いとこ」といいます。「いとこ」は4親等となります。

  ちなみに，3親等内の血族とは結婚できませんが，いとこは4親等なので結婚できます。

例題1：カズオからみてタツオは何親等？　　　　　　　　　　【　　親等】
例題2：ワカナからみてノリオ(洋平の妹の子)は何親等？　　　【　　親等】
例題3：カズオからみてタエコ(ノリオの妻)は何親等？　　　　【　　親等】
例題4：タツオからみてイクオちゃんは何親等？　　　　　　　【　　親等】

〈**解説と解答**〉…左ページの系図をよく見て，指でたどって数えてみましょう。

  例題1：カズオから洋平は1親等→洋平の娘のサナエへ2親等→サナエの息子で 3親等 。

  例題2：ワカナから洋平は1親等→洋平の親(ワカナの祖父母)へ2親等→その娘(洋平の妹)へ3親等
  　　　　→その子どもで 4親等 の傍系血族。つまり「いとこ」です。

  例題3：カズオからみてタエコ(ノリオの妻)は， 4親等 の傍系姻族。
  　　　　配偶者は0(ゼロ)，ノリオと同等です。

  例題4：タツオからサナエへ1親等→サナエから洋平へ2親等→洋平から洋平の親へ3親等
  　　　　→そこから娘へ4親等→その子(ノリオ)へ5親等→その息子なので 6親等 の傍系血族。
  　　　　タツオ「ギリギリですね～」。イクオちゃん「ハ～イ」。

2 結婚：成人の場合，婚姻は [**❹両性の合意**] のみに基づいて成立する。 **注意** 「同意」ではない。

▶**成人年齢が引き下げられ，男女とも満18歳で結婚できる**ようになりました。(2022年4月1日から)

  ＊これまで結婚できる年齢は，男性18歳，女性16歳でしたが，未成年の結婚には親の同意が必要でした。
  　成人年齢の引き下げで，親の同意が不要になり，また，女性の結婚年齢は18歳に引き上げられました。

3 【⑤核家族】：夫婦のみ，または夫婦と未婚の子どもからなる家族

核とは，中心や基本という意味です。
波野家(ノリスケさん家)や，野原家(クレヨンしんちゃん)などがそうです。
一般には子どもが10人いれば，「大家族」といいますが，数は問題ではありません。

核家族	核家族ではない
・夫婦と未婚の子ども	・さくら家(ちびまるこ)，磯野家
・老夫婦の2人暮らし	・学生の1人暮らし
・新婚夫婦(2人暮らし)	・夫が死亡し，妻が1人暮らし
・夫(妻)が単身赴任中で，妻(夫)と子の家庭	・妻が死亡し，夫が1人暮らしなど
・母子家庭や父子家庭など	

▶戦後，大家族が減り，核家族が増加しました。
▶近年(今後も)，1人暮らしの家庭が急増すると予想されます。

▲家族の類型別一般世帯数の変化

4 【⑥民法】は，家族について定めた法律です。

他に，財産や契約といった市民関係全般について定めた法律です。(1044条もあります)

　　▶旧民法(明治時代に制定された民法)は，「家制度」を中心とし，家父長制が強いものです。
　　　　長男だけが家督(財産)を相続するもので，男尊女卑の考えが根底にあります。

▶新民法(今の民法)は，【⑦個人の尊厳】と【⑧両性の本質的平等】が原則です。(憲法第24条)

注意　「基本的人権」の平等権のところで，「個人の尊重」というのが出てきます。(→ p.39)
　　　意味の違いを考えてもきりがないので，条文通りに覚えましょう。

・なお，結婚しても姓(名字)が変わらない「夫婦別姓」については，
議論はされていますが，正式には認められていません。
ただ，会社などで旧姓のまま仕事を続けていくこともあるようです。

5 【⑨均分相続(制)】は，現在の民法における遺産相続の原則です。(※遺言がない場合)

・遺産は配偶者が2分の1，残りを子どもが等しく分けます。

例題：洋平が4500万円の財産を残して亡くなったとすると，ワカナの相続額はいくらか？

答：[　　　　万円] (答え→ p.21)

・社会科は暗記科目ですが，公民は地理や歴史に比べると，覚えるべき語句の数は少ないです。
　地理や歴史のときの定期テストでは，丸覚えで何とかなったりしたかもしれません。
　でも，公民は，丸覚えでは通用しないこともあります。
　丸覚えではなく，要するにどういうことか，ちゃんと理解して覚えなければなりません。

　「ミホちゃんが，ママにおつかいをたのまれて，お豆腐を買いに行った」を，
　「未成年者ミホは，親権者である母から代理権を与えられ，豆腐の売買契約の締結に行った」
　ということもできます。（無理やりですけどね(^^ゞ)）

・公民の語句って，難しいものが多いですよね。
　もっと簡単な言い方をしてほしいですね。
　例えば次の章で，憲法改正の手続きを学習するのですが，
　「各議院の総議員の…」という語句は，
　「衆議院と参議院の全部の国会議員の…」という感じでね。
　語句を覚えるためにも，「一体それは何のことか」「要するに」を理解する必要があります。

・公民は中学3年で学習します。中学1年で公民という話はきいたことがありませんね。
　子どもには難しい「大人の話」だからかもしれません。
　「選挙には誰でも立候補できます」と聞いて
　「えっ，政治家じゃなくても立候補できるんですか？」と思った人はどこかズレています。
　見た目は大人，頭脳は子ども…では，困ります。

▶この単元は，語句を暗記してテストで答えることよりも，
　ものの見方や考え方を身につけるためのものだと思ってください。
　社会は人々の努力によって成り立っているのですから，
　何とかしようとがんばる人になりましょうね，ということです。

・ところで「中学3年生は大人ですか？」

> 12歳：刑事責任が問われる（悪いこと（違法行為）をしたら罪に問われます）
> 15歳：遺言の効力が認められる（ドナーカードで意思表示ができる（→ **p.51**））
> 　　　　働くことができる（中学卒業後の4月から。ただし労働時間などの制限がある）
> 16歳：刑事処分を受ける（悪いこと（違法行為）をしたら刑罰が科せられる）
> 18歳：成人となる（2022年4月1日より）
> 　　　　男性・女性とも結婚できる（2022年4月1日より）
> 　　　　選挙権をもつ
> 　　　　死刑の判決を受けることもある
> 20歳：飲酒・喫煙ができる
>
> （民法・刑法・少年法・公職選挙法・労働基準法など）

悪いことをしたら子どもだからでは済まされなくなる12歳，
働いてお金を稼ぐことができるようになる15歳，
成人年齢が18歳。でも，飲酒・喫煙は20歳からですよ。
いろいろ解釈できそうですね。

人は家族，学校，地域社会，職場など，いろいろな**社会集団**の中で生活しています。

人は1人では生きられません。人はこれらの社会集団に属し，
その一員として協力していかなければ，生きていくこと
(あるいは生活を豊かにすること)ができません。

そのため「人間は**社会的存在**である」といわれている。

(古代ギリシャの哲学者アリストテレスは「人間は社会的動物である」と表現)

対立がおこることは避けられない。

当然ですよね，人はそれぞれ違うのですから。
個人間でも，社会集団間(例えば国家間)の対立もおこります。
一枚のせんべいを分けるとき，教室の席替え，学校の文化祭の出し物，
アメリカ軍基地の移転，TPP(環太平洋経済連携協定)の加盟など，
あっちを立てれば，こっちが立たないということがおこります。

人は**合意**しようとがんばる。

多様な意見をまとめ，なんとか納得できる方法を探すのです。
対立を解消し，利害の調整をおこなうために**きまり(ルール)**をつくることが必要です。
話し合いによる**全員一致**が理想でしょうが，そうならない場合は**多数決**がおこなわれます。

きまり(ルール)をつくるにあたって，**効率**と**公正**という視点が必要である。

効率とは，時間や費用(お金)，もの，労力(手間)などの配分について無駄を省くこと。

実行に必要な費用や労力に見合っているか，つまり「**費用対効果**」の観点です。
例えば，国会議事堂の食堂で使うスポンジを買うときの費用は税金から出されますが，
新しいものに取り替えようとするとき，「いやまだ使えるのでは」などと，
国会で話し合うことはしませんよね。
ただ，話し合いは時間の無駄だから，さっさと多数決で決めてしまうのは効率的でしょうか？
やはり，話し合った上での多数決の方が，より納得できると思われます。
時間をかけても，人々の満足度が高まるならば，効率がいいといえます。

公正とは，個人が尊重され，公平でかたよっていないこと。

例えば，クラスで話し合ったとき，欠席した人の立場はどうなるのか(**手続きの公正**)，
立場が変わっても受け入れられるか，異なる意見の人に対して配慮し，誰にとっても同じ内容
を意味するものになっていて，特定の人に不利益になっていないか(**結果の公正・機会の公正**)
といった視点が必要です。

なお，きまりは変更することができます(またそうしなければいけないこともある)が，
そういった場合，この効率と公正という視点で評価することを忘れてはいけません。
これから学習していく国のしくみ(きまり)なども変更されることがあるからです。

1．(社会集団)において(対立)を解消し(合意)を
　　めざすためには,(効率)と(公正)の考え方が必要である。

(合意)
(効率)と(公正)
(対立)

2．(対立)がおこった場合，(公正)と(効率)の考えから
　　(合意)をめざす必要がある。

・この単元を学習するねらいは " 公民的思考への接近 "，

君たちも，考える力をつけましょうねということだと思います。

社会は人々の努力によってどうにか成り立っていて，そして，あなたはその一員なのです。

なお，公平や効率の視点は以後の学習に不可欠なものの見方です。

税制，一票の格差，選挙制度，法律の制定，裁判員制度…いや，全部といってもいいでしょう。

参考 社会規範

慣習：ある社会で長い間にみんなに認められるようになった，ならわしやしきたり。
　　　集団の中で，いつ，誰が決めたか分からないが自然に出来た，ならわしやしきたり。
　　　(例)礼儀作法など。守らないと非難されたり，仲間はずれにされたりすることがある。

道徳：ある社会で人々が，それによって善悪・正邪を判断するための規範。
　　　他人の評価ではなく自分の良心に従って行動を規律するもの。
　　　(例)道にゴミをポイ捨てした。(誰も見ていなかったら…という問題ではない)
　　　　　駅のホームや電車内で，床に座った。(邪魔にはなっていないのだが…)

法　：強制力のあるきまり(違反すると処罰されることもある)
　　　(例)国会が定める法律，地方公共団体(地方自治体)が制定する条例など

▶例題(→ p.18)の答え(ワカナの相続額)は，│750万円│

（フユが2250万円，残りをサナエ，カズオ，ワカナの3人で割る…2250万円÷3 = 750万円）

おまけ　裁判員になったら

2009 年から，裁判員制度（→ **p.101**）が始まっています。
あなたも，有罪か無罪か，有罪ならどのくらいの刑を科すかを決める裁判に参加することになるかもしれません。そして，こんな事件を裁くことになるかもしれません。

・夫が妻を殺した事件
高齢の夫婦には子どももなく，たよれる親戚もなかった。
妻は脳梗塞を患い寝たきりの状態であった。
夫は十数年間にわたって，寝たきりの妻を献身的に介護してきたが，重い医療費の負担などによる生活苦に加え，自らの体力の衰えを感じ，いつまで続くともしれない介護に悲観し，生きる気力を失ってしまった。

ある日，夫が「もう死にたいねん。すまんな，ごめんな」と打ち明けたところ，妻は夫の頬に手を当てて「ええねん，ええねん。泣かんといて。私も一緒に死なせて，ひとりにせんといて」と涙ながらに訴えたため，夫は妻を殺害し，自らも死のうと決意するにいたった。夫はベッドのそばにあった帯を妻の首にかけて力を入れたが，苦しむ妻をみかねて思わず手を離してしまい，殺害にはいたらなかった。その後，何度も妻にたのまれたのだが，夫は決心がつかなかった。
だが，ある日，とうとうお金の余裕もなくなり，夫は「もうアカンのや，○月□日にしよう」というと，妻は「そうしましょう」といって微笑んだ。それは2人の結婚記念日であった。それからも，夫は妻の介護を続け，2人は夜遅くまで思い出話をした。
そして…ついにその日の夜，
夫は妻の首を絞めた。なるべく苦しまないようにと，両腕に渾身の力を込め，妻を絞殺するにいたった。
その後，夫は自らナイフで首や腕を切り，近くの川に入ったのだが，死ぬことはできず，翌朝，川原で震えているところを通行人によって発見，通報され逮捕された。

殺人罪（死刑または無期，もしくは3年以上の懲役）
もしくは嘱託殺人罪（6月以上7年未満の懲役もしくは禁固）

この話は創作ですが，よく似た事件も起こっています。
（「介護殺人」などで検索出来ます）
同様のケースでは，懲役2年6月～3年，執行猶予3～5年といった判決が出されることが多いようです。
だが，今後も同様の事件が起こることが予想されるので，感情に流されず，もっと厳罰に処すべきであるという声がないわけではありません。また，このような事件を未然に防ぐために，社会福祉の充実を図るべきであるという声もあります。
難しい話ですね。

おまけ あなたはどう判断しますか？

船が沈没し，4人の乗組員が救難ボートで脱出したが，救助の
見込みはなく，食べ物も水もない状況で漂流していた。
数日後，いちばん若い少年が喉の渇きに耐えかねて，
海水を飲んで死にかけていた。
彼は孤児で家族もいなかったが，他の3人は妻や子がいた。
3人は彼を殺し，その肉と血で生き続け，24日目に救出された。
19世紀に実際あった事件です。

・そもそも人肉食が許されるか？
　（極限状態だからやむをえなかったのか？　極限状態ならどこまで許されるのか？）

・3人が生き残るために，1人の犠牲が必要であったか？
　（ならば，すべての人類を救うために，1人を犠牲にすることは許されるか？）
　（じゃあ，何人を救うためなら，1人を犠牲にすることが許されるか？）

・十分な話し合いの後ならば，多数決によって誰を殺すかを決めることは認められるか？

・死にかけていた者を殺したことと，他の誰かを殺すことに違いはあるか？
　（弱者から切り捨てていくことは，合理的な選択といえるか？）

・いかなる場合であっても，他の人間の命を奪うことはできないのか？
　（もし，殺された人が自己犠牲を同意していた場合は正当化されるか？）
　（もし，殺された人が，そう願った場合ではどうか？）

・クジを引いて犠牲となる人を決めた場合は，同意であるとみなされるか？

　たとえどんな事情があっても，他人の命を犠牲にしてはならないという意見もあるでしょう。
　十分な議論の上で形成された同意があれば，
　あるいは納得の上で公平なクジ引きによって決めた場合は，
　正当化されると考える人もいるでしょう。
　それは道徳的に正しいといえるのか…

　答えが出ないかもしれません。
　でも，考えることを止めてしまってはいけないと思います。

参考：NHKハーバード熱血教室（マイケル・サンデル，ハーバード大学教授，政治哲学）

人間の尊重と日本国憲法

4 ▶ 日本国憲法　　　➡書き込み編 *p.10〜13*

・憲法を制定し，それに基づいておこなわれる政治を**立憲政治**といいます。(→ **p.36**)
なお，文章に書かれた憲法を成文憲法といいます(ほとんどの国の憲法がそうです)。

・法を定め，国民(法を作った政治家や，裁判官，警察官も)が法に従う考えを「**法の支配**」といいます。
絶対君主や独裁者が政治をおこなう「**人の支配**」と反対の考え方です。

ところで，憲法に違反すると刑務所に入れられたり，罰金を払わされたりすると思いますか？
「憲法違反である，よって死刑に処す」…ということはありません。

▶**憲法**は，「こんな国にしよう」「人々はこんな暮らしができるぞ」
「大事なことはこうやって決めよう」といった，
国のあり方を定めている，いちばん大切な法律です。
(国家の基本制度と国民の人権について定めた根本法。)

1 | 憲法は【**❶国の最高法規**】である。

憲法の他に，民法・刑法・商法・民事訴訟法・刑事訴訟法(いわゆる六法)，
これだけではなくたくさんの法律が何千とありますが，その頂点にあるのが憲法です。
憲法では「ダメ」となっているが，別の法律では「OK」，ということはありません。
憲法に違反する法律や命令は違反となります。(第98条)
なお，憲法に違反しているかどうかは，裁判所が判断します。(後述→ **p.101**)

(右図)
```
        憲法
       法律
     命令, 規則
```
上位の法に反する法は
無効となる

2 | 憲法は[**❷国の基本法**]です。

国のあり方や，政治のおこない方，人権の尊重などの，根本原則を定めています。

重要　テストでの答え方に迷う人が多いので，整理しておきましょう。

▶憲法に反する法律や命令は無効(違反)となる…と聞かれたら，憲法は国の**最高法規**
▶憲法は国のあり方や人権の尊重などの根本原則を定めている…なら，憲法は国の**基本法**

3 成立

ポツダム宣言を受諾し(終戦記念日は1945年8月15日)
GHQ(連合国軍最高司令官総司令部)による占領と日本改造が始まりました。
なお，GHQが直接おこなったのではなく，日本政府を通じて実施しました。(間接統治という)
マッカーサー草案をもとに憲法改正草案がつくられ，
帝国議会(この時は，まだ**衆議院と貴族院**)で審議・修正・成立しました。

日本国憲法の公布は【**❸1946年11月3日**】(11月3日は「文化の日」)
日本国憲法の施行は【**❹1947年5月3日**】(5月3日は「憲法記念日」)
公示期間(公布から施行までの期間)は[**❺6か月**]です。

4 憲法改正（第96条）

憲法は国の最高法規であり基本法ですから，コロコロと変えることはできません。

「今週の憲法は…」などというのは困ります。

しかし，絶対に変えられないというのも不都合です。世界情勢や時代の変化に対応しなければなりません。

複雑な手順ですが，必ず覚えましょう。

① 【❻各議院】の【❼総議員】の【❽$\frac{2}{3}$】以上の賛成で【❾国会】が発議します。

・各議**院**とは，衆議**院**と参議**院**のことです。…「各議**員**」は×です。

・総議**員**とは，衆議院と参議院のすべての国会議**員**のことです。（出席議員だけではない）

　欠席した場合は反対に数えます。休んでいるのに賛成にするのはおかしいでしょ。

・発議とは，簡単にいうと「言い出すこと」です。

> **注意** ここではスペースの関係上，分数を使っていますが，
> 正しくは（憲法の条文では）「三分の二」と書きます。
> 学校のテストなどでは分数でもかまわないとおっしゃる先生も多いようですが，
> 解答にあたっては，指示にしたがってください。

② 【❿国民投票】で【⓫過半数】の賛成によって承認される。

・過半数は半分以上のことです。最高裁判所裁判官の「国民審査」（→ p.100）と区別しましょう。

> **参考** 憲法が出来てから今まで，一度も改正されたことがありません。（2020年現在）
> 国民投票がおこなわれたこともありません。（国民投票法は2007年成立，2010年施行）

③ ［⓬天皇］が国民の名において［⓭公布］する。

・天皇の国事行為の1つです。（→ p.26）

> **参考** 憲法改正案を審査する憲法審査会が国会に設置されています。
> ただし，憲法の基本原則を変更するような改正はできないと考えられています。
> また，改正でなく，新たな条文を追加する"加憲"も論議されています。

憲法を変えるときのやり方を，簡単にいえば，

> ①衆議院と参議院の全部の国会議員の3分の2以上の人が「そうしよう」と言って，
> ②国民の皆さんが投票をして，半分以上が「そうだね」となれば，
> ③天皇が「新しい憲法ができました」と発表する。

憲法改正の手順 まず，発音できるようにしましょう。（発音できないものは，なかなか覚えられませんよ）

①（か□□□□）の，（そ□□□□）の（□分の2）以上の賛成で，（こ□□□）が発議。

②（こ□□□□□□□）で，（か□□□□）の賛成によって承認される。

③（て□□□）が，国民の名において，（こ□□）する。

5 国民の義務

子女に【⑭普通教育を受けさせる義務】,【⑮勤労の義務】,【⑯納税の義務】

▶「きょういく・きんろう・のうぜい」「教育・勤労・納税」と唱えて覚えましょう。
ただし教育は,親権者が保護する子女に**普通教育を受けさせる義務**なので注意。(→ p.45)

6 天皇

▶天皇は日本国と日本国民統合の【⑰象徴】である。(第1条)

「象徴」とはシンボルのことです。漢字に注意！「像徴」や「象微」としてはいけませんよ。

天皇は【⑱国事行為】のみをおこない,国政に関する権能を持たず。(第4条)

「国事行為」とは,国会や内閣が決定したことを外部に示す儀礼的なもの。
現在の天皇は,国政(国の政治)には一切,口を出しません。
天皇が首相を選んだり,法律を定めたりすることはないのです。

多くの学校では「ただ今より,令和○年度,第2学期終業式をおこないます」という
教頭先生の号令によって式が始まりますよね。そういう役割に似ています。
内閣が衆議院の解散を決定すると,天皇が「衆議院を解散する」と詔書を読み上げます。

天皇の国事行為には【⑲内閣】の[⑳助言と承認]が必要。(第3,7条)

天皇が自らの判断で,国事行為をおこなうことはできません。

〈天皇の国事行為〉

(1) 憲法改正・法律・政令・条約を[㉑公布]する。

天皇が法律を制定するのではありません。国会が制定した法律を,公布するのです。

(2) [㉒衆議院]の解散・国政選挙の公示・国会の召集・栄典の授与・恩赦の認証をおこなう。

衆議院の解散を決定するのは内閣です。その決定に基づいて「解散をおこなう」のです。
(恩赦→ p.97)

(3) 【㉓国会】の[㉔指名]に基づいて**内閣総理大臣**を[㉕任命]する。(→ p.87)

(4) 【㉖内閣】の[㉗指名]に基づいて**最高裁判所長官**を[㉘任命]する。(→ p.97)

> **注意** 指名と任命の字に注意。指命や任名としないように。
> 指名は「この人がいいです」と選ぶこと。
> 任命は「じゃあ,よろしく」と任せること。

1　憲法に反する法律や命令は無効(違反)となるので，憲法は【 国の　　　　　　　　】
2　国のあり方や人権の尊重などの根本原則を定めているので，憲法は【 国の　　　　　　　　】

憲法改正の手順

①【　　　　　】の【　　　　　】の【　　　】以上の賛成で【　　　　】が発議(はつぎ)

②【　　　　　　　】で[　　　　　]の賛成によって承認される

③[　　　　]が国民の名において[　　　　　]する　（※**院**と**員**を間違えていませんか？）

国民の義務

子女に　　　　　　　を受けさせる義務	の義務	の義務

▶現在，天皇は日本国と日本国民統合の【　　　　　】である。(第1条)

憲法改正の手順 （もう1回）

①【　　　　　】の【　　　　　】の【　　　】以上の賛成で【 国会 】が発議

②【国民　　　　】で[　　　　　]の賛成によって承認される

③[　 天皇 　]が国民の名において[　　　　　]する

■ 予習しよう ■

日本国憲法の三大基本原則…まずは，3つ覚えましょう。

国民主権(こくみんしゅけん)	基本的人権の尊重(きほんてきじんけんそんちょう)	平和主義(へいわしゅぎ)

・上を隠(かく)して書いて練習しましょう↓

・もう1回↓

覚えましたか？覚えないまま次にすすんではいけません。（**どうしても覚えなさい**）

● 日本国憲法の三大基本原則

国民主権

国の政治のあり方を決める最高の力を "主権" といいます。
大日本帝国憲法では天皇でした。今は国民が主権者です。

> 🔍 国民主権とは「^㉙国の政治のあり方を最終的に決定する権限は国民にある」という考えです。
>
> （＝国の政治の決定権は国民がもち，政治は国民の意思に基づいておこなわれるという原理）

内閣総理大臣は国会議員の中から選ばれます。その国会議員を選ぶのは国民です。
政治をおこなっている内閣総理大臣や，法律を制定する国会議員は，国民によって選ばれる。
つまり，最終的に国民が決定していることになるという意味です。

・憲法の前文には「ここに主権が[^㉚国民]に存することを宣言し，この憲法を確定する。」
「日本国民は，正当に選挙された[^㉛国会]における代表者を通じて行動し…」とあります。
　間接民主制（＝代議制・議会制民主制ともいう）といわれるものです。（→ p.33）
・憲法第1条には「天皇は，日本国の象徴であり…[^㉜主権]の存する日本国民の総意に基づく」
　このように，くり返し「主権は国民にある」と明記されています。

基本的人権の尊重

> 基本的人権とは，人が生まれながらにもっている，侵すことのできない[^㉝永久]の権利です。
>
> （第11，97条）

> だが[^㉞濫用]してはならず，【^㉟公共の福祉】のために利用する責任を負う（第12条）
>
> 公共の福祉に反しない限り，最大の尊重を必要とする（第13条）

・条文では「乱用」ではなく「濫用」です。みだりに使ってはいけないということです。
・「公共の福祉」とは，「社会全体の利益」です。（みんなの幸せという感じ）（→ p.38）
　インフルエンザにかかった場合は，学校を休まなければなりません。
　「教育を受ける権利がある」といって先生を困らせてはいけないのです。（当たり前ですが…）

平和主義 (戦争放棄)

・日本国憲法の前文に「再び戦争の惨禍が起ることのないやうにすることを決意し…」
　「日本国民は，恒久の平和を念願し…」とあります。　入試より定期テストに出てくる語句です

> 日本国憲法【^㊱第9条】は，戦争の放棄・戦力及び交戦権の否認を定めています。

定期テストでは完全に暗唱できなければなりません。　入試にも出ることがあります
練習して覚えましょう。

【第9条】（練習用）

> ①日本国民は，正義と秩序を基調とする国際平和を誠実に希求し，【　　　　　　　】
> たる戦争と，武力による威嚇又は武力の行使は，【　　　　　　　】を解決する
> 手段としては，永久にこれを【　　　　　　　】する。
> ②前項の目的を達するため，【　　　　　　　　】その他の【　　　　　　　】は，
> これを保持しない。国の【　　　　　　　】は，これを認めない。

「国際**粉**争」としていませんか？「粉」ではなく「紛」です。
なお，定期テストでは「秩序」や「威嚇」も空欄になることもありますよ。去年の問題と変えるために。

> **参考**　日本の核兵器に対する姿勢（原則）である，

> 【㊲**非核三原則**】は，「㊳**核兵器を，持たず，つくらず，持ちこませず**」というものです。

1968年，**佐藤栄作**首相の時に出されました。（1971年に国会決議）
後に，ノーベル平和賞を受賞しました。

> **参考**　自衛隊は軍隊ではないか？違憲か合憲か？その存在が議論されています。

合憲論：自衛隊は自衛のための必要最小限度の自衛力である。（政府の見解）
違憲論：自衛隊は戦力にあたり，平和主義を掲げる第9条に違反している。

違憲判決もありますが，高度に政治的な判断が必要な問題で，結論は出ていません。

・**自衛隊の成立**

> 【㊴**1950年**】【㊵**朝鮮戦争**】勃発を契機に，GHQの指令で【㊶**警察予備隊**】が創設されました。
> 1952年[㊷**保安隊**]となり，1954年[**自衛隊**]となりました。

・1992年【㊸**PKO協力法（国連平和維持活動協力法）**】が制定され，
国連の平和維持活動に協力するために，自衛隊を海外に派遣することが可能となりました。
そして，同年[㊹**カンボジア**]へ派遣されました。

自衛のためのものなのに，海外で活動するのは問題だ～といった反対意見がありました。
なお，カンボジア派遣の目的は選挙監視任務です。選挙の結果次第で生活が大きく左右されることがあります。
応援も必死，不利になれば投票箱を持って逃げることや，投票所ごと爆破する事件もあります。
自衛隊は，公正な選挙を確保するための活動をおこないました。
また，2001年には**テロ対策特別措置法**も制定されました。

・自衛隊は災害の救援や（ハイチ地震，スマトラ沖地震など），復興支援（イラクなど），難民の救援や
支援物資の輸送などの任務をおこなっています。2012年～17年，**南スーダン**へ派遣。

【第9条】もう1回！

> ①日本国民は，[　　　　　]と秩序を基調とする[　　　　　　　　]を誠実に希求し，
> 国権の発動たる[　　　　　]と，【　　　　】による[　　　　　]又は武力の行使は，
> 【　　　】を解決する手段としては，永久にこれを放棄する。

日本国民は，正当に選挙された[❹⑤ 国会]における代表者を通じて行動し，われらとわれらの子孫のために，諸国民との協和による成果と，わが国全土にわたつて自由のもたらす恵沢を確保し，政府の行為によって再び[❹⑥ 戦争]の惨禍が起ることのないやうにすることを決意し，ここに[❹⑦ 主権]が国民に存することを宣言し，この憲法を確定する。

そもそも国政は，国民の厳粛な信託によるものであつて，その権威は[❹⑧ 国民]に由来し，その権力は[❹⑨ 国民]の代表者がこれを行使し，その福利は[❺⓪ 国民]がこれを享受する。

これは人類普遍の原理であり，この憲法は，かかる原理に基づくものである。

われらは，これに反する一切の憲法，法令及び詔勅を排除する。

日本国民は，恒久の[❺① 平和]を念願し，人間相互の関係を支配する崇高な理想を深く自覚するのであつて，平和を愛する諸国民の公正と信義に信頼して，われらの安全と生存を保持しようと決意した。われらは，平和を維持し，専制と隷従，圧迫と偏狭を地上から永遠に除去しようと努めてゐる国際社会において，名誉ある地位を占めたいと思ふ。われらは，全世界の国民が，ひとしく恐怖と欠乏から免かれ，平和のうちに生存する権利を有することを確認する。

われらは，いづれの国家も，自国のことのみに専念して他国を無視してはならないのであつて，政治道徳の法則は，普遍的なものであり，この法則に従ふことは，自国の主権を維持し，他国と対等関係に立たうとする各国の責務であると信ずる。

日本国民は，国家の名誉にかけ，全力をあげてこの崇高な理想と目的を達成することを誓ふ。

参考 いろいろな国家体制

クイズです。

イギリス，デンマーク，スウェーデン，ノルウェー，ベルギー，タイ，
ネパール，カンボジア，トンガの共通点とは？
(ヒント，イギリスの正式名称は「グレートブリテン及び北アイルランド連合王国」です。)

答えは，「王国」です。
でも，イギリスは，女王エリザベス2世が政治をおこなっているわけではありません。
君主(王)が存在するが，憲法の下に政治がおこなわれる「立憲君主制」です。
日本はイギリスを手本とする，「立憲君主制」あるいは「象徴天皇制」となります。

	君主政	貴族政	共和政
国家体制 (主権の所在)	君主主権	少数者主催	国民主権 (人民主権)
政治形態 (主権の運用)	専制君主政 立憲君主政	少数寡頭制	共和政 (人民共和政)

※共和政などの「政」は「制」でもいい

■ 大日本帝国憲法と日本国憲法 ■

	大日本帝国憲法	日本国憲法
成立	[㊿ 1889 年 2 月 11 日] 発布	[㊽ 1946 年 11 月 3 日] 公布 [㊾ 1947 年 5 月 3 日] 施行
性格	[㊼ 欽定 憲法] 天皇が下し与える形式で発布	[民定憲法] 国民によって制定される形式で制定
主権	[㊸ 天皇 主権]	【㊹ 国民 主権 】
人権	【㊺ 法律 】の範囲内での保障 （法律を作れば制限することができた）	侵すことのできない[㊻ 永久]の権利 公共の福祉に反しない限り尊重 （人の迷惑にならない範囲で尊重）
戦争	天皇が軍の[㊼ 統帥権]を持つ 臣民には[㊽ 兵役]の義務	平和主義（戦争放棄）＝【㊾ 第 9 条 】
天皇	[㊽ 元首][神聖不可侵]	日本国および国民統合の【㊿ 象徴 】 （天皇に政治的な権能は一切ありません）
議会	【㊾ 衆 議院 】と【㊿ 貴族 院 】 天皇の協賛機関 天皇の立法権を補佐する 貴族院は選挙なし（天皇が任命）	【㊽ 衆 議院 】と【㊾ 参 議院 】 国会は国の唯一の立法機関 国会は国権の最高機関 🖊 主権者である国民によって選挙された 国会議員で構成される
内閣	天皇の輔弼機関 天皇の行政権を補佐する	[議院内閣制] 🖊 国会の信任によって成立し 国会に対して連帯責任を負う
裁判	天皇の名において裁判がおこなわれる	国民の権利を守るためにおこなわれる
地方自治	規定なし。[㊿ 中央集権]だから	規定あり（首長と議員は住民が選挙）
改正	天皇が議会にかける	①各議院の総議員の 　[㊿ 2/3]以上の賛成で国会が発議 ②【㊿ 国民投票 】で[㊿ 過半数]の賛成 　で承認される

2 章

人間の尊重と日本国憲法

5 ▶ 市民革命と人権思想の発達

➡書き込み編 p.14〜15

▶市民革命とは[**❶絶対王政**](専制政治・専制君主制)を倒そうとする革命です。

絶対王政とは国王が大きな権力を握って，思うままに政治をおこなうものです。
市民が中心となってこの絶対王政(**人の支配**)を倒して，
近代民主政治(**法の支配**)を確立させていきました。
年代と，どの国の話かということをしっかり区別しましょう。

1 イギリス

イギリスでは王を中心に貴族たちが国を治めていました。
しかし，国王の専制政治に貴族が抗議し，

(1) [**❷1215年**]【**❸マグナ・カルタ**(大憲章)】がつくられました。(マグナ=カルタとも)

「人に一言マグナ・カルタ」。当時の日本は鎌倉時代，承久の乱(1221年)に近いです。
[**❹貴族**]たちの特権を王が承認したものであって，市民の権利を守るものではありませんが，
文書によって王権を制限するという点で画期的なものといえます。
マグナ・カルタは，現在のイギリス憲法の基礎となりました。

> **参考** イギリスではいくつかの基本的な法を憲法と考えており，マグナ・カルタはその1つです。

・時代はすすんで，**女王エリザベス1世のころ，絶対王政の全盛期**となりました。

    1588年，スペインの無敵艦隊をやぶって制海権(海上支配権)を握り，
    1600年，東インド会社を設立し，アジアをはじめ海外発展の基礎をつくりました。

1628年[**❺議会**]が王(チャールズ1世)の権限を制限しようと「権利の請願」を提出しました。
学者などが起草した文章で「王でも勝手な命令はするな！」という内容です。
しかし国王がこれを無視したため，

(2) 【**❻1642年**】【**❼清教徒革命**(ピューリタン革命)】がおこりました。

「人無視に怒る清教徒」
議会派の多くを，新興勢力であった清教徒たちがしめていたので，こう呼ばれます。
清教徒(ピューリタン)は，カルバン派のプロテスタントの人々です。
資本主義を肯定するもので，財力をもった商工業者や地主たちが信奉しました。
彼らは「勝手に税金を上げたりするな〜」といった要求をかかげ議会を応援していました。

・1649年，国王を処刑して共和制を始めました。
    共和制とは，選挙をおこなうなど，民主的な手続きでおこなわれる政治のことです。

・しかし，革命のリーダーであった[**❽クロムウェル**]が独裁体制をとりました。
    彼は，鉄騎隊と呼ばれた軍を率いて国王軍をやぶるなど活躍した英雄です。
    せっかく共和制になったと思ったら，また独裁者が登場してしまったのです。

・そこで，彼の死後，国民(議会)は，再び王を立てることにしました。
    クラスで話し合いをする時，生徒だけの場合よりも，
    先生が教室にいらっしゃる方が，まとまりがあるでしょ。そんな感じでしょうか。

・ところが，今度はその王が専制政治を始めたのです。またもや独裁政治です。

(3) 　これに対して議会は王を追放して別の王を立てました。【❾1688年】【❿名誉革命】です。

「色やや明らか議会制」武力を用いない流血なしの革命であったため，そう呼ばれます。
議会派の人々は独裁にはしった王を国外追放し，
王家の遠い親戚にあたる人をオランダから呼んで形だけの国王としました。

　名誉革命の翌年（1689年），国王に【⓫権利の章典】という文書を認めさせました。
　内容は「王は[⓬議会]の承認なしに法律をかえたりしてはならない」などです。

「権利章典」と書くこともあります。
こうして，王はいるだけで，政治は議会（国民の代表）がおこなうという
「王は君臨すれど統治せず」という議会制民主主義の基盤ができました。
・議会制民主主義とは，国民が代表者を選びその代表者による議会が政治をおこなうものです。
共和政だけでなく，王がいる立憲君主制でもおこなわれます。
現在の日本の政治体制の手本となったのが，イギリスの議会制民主制です。
議会制民主主義は，議会制民主制でもかまいません。
あるいは，代表民主制（主義）や間接民主制（主義），代議制ともいいます。
（厳密には衆議院議員を代議士というので代議制は狭い意味になりますが，全部イコールでかまいませんよ）

議会制民主制（議会制主義）＝代表民主制（代表民主主義）＝間接民主制（間接民主主義）≒代議制

　参考　現在のイギリスの正式国名を日本語に訳すと「グレートブリテン及び北アイルランド連合王国」と
いいます。長い名前ですが，末尾に注目してください。イギリスは現在も王国なのです。
一方，フランス共和国には王様はいません。イギリスの政治体制は立憲君主制，フランスは共和制です。
立憲君主制とは，憲法など法によって君主の権限を定め，政治は議会がおこなうというものです。
現在，イギリスには国王がいますが，政治には関与しません。
イギリスとフランスの政治体制の違いを説明させる問題は高校入試には出ませんが，
その違いを押さえることで，より理解が深まるでしょう。

2 アメリカ（アメリカ独立革命）

植民地となっていたアメリカでは，本国からの重税に不満が高まっていました。
意見もいえずに税金だけはしっかりと取られるなんて納得いかないぞ，
人々は「代表なくして課税なし」を合言葉に立ち上がり，1775年，独立革命が始まり，

【⓭1776年】【⓮独立宣言】を発表しました。（今も7月4日は独立記念日で祝日です）

「いーな，なろうぜ独立国」日本では田沼意次のころです。
[⓯イギリス]の植民地，東部[⓰13州]が独立を宣言しました。

独立宣言の内容は冒頭部の

　「我々は次の真理を自明のものと認める。すべての人は平等につくられ」を押さえましょう。

▶初代大統領は【⓱ワシントン】です。

1ドル札の肖像ですよ

3 フランス

絶対王政全盛の時代，王の権力は神から授かったものであり，
王は地上における神の代理者であるという「王権神授説」が唱えられていました。
フランスでは特にその傾向が強く，貴族や聖職者を第一，第二身分，民衆を第三身分とする，
身分別の会議(三部会という)はありましたが，わずかな特権階級が富を独占し，
人口の98%をしめる第三身分の人々は重税や不平等といった圧政に苦しんでいました。

・1789年，約175年ぶり三部会が開催されましたが，第三身分の人々は三部会を離れ
「われわれこそがフランスの代表である」と，国民議会を開いて団結しました。
そして，ついに7月14日，武器をとって立ち上がりました。

(1)
> 【⑱1789年】バスティーユ牢獄を襲撃，**フランス革命**が勃発。
> 国民議会は【⑲**人権**宣言】を発表しました。7月14日はフランス革命記念日です。

「批難バクハツ，バスティーユ(バスチーユとも)」。日本では寛政の改革(松平定信)のころです。
牢獄といっても，もともとは王に逆らう人を閉じ込めるところで，圧政の象徴でした。

> **注意** より正確には「フランス人権宣言」です。一般に，人権宣言といえばフランス人権宣言，独立宣言
> といえばアメリカ独立宣言をさすのですが，テストで答える時は，確実に伝わるように書きましょう。

人権宣言の内容で特に重要な部分は，

> 「人は生まれながらに，【⑳**自由**】で【㉑**平等**】な権利を持つ」

貴族たちの特権を廃止し，さらに王権の停止を宣言，
国王ルイ16世，および妻のマリー＝アントワネットを処刑しました。
こうして革命を達成，共和制を成立させました。

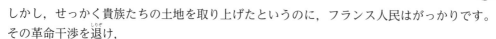

(2) **しかし，革命前の状態に戻そうとする動きがおこりました。**
革命をつぶそうと，周辺の国々の王が干渉してきたのです。
革命が広がって，自分の国でおこっては大変ですからね。

しかし，せっかく貴族たちの土地を取り上げたというのに，フランス人民はがっかりです。
その革命干渉を退け，
1804年，人々の支持を受けて皇帝となったのが，軍人【㉒**ナポレオン**】です。

「威張れよ皇帝ナポレオン」
彼は，人民の権利を守るためにナポレオン法典と呼ばれる「民法」を制定しました。
さらに，アルプスを越えてイタリアへ，また，エジプトへも遠征もおこなうなど，
各地で革命戦争をおこないました。
しかし，ロシア遠征で大寒波のために大敗，失脚して大西洋の孤島に島流しとなりました。

この後，革命以前の状態に戻すことが決まり(ウィーン体制)，再び王政が復活しますが，
また革命(1830年の七月革命と1848年の二月革命)がおこり…共和制となりました。

> **重要** 「権利の章典」「独立宣言」「人権宣言」は史料問題でも出題されます。
> 区別できるようにしておきましょう。

4 啓蒙思想家

啓蒙は「けいもう」と読みます。(啓はひらく, 蒙は無知の意味)

今までになかった考えを説いて, 人々を古い考えから解き放つ思想のことです。

啓蒙思想家として, 次に挙げる思想家はとても重要です。歴史でも出てきます。

誰がどこの国の人かセットで覚えれば, 選択肢がしぼりこめることがあります。

(1)
> 【㉓ロック(㉔英)】(ジョン=ロック)は,
> 1690年,『市民政府二論(統治二論)』を著し,【㉕名誉革命】を理論的に正当化しました。

民衆には抵抗権があり, 権利を守るために政府をかえることが出来ると説きました。

この考えはアメリカ独立など, 後の革命に影響を与えることとなりました。

(2)
> 【㉖モンテスキュー(㉗仏)】は,
> 1748年,『㉘法の精神』を著し, 三権分立の必要性を説きました。

三権分立とは, 法律を作る機関(国会), その決めた法律に基づいて政治(命令をしたり許可したりすること)をする機関(内閣), 法に違反した人を裁く機関(裁判所)に分けることで,
独裁を防ぎ, 権力を集中させないようにする考え方です。(→ p.114)

(3)
> 【㉙ルソー(㉚仏)】は1762年,『㉛社会契約論』を著しました。

社会と契約する…? 説明するのは難しいのですが,

「みんなの約束のもとで政治をするという民主主義の思想」としておきましょう。

例えばクラスで多数決をとる時,「なぜですの? 私はこの中で一番金持ちなのですよ」とか,

「オレが一番強いんだぞ」と言って従わないとしたら…理解できませんよね。

でも, 昔はそちらが大勢だったのです。

そうしたことをやめようというのが社会契約の考え方です。

5 再びアメリカ

アメリカの北部は工業, 南部は農業が盛んでした。

南部では黒人奴隷を労働力とする大農園が発達し,
綿花などをどんどん輸出するために自由貿易を望んでいました。

一方, 北部は工業が盛んといってもイギリスなどの工業国に比べるとまだまだだったので,
輸入される工業製品に対して税金(関税)をかけて自国の産業を守る保護貿易を望みました。

また, 安い工業製品をつくるためには, 安い労働力が必要なので,
北部側は, 南部の奴隷を解放して北部の工場労働者として雇いたいと考えました。

ちょっと難しいかもしれませんね, 整理しておきましょう。

北部	工業(でもまだ未熟)	保護貿易(自由に貿易したら負ける)	奴隷は解放
南部	農業(大規模な農園)	自由貿易(どんどん輸出したい)	奴隷制を残す

(1) こうしてアメリカ合衆国の南部と北部が, 政策の違いから対立,
[㉜南北戦争](1861 ~ 65年)がおこりました。

(2) 南北戦争中の【^㉝1863 年 】【^㉞奴隷解放宣言 】を出したのは【^㉟リンカン 】。

「一番無残な奴隷を解放」

リンカン大統領は北部側です。南北戦争は，北部の勝利でおわりました。
(リンカーンとも)

リンカンはゲティスバーグで演説をおこないました。(ゲティスバーグはペンシルバニア州の地名)

「人民の人民による人民のための政治」というフレーズが有名です。

なお，リンカンが奴隷解放宣言を出したのは，奴隷制が人道に反するからというよりは，
戦争の長期化やアメリカ合衆国の南北分裂を防ぐことが目的といわれています。
よって，奴隷たちが「やった～自由だ」というわけではなく，差別はその後も続きました。
1960 年代，公民権運動と人種差別撤廃法の制定を経て，
ついに 2009 年，黒人初の大統領(オバマ氏)が選ばれるにいたりました。
差別の根深さを思えば，人類が月に行き，冷戦が終結したくらいの画期的な出来事に思えます。

6 ドイツ

(1) 1918 年，第一次世界大戦の敗北により，帝政(皇帝による政治)が倒れ，

(2) 【^㊱1919 年 】【^㊲ワイマール憲法 】を制定して，共和国となりました。

近代憲法で初の【^㊳社会権 】を認め，[^㊴満 20 歳以上の男女]に普通選挙権を与える
という画期的なものでした。
男女の普通選挙は，日本，アメリカ，イギリスも戦後になって認められました。
社会権とは「人間らしい生活の保障を求める権利のこと」です。(→ p.44)
自由と平等を勝ち取った革命から時を経て，さらに一歩すすんだ権利が認められました。

7 日本

不平等条約を改正し，近代国家をめざす日本は，憲法の制定を急ぎました。

(1) 【^㊵1889 年 】【 大日本帝国憲法(明治憲法) 】が発布。

・伊藤博文らは[^㊶プロイセン憲法]を模範としました。👉君主権が強いからです。
フランス憲法など共和制(王がいない)の憲法では，天皇の立場がなくなりますからね。

▶憲法を制定し，それに基づいておこなわれる政治を立憲政治といいます。

・しかし，臣民(国民のこと)の権利は，法律の範囲内で認められる。
つまり，法律をつくれば，人権を制限することができるというものでした。
・民法(旧民法)は，家父長制が強いもので，特に女性の地位は低いものでした。

(2) 大正デモクラシーの時期，【^㊷1925 年 】，【 普通選挙法 】が制定されました。(加藤高明首相)
【^㊸満 25 歳 】以上のすべての【^㊹男子 】に選挙権が認められました。

👉納税額による制限がなくなりました。

重要 同時に制定された，社会主義者を取り締まる「治安維持法」もセットで押さえましょう。

1945 年，終戦をむかえ，日本は民主化していきました。

(3) | 1945 年，選挙法が改正され【⁴⁵満 20 歳 】以上の【⁴⁶男女 】に選挙権が認められました。

注意 日本国憲法の公布・施行より前のことです。

(4) | 【⁴⁷1946 年 】【 日本国憲法 】が公布されました(11 月 3 日)。施行は翌 1947 年 5 月 3 日。

三大基本原則などは大丈夫ですか？(→ **p.28**)
また，民法が改正され，男女平等を基本とする新しい内容になりました。

8 世界

国連で採択された世界的な人権保護の条約をまとめておきましょう。

(1) | 1948 年【⁴⁸世界人権宣言 】が国連総会で採択されました。

> 1．すべての人は生まれながらに自由であって，その尊厳と権利とについては平等である。(後略)
> 2．すべての人は，人種，皮膚の色，性別，言語，宗教，政治上その他の意見，
> 国民的あるいは社会的な出身，財産，出生その他の地位がどのようなものであっても，
> この宣言にかかげられているすべての権利と自由を持つ。
> 3．すべての人は，生命，自由および身体の安全についての権利を持つ。
> 4．すべての人は，奴隷にされない，苦役をさせられたりすることはない。
> 奴隷制度や奴隷の売買は，どのような形でも禁止される。

(2) 1966 年[⁴⁹国際人権規約]が制定され(発効は 76 年)，世界人権宣言が形あるものになりました。
「A 規約」(経済的，社会的，文化的権利に関するもの)と「B 規約」(市民的，政治的権利に関するもの)があります。

(3) | 1965 年[⁵⁰人種差別撤廃条約]
(4) | 1979 年[⁵¹女子差別撤廃条約]：これを受けて男女雇用機会均等法が制定された。(→ **p.11**)
(5) | 1989 年[⁵²児童の権利に関する条約(子どもの権利条約)]
(6) | 2006 年[⁵³障害者の権利に関する条約]：あらゆる障がい者の尊厳と権利を保障する。

ポイントは，人種＞女子＞子ども，と順に少数者に優しくなっているところです。

6 ▶基本的人権

➡書き込み編 *p.16〜17*

> ▶**基本的人権**：人が生まれながらに持っている［❶侵す］ことのできない［❷永久］の権利
>
> (第11，97条)

くり返します。「生まれながらに持っている」「侵すことのできない」「永久の」権利です。

> だが［❸濫用］してはならず，【❹公共の福祉】のために利用する責任を負う(第12条)
>
> (あるいは)公共の福祉に反しない限り，最大の尊重を必要とする(第13条)

・条文上は「乱用」ではなく「濫用」です。みだりに使ってはいけないということです。
　テレビや新聞などでは乱用とすることもあり，どっちでもいいといえばいいのですが，
　条文の空欄として解答する場合は，「濫用」が適当です。

・「公共の福祉」とは，「社会全体の利益」です(みんなの幸せという感じ)。
　「職業選択の自由があるのだから今から外科医だ」といって，手術をしてはダメです。
　危険があるなど不備な建物を建築しようとする場合は禁止されますし(財産権の制限)，
　伝染病にかかった場合，行動を制限されることがあります。(居住・移転の自由の制限)
　表現の自由があるからといって，他人のプライバシーを侵害してはいけません。

・このように，基本的人権は，無制限に認められるのではなく，
　「公共の福祉」による限界づけがされています。

> ▶**人権に限界づけをするものは？**…と聞かれたら「**公共の福祉**」です。

・しかし，国家権力によって国民の権利が侵害されないとも限りません。

> 自由や権利は，国民の［❺不断の努力］によって保持しなければならない。(第12条)

「たえることのない努力」です。「気を抜かないで，がんばろう」ということです。

■ 基本的人権の分類 ■

```
            ┌ 平等権
            │       ┌ 生命・身体の自由
            │ 自由権 ┤ 精神の自由
基本的       │       └ 経済活動の自由
本           ┤ 社会権
的人          │                       ┌ 参政権
権           │ 基本的人権を守るための権利 ┤ 請求権
            │                       └ 請願権
            └ 新しい人権
```

1 ❻ 平等権

・**誰もが，不合理な差別や偏見を受けることなく暮らすことができる権利です。**

(不合理＝理屈の通らない)　(偏見＝かたよったものの見方)

ただ，何もかも完全に平等にするのではなく「法の下における平等」を保障するものです。

不合理な差別は禁止されますが，合理的な理由がある区別は認められます。

だから「なぜ人として平等なはずなのに，子どもは酒・タバコがダメなの」などといってはいけません。

累進課税制度(→ p.144)や，産休など女性労働者の優遇規定，未成年者の犯罪が減刑されるのも，

合理的な区別の一例です。

(1)　すべて国民は，**個人として**[❼ 尊重]され，

　生命，自由および幸福追求に対する国民の権利は，

　公共の福祉に反しない限り，最大の尊重を必要とする。(第13条)

(2)　すべて国民は，【❽ 法の下 】に平等であって，【❾ 人種・信条・性別・社会的身分又は門地 】

　により，政治的，経済的又は社会的関係において，差別されない。(第14条1項)

人種は，白人や黒人といった生物学上の違い。

信条は，考え方や主義主張のこと。社会主義であるとか，何教の信者であるかということ。

社会的身分とは，例えば社長と平社員といった社会的地位のこと。

門地は，家柄のこと。先祖が華族(大名や公家)であったとか，士族や平民といったもの。

(3)　**政治上の平等**：**成年者**による[❿ 普通選挙]を保障。(第15条)

ここでいう普通選挙の保障は，**1人ひとりに選挙権がある**という意味で平等権です。

また，選挙人・被選挙人は信条や社会的身分などによる差別を受けない。(第44条)

> **注意**　選挙権は「基本的人権を守る権利」でもあります。(→ p.68)
> 　　　　「選挙を通じて政治に参加することで人権を守る」ということです。
> 　　　　「みんなに平等に選挙権がある」ということと区別して理解しましょう。

・とはいっても，1人1票にならないことがあります。

　10万人から1人の議員を選ぶ選挙区もあれば，

　50万人から1人を選ぶ選挙区もあるからです。

　前者は1人1票だが，後者は0.2票となってしまいます。

　こういった状態を**一票の格差**があるといいます。(→ p.68)

　平等権の侵害ではないかと，裁判になることもあります。

(4)　**家族生活における，個人の**[⓫ 尊厳]**と**[⓬ 両性]**の本質的平等。**(第24条)

先ほどは「個人の尊重」(第13条)，こっちは「個人の尊厳」…ややこしいですね。

条文がそうなっているのです。どう違うのかあまり考えないでください。

「婚姻は両性の合意に基づく」…成人男女は，当人同士の意思で結婚することができます。

(5) 人権意識の広まり

差別をなくし，誰もが暮らしやすい社会をつくろうとする動きについてまとめましょう。
p.11 で出てきたものもあります。

① 1986年，【⓭ 男女雇用機会均等**法**】が施行。

会社など，職場における男女差別を禁止するものです。（雇用とは雇って用いること）

② 1999年，【⓮ 男女共同参画社会基本**法**】が施行。
🔍 性別に関係なく個人として能力を発揮することができる社会をめざすものです。

③ 北海道旧土人保護法(1899年＝明治時代)は，
アイヌの人々を，和人(本土の日本人)と同化させようとするものです。
保護法という名前ですが，土人とは野蛮人と同じような意味で，内容も差別的でした。
1997年，アイヌ固有の文化を守るための[アイヌ文化振興法]が制定され，
2019年には[アイヌ施策推進法]によりアイヌが「先住民族」であると法律に明記されました。

④ 身体障害者補助犬法：介助犬や盲導犬などの補助犬と行動する権利を保障する(2002年施行)。
「ペットお断り」といって，補助犬の入店を拒否してはならないことになりました。（→ **p.90**）

⑤ 【⓯ バリアフリー】とは，
🔍 高齢者や障がい者などが，生活していく上で障がいとなるものを，取り除いていこうとすること。

バリアは障害，フリーは解放という意味です。
段差をなくしたり，点字ブロックをつけたりすることもその1つです。

・ハートビル法：公共性の高い建物は，高齢者や障がい者に優しい建築にする。(1994年施行)
・交通バリアフリー法：交通機関もバリアフリー化に向けた努力を。(2000年施行)
　　　　　　(2006年にハートビル法と交通バリアフリー法は統合され，バリアフリー新法が成立，施行)

⑥ 【⓰ ユニバーサルデザイン】とは，🔍 誰もが安全に簡単に使うことができる工夫のこと。

高齢者や障がい者に限りません。バリアフリーの考えを発展させたものです。（→ **p.148**）
シャンプーとリンスの区別ができる突起がついた容器，
左ききでも右ききでも使えるハサミやカッターナイフといったものです。

▶ その他
全国水平社(1922年設立)がめざした部落解放。しかし差別は続いています。
・同和対策審議会の答申：部落差別をなくすことは国の責務であり，国民的課題である。(1965年)
同和地区とは被差別部落のこと。江戸時代から続く「えた」「ひにん」に対する差別です。
これにより，同和対策事業特別措置法が制定されました。

2 ⓱ 自由権

▶国家からの制約を受けず，誰もが自由に生きることができることを保障するものです。

> 自由権は，[ⓘ生命・身体の自由]・[ⓙ精神の自由]・[⑳経済活動の自由]に区分できます。

(1) **生命・身体の自由** (「身体の自由」ともいいます(同じ意味です))

・**奴隷的拘束・苦役からの自由**(第18条)
人身売買や奴隷制度，親の借金のために働かされるといった
苦役を受けないことです。(犯罪による刑罰の場合は別ですよ)

・[㉑**住居**]の不可侵(第35条)
住居は財産ですから，財産権ともいえますが，
夜中に知らない人が家に入ってきた場合，なにより優先すべきは身の安全ですからね。

・[㉒**法定手続き**]の保障(第31条)
法に定められた手続きなしに，「とりあえず逮捕しておこう」ということはありません。
また，犯行当時に禁止する法律がなかった場合も，逮捕され処罰されません。
後から法律をつくって，処罰することは禁止されています。
罪と罰は，あらかじめ法に定められていなければなりません(**罪刑法定主義**)。
違法な捜査(警察官によるおとり捜査など)で逮捕された場合も，無効となります。

> **おまけ** おとり捜査は麻薬取締官だけに認められています。
> 麻薬取締官は警察官ではなく厚生労働省の職員です。

・**不当な逮捕・拘禁からの自由など**(第33～35条)
逮捕(差し押さえや証拠品の押収も)をするためには，**裁判所の発行する令状**がなければなりません。
これを[㉓**令状主義**]といいます(第33，35条)。
たとえ警察でも，人の自由を奪って警察署に連行するには，裁判所の許可が必要なのです。

> **おまけ** 現行犯逮捕や緊急逮捕の場合は，令状は必要ありません。
> 裁判所に行って，書類を出して…って，そんな時間はありませんからね。
> (緊急逮捕とは，犯行現場を見たわけではないが，血まみれの被害者の横で，
> 刃物をもっている人を逮捕する場合や，指名手配犯の逮捕などです)
> なお，警察官でなくても逮捕(私的現行犯逮捕)をすることができます。
> 電車で「この人，痴漢です」と駅員に突き出すのがそうです。

・**刑事被告人の権利など**(第36～39条)
刑事被告人とは，逮捕され裁判にかけられた人のこと。(→ **p.102**)
誰にでも，**裁判を受ける権利**があります。(たとえ凶悪犯でも，そうです)
裁判の結果，死刑になるのと，裁判をしないで死刑になる。どっちの国に住みたいですか？
裁判は，情状酌量を訴えたり，反論したり，あるいは無実を証明する機会となるからです。
拷問や残虐刑は禁止され，自分に不利な証言をしなくてもよい[㉔**黙秘権**]が認められています。
また，自白だけが唯一の証拠の場合は有罪とされません。
そうでなければ「拷問でも何でもして自白させてしてしまえ」となりかねませんからね。

(2) | 精神の自由

> ・[㉕思想・良心]の自由(第19条)

どのような考えでももつことが出来るというもの。
尊王攘夷運動や,自由民権運動,社会主義思想が弾圧された時代もありましたね。
もちろん他人の名誉を傷つけたり,騒音を出したりしてはいけません。
ただ,頭の中で,あんなことやこんなことを考えるのは自由です。
(そして,ニヤっとするくらいならかまいません。気持ち悪がられるかもしれませんけど)

> ・【㉖信教】の自由(第20条)

どんな宗教を信じてもかまいません。信じないのも自由です。
"宗教の自由"ではないので注意。
初詣に,お寺に行くのも,神社に行くのも自由です。行かないのも自由です。
結婚式や葬式も,仏式やキリスト教式,神道形式…自由です。
また,国は特定の宗教を保護してはならず,
政治と宗教は切り離すことが定められています。(**政教分離の原則**)

> ・[集会・結社・言論・出版]など【㉗表現】の自由(第21条1項)

考えや思想を,さまざまな方法で人々に伝える自由のこと。
環境問題や政治の問題,労働者の権利を訴える集会を開くこと(集会の自由),
政党やNPOなど,グループや団体をつくること(結社の自由),
出版したり放送したり,映画化すること(言論の自由),
また,そのための取材をすることも含め,
まとめて,「表現の自由」といいます。

ただ,後述の「**プライバシーの権利**」とのバランスが大事です。

また,猥褻な文書,写真などは規制されます。(最高裁の判決もあります)
どこまでが芸術なのか,どこからがエロなのか,難しいところです。
どこまでを規制の対象とするか,慎重な議論が必要です。

▲ 演説を妨害する警官

・[㉘検閲]の禁止(第21条2項)
検閲とは,出版や放送される前に,国家権力(警察や国会議員など)が内容を調査して,
発表をやめさせることです。戦前は治安維持法などによって,表現の自由などは制限されることがありました。

・通信の秘密の保護(第21条2項)
国は通信(電話や手紙など)の秘密を侵してはならないことになっています。

・[㉙学問]の自由(第23条)
研究したり,発表したりする自由です。
戦前,天皇を国家機関の一部と考える学説を説いた,美濃部達吉の「天皇機関説」が
弾圧されたことがありました。天皇を神(現人神)とする風潮に合わなかったからです。
社会主義経済学(マルクス経済学)の本を持っているだけで,特高警察(特別高等警察)に目をつけられて
いた時期もありました。ただ,クローン人間の研究などは自粛している場合が多いようです。

(3) | 経済活動の自由 |

- [**③居住・移転**]の自由(第22条)
  住みたいところに住むことができます。江戸時代は，身分によって制限されていました。

- **国籍離脱の自由**(第22条)
  外国人になることも出来ます。(受け入れてくれる国があればの話ですが)

- [**③職業選択**]の自由(第22条)
  誰でも，能力や適正に応じた仕事を選ぶことができます。
  家の仕事を継がなくてはならないということはありません。もちろん継いでもかまいません。

  参考　以前は，新たに薬局を開業しようとしても，
  　　　近所(100 m以内)に薬局がある場合はできませんでした。
  　　　しかし，職業選択の自由を不当に制限するものであるとの判決を受けて，
  　　　距離制限は廃止されました。(昭和50年，最高裁判所の違憲判決)
  　　　なお，銭湯の開業にも距離制限があるのですが，こちらは，ご近所でお客を取り合って，
  　　　共倒れしてしまうことを防ぐためなので，制限は妥当とされました。(平成元年，最高裁判所の判決)

  　　　・同じような話ですが，かつては薬局以外で薬を販売することができませんでしたが，
  　　　　コンビニで栄養ドリンク剤などが売られるようになりました。(規制緩和→ p.15)

- [**③財産権**]の不可侵(第29条)
  自分の財産をもち，それを利用し処分する権利です。
  私有財産権が認められ，国家や他人がこれを侵してはならないと定めています。

> **※経済活動の自由には「公共の福祉」に反しない限りという制限があります。**

例えば，ダム建設のため立ち退きをしなければならない場合などがそうです。
あなたの家はあなたの財産であり，あなたには居住・移転の自由があります。
しかし，ダムの必要性が客観的にも認められ，正当な理由がある場合
(洪水の危険をなくすなど)，立ち退かなければならないことになっています。
もちろん，代わりの家や引越し費用などの補償があります。

また，契約の自由などを無制限に認めてしまうと，大企業が経済を支配したり，
貧富の差を拡大させるなど，不利益になることがあります。
そのため，労働者の保護と生活の安定をはかる，**労働基準法**や最低賃金法，
私的独占を禁止し，公正な取引の確保をはかる，**独占禁止法**などが定められています。
このように，経済活動の自由については，比較的広い規制が認められています。

ただ，精神の自由(表現の自由など)については，必要最小限度の規制にとどめるべきもの
と考えられています。

「公共の福祉」は，国民の自由や権利を制限しようというものではありません。
制限ではなく，より多くの人の自由や権利を守ることにつなげようとするものです。
赤信号は，あなたの行動の自由を制限するためにあるのではないように，
より多くの人の自由や権利を守ることにつなげようとするものです。

3 ㉝ 社会権

フランス人権宣言を覚えていますか？
「人は生まれながらに自由で平等な権利を持つ」
当時の人々は，自由でも平等でもなかった。
だから "自由" と "平等" を宣言したのです。

しかし，時代がすすむと自由と平等だけでは
十分に人権を保障（ほしょう）できなくなりました。
「平等に扱（あつか）われているが文字が読めない」
「自由だが仕事がない」…それでは困ります。

> 社会権とは【㉞人間らしい生活の保障を求める権利】です。

資本主義の行き過ぎによって，貧富（ひんぷ）の差（かくだい）が拡大し，
🖊「経済上の不平等」を是正（ぜせい）する（改善する）必要がありました。

> ▶社会権を初めて定めたのは，1919年制定，ドイツの［㉟ワイマール憲法］です。

第一次世界大戦に敗れたドイツは，新しい憲法の下（もと），民主国家として再スタートしました。
「行く行くパリのベルサイユ」と同じ1919年，20世紀の新しい人権ということで，

> 社会権は「20世紀的人権」といわれます。

・『フランダースの犬』（日本版アニメ）をご存知（ぞんじ）ですか？
　おじいさんが死んで，天涯孤独（てんがいこどく）になってしまうんですよ。
　いろいろな誤解（ごかい）が解（と）けて，コゼツの旦那（だんな）も後悔（こうかい）し，
　絵の才能（さいのう）が認（みと）められ，さあこれからというときに，
　「パトラッシュ，ボクもう眠（ねむ）いんだ」
　そして…涙（なみだ），涙のエンディング。
　身寄（みよ）りのない貧しい少年が，行き倒（だお）れて死んでしまいます。

　貧しくも，優しく正直で一生懸命（いっしょうけんめい）に生きた少年。
　「ネロ～～～～（ToT）」
　「行政は何をやっているんだ～（｀o´）」と叫（さけ）びたくなります。

　仕事がなくなり，収入がなくなって，飢（う）え死（じ）にしてしまう…
　「そんな国でいいですか？」

・日本国憲法は，すべての国民に人間らしい生活を保障しています。

⑴ 【㊱生存権（せいぞんけん）】（㊲第25条）は，【㊳健康】で【㊴文化的】な【㊵最低限度】の生活を営（いとな）む権利。

第25条2項には，国は社会福祉や社会保障を充実させなければならないとあります。

> 参考　第25条①　すべて国民は，健康で文化的な最低限度の生活を営む権利を有する。
> 　　　　　②　国は，すべての生活部面について，
> 　　　　　　　社会福祉，社会保障（しゃかいほしょう）及び公衆衛生（こうしゅうえいせい）の向上（こうじょう）及び増進（ぞうしん）に努（つと）めなければならない。

・これを受けて「**生活保護法**」が制定されています。

申請して認定されると，生活保護を受けることができます。

生活に困っている人を金銭的に援助するものです。（ケースバイケースだが，月十数万円ほどの支給）

もちろん，仕事が出来るのにしなかったり，ぜいたくな生活をしたりしてはいけません。

> **参考** クーラー（エアコン）はぜいたく品か？
>
> 1994年，埼玉県で「生活保護を受けているのにクーラーはぜいたくだ」とされ，
>
> 禁止される出来事（桶川事件）がありました。
>
> 裁判の結果，生活保護世帯でもクーラーの使用が認められることになりました。

★とても大事なので，もう一度

憲法第25条①，【　　　　　】で【　　　　　】な【　　　　　　　　】の生活を営む権利。

> **重要** 憲法で「何条か」ということを覚えておかなければならないのは，第9条（平和主義）と第25条です。
>
> この2つは確実に押さえること。それ以外は絶対に出題されないとはいえませんが，難問の部類です。
>
> 人権に関する条文は憲法の前半部分（第40条まで）にあります。以下は国会など政治的な内容です。
>
> もし，不安なら全部覚えましょう。憲法はたったの103条しかありませんから（笑）。

・「オレは自由で平等だが，文字が読めない，九九も知らない」では困ります。

人間らしく生きるために，教育は必要なのです。

(2) 【㊶**教育**】を受ける権利（第26条）

だからといって，「教育を受ける権利がある，○○高校に入学させろ」といってはいけません。

能力に応じて，等しく教育を受ける権利があるのです。

また，義務教育だけに限定されません。大人でも学ぶ権利はあります。

ところで，中学校は義務教育ですが，中学生に教育を受ける義務があるのではありません。

義務教育は保護者の義務です。 中学生は「教育を受ける権利」があるのです。

また，義務教育は**無償**になっています（授業料がタダ）。（現在は高校授業料もほとんどが無償です）

教育を受ける権利…すべての国民にある
普通教育を受けさせる義務…保護者にある
教育を受ける義務…ない

> **参考** 第26条① すべて国民は，法律の定めるところにより，
>
> その能力に応じて，等しく教育を受ける権利を有する。
>
> ② すべて国民は，法律の定めるところにより，
>
> その保護する子女に普通教育を受けさせる義務を負ふ。
>
> 義務教育は，これを無償とする。

［**確認**］（　　　）に適語を入れなさい。

・すべて国民は，その能力に応じて，等しく（　　　　　　　権利）を有する。

・すべて国民は，その保護する子女に（　　　　　　　義務）を負ふ。

・「オレは自由で平等だが，仕事がない，収入がない」では困ります。

　人は働かないと生きていけません。収入がないと，生活し家族を養うこともできません。

　それに，働くことは夢を実現させることもでもあるのです。

(3) 　【^㊷勤労】の権利 (第27条)

国民は，就労の機会を要求することができ，

国は国民に働く機会を保障するため，ハローワーク(公共職業安定所(職安))で仕事を紹介しています。

▶なお，勤労は[^㊸権利]であると同時に[^㊹義務]でもあります。

国民の義務であり，権利でもあるのは何？という問題もあります。(国民の義務→ p.26)

・労働者は，賃金をもらって働いているのだから，社長に文句をいってはいけない…

　ということはありません。社長など会社の偉い人(使用者)だけが幸せな社会ではいけません。

　日本国憲法では，**労働者の権利**が認められています。(大日本帝国憲法の下では制限されていました)

① 　【^㊺労働基本権(労働三権)】といいます。(第28条)

次のページ②(労働三法)と混乱してしまう人が多いので，落ち着いて読んでください。

労働基本権は，労働者の権利。権利とは「こんなことができる」ということです。

・労働基本権は，労働三権ともいいます。次の3つの権利です。

・【^㊻団結権】：労働者が団結し，労働組合を結成する権利。

・【^㊼団体交渉権】：労働者が使用者と対等な立場で交渉する権利。

・【^㊽団体行動権】(争議権)：ストライキなどをする権利。(交渉がまとまらない場合など)

「ストライキ」とは，労働者が団結して仕事を停止し，

使用者に対して，自分たちの要求を通そうとすることです。(ただ単にサボるだけではありませんよ)

　1人で社長に文句を言ったらクビ(あるいは降格や左遷)になるかもしれません。

　でも，社員たちが団結したら，社長も話を聞かざるをえません。

重要 公務員はストライキをすることができません。

　公務員には，解雇(クビ)がないからです。(犯罪で有罪になった場合などは別ですよ)

　第一，火事なのに消防署がスト，事件なのに警察署がストでは困りますよね。

語句 公務員は「**全体の奉仕者**」として，国民のために仕事をする。

　公務員とは，税金から給料が払われている職員のこと。市役所の職員や公立学校の教員など。

② 　労働者の権利を守る法を，3つまとめて【^❹労働三法】といいます。

似ているので，前のページの①と混乱してしまう人が多いので，落ち着いて理解してください。

 労働三権…労働者の**権利**（＝労働基本権）
 労働三法…労働者の権利を守るための**法律**

・【^{❺⁰}労働基準法】：労働条件の最低基準などを定めた法。

労働者と使用者の立場の対等，男女同一賃金，満15歳未満の児童の使用禁止（子役などは例外），
労働時間は，1日8時間以内，1週間に40時間以内，休日は週に1日以上を原則とする
ことなどを定める。
この基準が守られているか，各都道府県に設置された労働基準監督署が監督している。

・【^{❺¹}労働関係調整法】：斡旋／調停／仲裁を通して，**労働争議の解決をめざすための法。**

交渉がこじれた場合など，行政（国や都道府県）の労働委員会が間に入って解決を促します。

・【^{❺²}労働組合法】：労働組合を保護するための法。

団結権や団体行動権が認められていても，社長が圧力をかけるなどジャマしないとも
限りませんからね。そういった不当労働行為の禁止を定めている。

▶3つの法律は，基準，関係調整，組合の頭文字をとって「き・か・く」で押さえましょう。

・なお，憲法との対応は次のようになります。

 27条：**勤労の権利**に対応→**労働基準法**
 28条：**労働基本権**に対応→**労働関係調整法・労働組合法**

参考　第27条 ① すべて国民は，勤労の権利を有し，義務を負ふ。
　　　　　　　② 賃金，就業時間，休息その他の勤労条件に関する基準は，
　　　　　　　　 法律でこれを定める。
　　　　　　　③ 児童は，これを酷使してはならない。
　　　　第28条 　勤労者の団結する権利及び団体交渉その他の団体行動をする権利は，
　　　　　　　　 これを保障する。

〔確認〕

労働基本権は		権		権		権
労働三法は	労働	法	労働	法	労働	法

注意「労働基準権」や「労働基本法」はありませんよ。

4 基本的人権を守るための権利

基本的人権を侵害する法律が制定されたり，裁判がおこなわれたりしないとは限りません。
絶対にないとはいいきれません。

(1) 【^㊸参政権】は，国民が政治に参加する権利。

①選　挙　権：国会議員や地方議会議員などを選ぶ権利(第15，44，93条)
　被選挙権：選挙に立候補できる権利(第44条)

国民には，民主的に代表を選ぶ(あるいは選ばれる)権利があります。

②最高裁判所裁判官の[^㊺国民審査権](第79条)：国民が投票によって適任か不適任か審査する。

変な人が裁判官だったら困ります。
そんな人を辞めさせることができないのも困ります。(→ p.100)

・憲法改正の[^㊻国民投票権](第96条)(→ p.25)

③地方自治体における[^㊼直接請求権]や，特別法の住民投票(第95条)(→ p.61)

(2) 【^㊽請求権】は，人権侵害や不利益をこうむったとき，国などに救済を求める権利。

①[^㊾裁判請求権]：きちんとした裁判を受ける権利のこと。(第32，37条)

前述しましたが，国民には，裁判を受ける権利があります。
裁判をしないで死刑…なんてのはリンチに等しいことです。
「オレの無実を証明する機会をくれ」といった場合だってあります。

②損害賠償請求権：公務員の不法行為によって受けた損害の償いを求める権利。(第17条)

公務員は国や市町村の職員です。その使用者たる国などを相手とするので
国家賠償請求権ということもあります。(被害者が外国人でも可)

公立学校で部活中に先生の不注意で生徒が大ケガをした場合や，
国などが造った道路や空港のために，騒音に悩んでいる場合などです。

③[^㊿刑事補償請求権]：犯人とされた人が無実だった場合，その償いを求める権利。(第40条)

「あなたの疑いは晴れました，どうぞお帰りください」といわれても納得できませんよね。
無実の罪で刑務所に服役していた人には，相当の補償を要求する権利があります。
ただ，「青春を返せ」と言っても不可能ですから，金銭的な補償をおこないます。

(3) 　[**⑩請願権**]は，国や市町村に，自分の要求を聞いてもらえるようにお願いする権利。(第16条)

国や市町村に「こうして欲しい」と，お願いする権利。
また，そういった請願をしたために不利な扱いを受けないことになっています。

・請求権と請願権はどう違うの？…とよく聞かれます。

　　請求権は，「どうしてくれるんだ！なんとかしろ〜」という強い感じ，
　　請願権は，「○○してくれませんか」といった，穏やかな感じです。

　　参考　請願権は，要求を政治に反映させようとするものと考えると…参政権といえます。
　　　　　　　国や市町村(行政)に要求していると考えると　　　…請求権といえます。

　　おまけ　陳情というのもあります。請願より軽い感じです。
　　　　　　　「公民館の使用時間をのばして欲しい」といったことや，
　　　　　　　「9時に黄色点滅になる信号を11時からにしてもらえませんかねぇ」など。

5 新しい人権

・新しいとは「最近の」ということではなく，特に「第○条，〜〜の権利を有する」と
条文に規定はないが，裁判の結果(判例)などを通じて認められるようになったもの。
幸福追求権(第13条)や，**生存権**(第25条)などが根拠になっています。

(1) 　【**⑪環境権**】は，よりよい環境で生活をする権利。

・[**⑫日照権**]は，住宅の日当たりを求める権利。

家の隣に，巨大なビルが建てられ日陰になってしまう場合など，
建設の差し止めや，設計の変更を要求することができるものです。
右は日照権に配慮した壁の一部が斜めになっているマンションです。

▲ 日照権に配慮したマンション

・嫌煙権：タバコを吸わない人の権利。2003年に健康増進法が成立。
・景観権：きれいな景色が見える権利。
窓からの景色がうりの旅館にとっては死活問題ですからね。
鞆の浦(映画「崖の上のポニョ」の舞台のイメージ)の埋め立て工事の中止を求めた裁判で，
広島地裁は，景観は国民の財産であると認め，工事の中止を命じました(2008年)。

　　参考　[**⑬環境アセスメント法**(環境影響評価法)]
　　　　　　　ダムや高速道路などの大規模工事をする前に，
　　　　　　　自然環境に与える影響をあらかじめ調査(評価)することを義務づけるものです。
　　　　　　　建設してしまってから「希少動物が絶滅した〜」「騒音の被害が出た〜」では遅いですからね。
　　　　　　　細かいことをいえば，環境権は，最高裁判所が正式に認めたものではありません。

(2) 【^❽知る権利】は，政府や企業の持つ情報の公開を要求することができる権利。(→ p.12)

原材料や生産地を企業秘密にされると，消費者は安心して商品を買うことができません。
特に安全に関する情報は大事ですからね。
また，行政機関(国や市役所など)が情報を秘密にすると，（どんなお金の使い方をしているかなど）
国民が知らないと，税金のムダ使いをしていても，文句もいえません。

知る権利を受けて【^❾情報公開法】(2001 年)や，情報公開条例が施行されています。

情報公開制度は，行政機関の持つ情報の公開請求ができるものです。

(行政機関とは，政府＝国，地方公共団体〈地方自治体〉＝県や市町村のこと)
地方公共団体単位では「情報公開条例」が制定されています。

注意　知る権利は，行政機関や，企業のもつ情報が対象ですが，
　　　法や条例で情報公開を制度化しているのは，行政機関の持つ情報の公開です。
　　　一般企業の場合は違いますよ。
　　　民間企業のノウハウ(おいしいラーメンの味の秘密など)まで，何でもかんでも公開しろ
　　　というのは無茶です。(マジシャンに手品のタネを公開しろというようなものです)
　　　あくまで，公的な機関における情報です。
　　　なお，必ずしも，すべてが公開されるわけではありません。
　　　(プライバシーや，国家機密などに関するものは除外されます)

▶なぜ，国民が政治についての情報を知る必要があるのか？ これ，論述に出ます

🖊国民が，政治について正しい判断をするために，
政府や地方公共団体がどのような活動をしているのか，知る必要があるから。
あるいは…**主権者である国民**が，政治について正しい判断をすることができないから。

国民が情報を得ることができなければ，
人々は政治について考えたり，批判したりすることが出来ません。
国民が政治に参加する「民主主義」にとって，情報はとっても大事なことなのです。

・しかし，「知る権利」（あるいは表現の自由）を無制限に認めることはできません。
　人には，知られたくないことがあるからです。

(3) 【^❿プライバシーの権利】は，みだりに私生活の情報などを他人に知られない権利。

「プライバシーを守る権利」ということもあります。
典型的な例として，小説の登場人物のモデルになった人が，
小説に知られたくないことまで書かれていると，著者を相手に訴える場合などです。
また，インターネットによって個人情報が流出するなど，新たな問題もおこっています。

これを受けて，2005 年，【^❻個人情報保護法】が施行されました。

「アンケートに答えると 1 万名に○○が当たります」といった応募ハガキで集めた個人情報
(住所，氏名，年齢，電話番号だけでなく，週に何回△△を観るか，何新聞を読んでいるといった個人情報なども)
を目的外に利用し，あるいは他の業者が悪用することを禁止しています。
ただ，どこまでを個人情報として保護するかといった，明確な基準は示されていません。

参考 肖像権

勝手に写真を撮られたり使われたりしない権利です。
タレントの写真を勝手に使って商売をしたりするだけでなく，
一般人のあなたの写真もそうです。
あなたの写真がネットに出回っていたらイヤでしょ。
もちろん指名手配犯のポスターやニュース報道など，公のために必要な場合は別です。

重要 知る権利→情報公開法 。 プライバシーの権利→個人情報保護法 。

区別しましょう。

(4) [^❻自己決定権] は，自分の生き方を自分で決定できる権利。

・[臓器提供意思表示カード]

死亡(脳死を含む)の場合，臓器を提供するかしないかの意思を記入するものです。
遺言の一種と考えることができます。ちなみに遺言の効力は 15 歳からです。

・[インフォームド・コンセント]

医師の十分な説明を受け，患者がその治療方針に納得し同意すること。
納得いかなければ，別の医師の意見を聞く(セカンドオピニオン)を求めることもできます。

・[尊厳死]

末期ガンなどの患者が，昏睡状態(心肺停止・脳死)になっても，
人工呼吸器や人工心臓などの延命装置の使用を望まないで，自然な死を選択すること。
もちろん，リビング・ウィル(意識が確かなうちに家族などへ意思を伝えること)が必要です。

ちなみに，「安楽死」は末期ガンなどの苦しみなどから解放されるため，積極的に死を選ぶことです。
「く，苦しい，もう楽にしてくれ～」といった場合，医師が薬物を注射して死にいたらしめるといったケースです。
海外では認められている国もありますが，日本では認められていません。
医師は嘱託殺人罪(被害者から依頼された殺人)，あるいは自殺幇助罪(自殺を助ける罪)に問われることがあります。

■ 基本的人権の区分・トレーニング ■

び：平等権　し：社会権　き：基本的人権を守るための権利　あ：新しい人権

【1】それぞれ何の権利か区分しなさい。	2回目	1回目	隠す
1．生存権			し
2．環境権			あ
3．参政権			き
4．成年男女による普通選挙（1人1票を持つ）			び
5．労働基本権（労働三権）			し
6．プライバシーの権利			あ
7．請求権・請願権			き
8．知る権利			あ
9．教育を受ける権利			し
10．自己決定権			あ
11．勤労の権利			し
12．裁判請求権（裁判を受ける権利）			き
13．人種・信条・性別・社会的身分や門地による差別の禁止			び
14．地方自治における直接請求権・地方自治特別法の住民投票			き
15．健康で文化的な最低限度の生活を営む権利（第25条）			し

し：身体の自由　せ：精神の自由　け：経済活動の自由

16．不当な逮捕・拘禁からの自由			し
17．職業選択の自由			け
18．信教の自由			せ
19．奴隷的拘束や苦役からの自由			し
20．表現の自由			せ
21．住居の不可侵			し
22．思想・良心の自由			せ
23．国籍離脱の自由			け
24．拷問・残虐刑の禁止			し
25．言論・出版の自由			せ
26．財産権の不可侵			け
27．法定手続きの保障・刑事手続きの保障			し
28．学問の自由			せ
29．居住・移転の自由			け
30．集会・結社の自由			せ

【2】 次の事柄と関係する権利はどれか？下から選んで記号で答えなさい。

なお，これらは学校の定期テストに出された問題です

1．工場の労働者たちがストライキをおこなった。
2．不当に逮捕・拘禁され，また，現行犯の場合以外は令状なしに逮捕されない。
3．次の衆議院選挙に立候補することにした。
4．神社に初詣に行き，キリスト教の教会で結婚式をあげ，
　　お葬式は仏教形式でやってもらいたいと思う。
5．あなたは，中学校に通っている。
6．女性だからという理由だけで，男性より給料が少ないというのは，差別的待遇である。
7．個人の情報や，他人に知られたくないことを，むやみに公開されない。
8．病気が重くなり働けなくなったため，生活保護を受けることになった。
9．裁判で無罪になったので，国に賠償を求めた。
10．地元出身の国会議員に法律の改正案を審議してもらうように求めた。

あ：請求権	**い**：知る権利	**う**：プライバシーの権利
え：請願権	**お**：社会権(労働者の権利)	**か**：自由権(精神の自由)
き：平等権	**く**：社会権(教育を受ける権利)	**け**：自由権(身体の自由)
こ：参政権	**さ**：社会権(生存権)	**し**：自由権(教育を受ける義務)

1	2	3	4	5	6	7	8	9	10

答えを見る前に，書き込み編(→p.16～17)を見ながら，自分で探して(考えて)みるようにしましょう。
めんどうですが，それが勉強になります。単に答えを見るだけの人と差がつきます。

【1】のヒント
問21．住居(つまりあなたの家)は財産ですが，知らないおっさんが夜中に家に
　　　入って来たら，財産よりも何が侵害されるのか考えてみましょう。
　　　財産権の侵害というより，まず身の安全が優先されるべきですよね。

【2】のヒント
選択肢の「し」は選んではいけません。(そんな義務はありませんよ)

【2】の答え

1	お	2	け	3	こ	4	か	5	く	6	き	7	う	8	さ	9	あ	10	え

7 ▶ 地方自治

➡書き込み編 p.18〜19

💠 地方自治とは，地方に関する政治を，住民の意思によっておこなうこと。

地方が自ら治める(政治をする)こと。

何もかも国が決めずに，地方にまかせられることは地方でおこなうということです。

地方自治をおこなう単位は，都道府県や市(区)町村です。〔市(区)町村の数は約 1700(2020 年)〕

(1) 都道府県や市町村を【❶地方公共団体】あるいは【❷地方自治体】といいます。

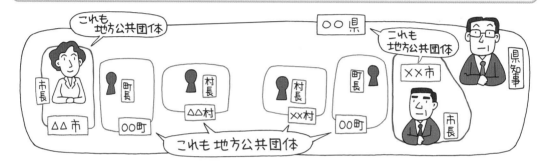

(2) 最近は【❸地方分権】がすすんでいます。

💠 政治をおこなう権力を国だけに集中させず，
地方公共団体(地方自治体)に多くの権限を与え，政治を担当させるようにすることです。
(💠地方にできる仕事は，地方がおこなうようにすること。)

・逆は〔❹中央集権〕：中央政府が政治権力をにぎることです。

明治政府は，欧米列強に対抗できる統一国家をめざして，
1871 年，廃藩置県をおこない中央集権体制を確立しました。
大日本帝国憲法の下でも，地方議会がありましたが，
中央政府の方針に従うものとされていました。

(3) 地方自治は【❺民主主義の学校】といわれます。

💠「住民が，身近な地域社会の政治に参加し，民主政治のあり方を学ぶことができるから」です。

(4) 地方自治に関することを定めた法は【❻地方自治法】。(1947 年制定・その後，何度も改正)

また，憲法(第 92 〜 95 条)で地方自治を保障しています。

1 執行機関：法律や予算，議会の決定に基づいて政治をおこなう機関。

行政機関ともいう。市の場合，市長さんをトップとするいろいろな部署のこと。
工事の許可を下すなど，予算を執行します。

> 執行機関の長(トップ)を【❼首長】といいます。
> 都道府県の首長は**知事**，市の首長は**市長**，町の首長は**町長**，村の首長は**村長**です。

> 首長は，その地方公共団体の住民による[❽**直接選挙**]で選ばれます。
> 任期は[❾**4年**]。任期とは，職に就いていることが出来る期間のこと。

> 都道府県の**執行機関**として，【❿ 知事 】，その補助機関として副知事が置かれます。
> 市 町 村の**執行機関**として，[**市町村長**]，その補助機関として副市町村長が置かれます。

〔定期テスト対策〕あなたの住む都道府県の知事は【　　　　　】，市町村長は【　　　　　　】

おまけ 首長「しゅちょう」は市長「しちょう」と発音が似ているため，
テレビ(討論番組や解説など)では，混同をさけるため首長を「くびちょう」ということもある。

参考 行政委員会

　教育委員会や選挙管理委員会，人事委員会(公平委員会ともいい公務員の採用や給料などを決める)など。
これらは，首長の直属ではなく，ある程度独立した立場で，仕事をしています。
首長が代わるたびに，教育委員会がコロコロと方針を変えると，学校現場が混乱してしまいますからね。
ただ，教育委員会制度を改革して，首長が教育について直接関与していこうという動きもあります。

2 被選挙権：選挙に立候補することができる権利

> 知事に立候補できるのは【⓫満 30 歳】から。(もちろん男女)

▶知事と参議院議員の被選挙権は【⓬満 30 歳】から。

> 市長(町村長)に立候補できるのは【⓭満 25 歳】から。

▶上記(知事と参議院議員)以外のすべての被選挙権は満 25 歳からです。
後述しますが(→ p.91)，この数字は今ここで覚えてしまいましょう。

❸ 議会の仕事(議会を，よりていねいに"地方議会"ということもあります)

> 議会の議員も首長と同じく，**住民の直接選挙で選ばれ，任期は**[⓮4年]です。

首長が執行機関であるのに対して，**議会は議決機関**です。

難しいですか？
学校を例に考えてみましょう。
非行の事実(例えば喫煙)で処分をいい渡す場合，
職員会議で話し合いがおこなわれます。
この職員会議が「**議決機関**」(議事機関)にあたります。

そして，校長の名によって，処分などがいい渡されます。
○○校長先生という個人ではなく，
校長という役職の権限において停学処分を下したのです。
この校長が「**執行機関**」にあたります。

また，副校長や教頭などが「**補助機関**」にあたります。
(※実際には，学校の職員会議は校長を拘束しません。)

(1) 【⓯条例】の制定・改廃(改正や廃止のこと)をおこなう。

条例とは，その地方公共団体だけのきまりのこと。

〔例〕滋賀県では「琵琶湖富栄養化防止条例」でリンを含む洗剤の使用を禁止しています。
　　　リンは微生物の栄養となり，アオコや赤潮の原因となるからです。
　　　また「路上喫煙の禁止」や，奈良には「鹿の餌やり禁止」といった条例もあります。

地方公共団体の実情にあわせて，独自に制定することが出来ますが，
条例は[⓰法律]**の範囲内で制定しなければならないことになっています。**

中学教師に体罰を認める条例や，カラスに餌をやった者は懲役15年といった，
人権を侵害したり，とんでもなく厳しい罰則を定めたりすることは出来ません。

(2) [⓱予算]を審議し議決する。[⓲決算]の承認をおこなう。

予算は，来年度のお金の使い道を決めたもの。(来年度の収入と支出を見積もること)
「A中学校の校舎の修理に2000万円，B地域の道路工事に4000万円」
「Cゴミ処理場の建設に2億円」「いやD体育館の建て替えの方が先だ」…と
議員が審議(話し合い)し，最終的には多数決で議決します。

決算は，昨年度のお金の使い方の報告のこと。(昨年度の収入と支出の結果のこと)
予算が適切に使われたかどうか，住民の代表である議員(による議会)が承認します。

(3) 議会は，首長の【⑲不信任決議】ができる。

"不信任" とは「やめろ〜」ということです。

重要な決定(ダム建設の是非など)，あるいは汚職やスキャンダルをめぐっておこなわれます。

総議員の$\frac{2}{3}$が出席する議会で$\frac{3}{4}$以上の賛成で議決されます。(かなり多くの賛成が必要なのだというくらいでいい)

不信任が決議されると，

首長は[⑳10日]以内に，【㉑議会を解散】するか【㉒辞職】しなければなりません。

・「議会を解散する」とは，

例えば，ダム工事を中止した知事に対して，

議会が「ダムは必要だ」として，不信任決議をおこなったとき，

知事は「このダムは不要だ」という信念を通したい場合，知事は議会を解散します。

議会が解散されると，選挙がおこなわれます。

選挙で住民の意思を問います。

選挙によって新たに選ばれた議員が集められ，議会が開かれます。そこで，

　知 事 派(ダム反対派)が多数をしめれば，知事は続投します。
　反知事派(ダム賛成派)が多数をしめれば，知事は失職します。

参考 地方自治法第178条2項，再び招集された議会で不信任となれば首長は失職する。

・「辞職」とは，自ら辞めることです。

４ 首長の拒否権

首長は，議会が議決した条例や予算に異議があれば[㉓10日]以内に[㉔再議]を要求できる。

(しかし出席議員の3分の2以上で再可決したら首長は拒否できないことになっています)

5 地方公共団体の仕事

学校　保健所　老人ホーム　ごみ処理　水道　警察　公共事業　生活保護　戸籍・住民登録　消防　国会議員選挙

> **注意**　「裁判」は国の仕事です。
> 「次から地方公共団体の仕事を選べ」という問題が出た場合,
> 「地方裁判所」という選択肢はひっかけです。県や市町村は裁判をしません。

> **参考**　住民基本台帳ネットワークシステム(住基ネット)
> 住民の個人情報をコンピューターで結んで管理するもの。
> 事務処理の効率化をめざし,2003年から実施されている。当初は,プライバシー侵害のおそれが
> あると参加しない地方公共団体も多かったが,現在はすべての地方公共団体が参加している。

6 地方自治制度の改革

(1) 【㉕市町村合併】がすすめられました。(3200ほどあった市(区)町村が2020年には1700ほどになった)

🔑「規模を大きくすることで財政を立て直し,行政サービスの向上をめざすため」です。
　しかし,行政サービスが行き届かなくなるなど,地域格差が生じる心配があります。

・1995年制定の地方分権推進法に続き,さらに,

(2) 地方分権をすすめるため,[㉖地方分権一括法]が施行されました。(2000年)

国と地方は対等な関係とし,
地方の仕事を独自でおこなえるように,地方に仕事と,財源を委譲(譲り渡す)しました。
「その仕事は××市にしてもらうので,必要なお金は国に納める○○税の□%をあてる」
といった感じです。地方自治法も改正されました。

(3) [㉗三位一体の改革]は,地方と国との関係を見直す改革です。

三位一体とはキリスト教の用語で,神とキリストと精霊を一体のものと考える教義をいいます。
地方公共団体が自由に使えるお金を増やして,地域政治をおこないやすいように
するために,「国庫支出金の削減」「地方への税源移譲」「地方交付税の見直し」の
3つを同時にすすめるものです。難しいですが,載っている教科書があるので一応。

(4) [㉘構造改革特区]は,法律や規制を緩和された特定の地域のことです。

小中学校の授業を英語でおこなったり,地方特産のビール(地ビール)の製造を許可したり
することで,**特色のある地域づくりをすすめようとするもの**です。(カジノ特区の話もあります)

7 地方の財源

・財源とは，収入のもとになるもの。(地方公共団体が，仕事をするときに必要なお金の元となるもの)

▶[㉙自主財源]：地方税など，地方公共団体が自ら集めた収入のこと。

▼地方の歳入(2019年度)

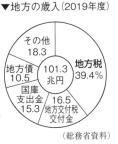

その他 18.3
地方債 10.5
国庫支出金 15.3
地方税 101.3兆円 39.4%
16.5 地方交付税交付金

(総務省資料)

住民税など，その県や市町村に住んでいる人から集める税。
地方税は，自治体が独自の判断で使い道を決めることができる財源です。
好きに使えるお金(財源)を一般財源といいます。
しかし，その割合は，一年間で必要な収入(歳入)の 40%ほどしかありません。
収入が 40%しかなければ，やりたいことも 40%しかできません。
かつては 30%(３割)ほどだったこともあったので三割自治といわれた。

▶[㉚依存財源]の "依存" とは「たよる」こと。(何かにたよって成り立つこと)

おおむね，都会(人口が多く，会社なども多い)の自治体は税収が多く，田舎の自治体は少ない。
財源が足りないから，道路はガタガタ，学校はボロボロ，消防車は来ない…では困ります。
足りない分は，何かにたよらなければなりません。

(1) 【 ㉛地方交付税交付金 】：使い道を指定されないで国から交付されるお金。

「好きに使っていいですよ」というお金です。
その使い道は，各自治体の判断にまかせられ，一般財源となります。

注意 地方公布税公布金としないように。

参考 国へ納める税(所得税・法人税・酒税・消費税・たばこ税)のうち，30%ほどを
地方へ交付するための税(地方交付税)とし，そこから交付されるお金です。
実際は地方自治体が集め，国に納めるという手間を省いて直接使うので，
地方交付税ということもありますが，正確には "地方交付税交付金" です。

🔧 (地方交付税交付金は)地方公共団体間の[㉜税収の不均衡を是正]するために交付されるもの。

税収の不均衡とは，地方税収入の多い自治体と，そうでない自治体との間に格差があること。
是正とは，その格差(差)をなくそうとすること。
簡単にいえば，「地方公共団体間の，税収入の不平等を小さくする」となります。
なお「不均衡」「是正」「格差」などの語句が使いこなせると，論述で有利になりますよ。

注意 「税収の差をなくす」と書くと，税収の総額が同じというニュアンスになってしまいます。
金額を同じにするのではありませんよ。
横浜市(人口最多の市)と，北海道歌志内市(人口最少の市)の収入を同じにする必要はありません。

重要 右のグラフが示され，「なぜ，島根県の方が，
神奈川県よりも歳入にしめる地方交付税交付金の
割合が多いのか？」という論述の定番問題が出ま
す。「人口が少ないから」としてはいけませんよ。
「田舎だから」ということは，ここから読み取れ
ません。答えは，
🔧「地方税収入が少ないから」です。

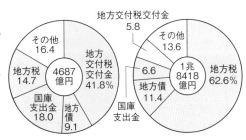

その他 16.4
地方税 14.7
国庫支出金 18.0
地方債 9.1
4687億円
地方交付税交付金 41.8%

地方交付税交付金 5.8
その他 13.6
地方債 11.4
国庫支出金 6.6
1兆8418億円
地方税 62.6%

▲ 島根県(左)と神奈川県(右)の歳入(2019年度)

(2) 【㉝国庫支出金】：使い道が国から指定されて交付されるお金。

・義務教育や，公共事業(道路整備など)，国から委託された(まかされた)仕事に使います。
　よって，東京都など地方税収入の多い自治体にも，多くの額が支給されます。

(3) ［㉞地方債］：地方公共団体(地方自治体)の借金のこと。

　国や地方公共団体も借金をすることがあります。むしろ近年は借金でなんとかしている状態です。
　国の借金を"国債"，地方公共団体のそれを"地方債"といい，まとめて"公債"という。
　借金であるので，利子を払い，期限がきたら返さなければなりません。(→ p.143)
　地方債は，何の事業に使うか，その使い道を決めて発行されます。

　重要【㉟ふるさと納税】：希望する自治体に地方税の一部を寄付することができるしくみ。

　本来，納税者は自分が住んでいる地方自治体に地方税を納めますが，2008年から
　自分が選んだ好きな自治体(生まれ育った田舎や，災害に見舞われた自治体など)に
　本来支払うべき地方税の一部を寄付することができるようになりました。
　寄付した金額分は居住する自治体に払わなくていいし,返礼品がもらえるというメリットがあります。
　地方自治体はより多くの歳入を得ることができ，また地域の特産品を返礼品とすることで
　地域経済の振興にもつながるなどのメリットがあります。
　しかし，「うちは○○が返礼品ですよ」「高級○○を送りますからぜひわが市へ」といった
　地方自治体間での過度な返礼品競争がおこるなどの問題もおこっています。

　参考　消費税10%のうち2.2%は買い物をした地方自治体の収入となります(地方消費税)
　税収を増やすために「お買い物は地元で」と呼びかけがおこなわれています。
　これに関する論述問題もみられます。

■ **整理しよう** ■　グラフや統計から，割合(%)や金額の合計を求めさせる問題もあります。

自主財源	依存財源		
地方税	地方交付税交付金	国庫支出金	地方債
独自の判断で好きに使える財源(一般財源)	使い方が決まっている財源		

・下の空欄に記入して整理しましょう。

　自主財源＝[　　　　　　　]
　依存財源＝[　　　　　　　　　　]・[　　　　　　　　]・[　　　　　　　]

　独自の判断で好きに使える財源＝[　　　　　　]・[　　　　　　　　　]
　使い方が決まっている財源＝[　　　　　　]・[　　　　　　]

　依存財源のうち，独自の判断で使える財源＝[　　　　　　　　]
　国から使い道が決められて交付される財源＝[　　　　　　　]

8 【 ³⁶直接請求権 】:住民が地方自治に直接参加することが出来る権利。

・住民の意思を地方の政治に反映させるため,
地方公共団体に対して,いくつかの要求をすることができます。

ただし,一定数の署名を集めることが必要です。

いくらなんでも,1人の意見で議会を解散させたり,
条例の内容を変えたりすることはできません。

注意 基本的人権で出てきた"請求権"とは違うものですよ。
請求権は,人権侵害や不利益の救済を求める権利です。

▶直接請求権の内容です。

[³⁷有権者]の

請求の種類	署名数	請求先	とりあつかい
【 ³⁸ 条例 】の制定・改廃	³⁹$\frac{1}{50}$以上	⁴⁰ 首長	20日以内に議会を招集し採決
[⁴¹ 監査]の請求	⁴²$\frac{1}{50}$以上	⁴³ 監査委員	監査を実施し公表
[⁴⁴ 議会]の解散	⁴⁵$\frac{1}{3}$以上	⁴⁶ 選挙管理委員会	住民投票→過半数で解散
[⁴⁷ 首長 ・ 議員]の解職	⁴⁸$\frac{1}{3}$以上	⁴⁹ 選挙管理委員会	住民投票→過半数で解職
主要な職員の解職 (副知事や監査委員など)	⁵⁰$\frac{1}{3}$以上	⁵¹ 首長	3分の2以上が出席した議会で4分の3以上の賛成で解職

・○○駅付近の放置駐輪を禁止する条例を制定して欲しい場合,
その地方公共団体の有権者数の50分の1以上の署名を集めて首長に提出(請求)します。
すると,議会がその可否を議決します。(必ずしも制定されるわけではなく,ダメなときもあります)

・条例の改廃とは,改正したり,廃止したりすること。
罰金の額を引き上げたり,条例そのものを廃止したりすることです。

・監査とは,「ちゃんとしたお金の使い方をしているか」財務や事業をチェックすること。
監査委員は,会計を担当する執行機関です。(議員と公認会計士など会計のプロが任命される)

・解職とは職を解く,つまり辞めさせる(クビにする)こと。

重要 何分の1だったかを区別する方法と,請求先

$\frac{1}{50}$と$\frac{1}{3}$の区別は,人を辞めさせることを要求するほうが多い方の【⁵²$\frac{1}{3}$】。

誰かをクビにすることを要求するのですから,より多くの署名が必要です。

首長や議員といった,選挙で選ばれた人を辞めさせる場合の請求先は[⁵³選挙管理委員会]。

首長の解職を,首長に請求するのは変です。
選挙で選ばれていない副市長など主要な職員の解職は,任命した首長に請求します。

3章 現代の民主政治と社会

9 用語

(1) 【⁵⁴リコール】：首長や議員の解職請求。（「やめろ」を上品に「リコールを請求する」という）

(2) 【⁵⁵オンブズマン(制度)】：行政監察官(制度)。行政監視人，苦情処理人。

行政の活動(公務員の不正や法令違反がないかなど)を監視し，
住民からの苦情を受け付けて，改善をうながす人(制度)。オンブズパーソン，オンブズともいう。
神奈川県川崎市など，ごく一部の自治体で取り入れられている。

・これとは別に，市民が自発的に，税金のムダ遣いを追求したり，住民の要望を伝えたりする
「市民オンブズマン」が活動しています。民間のボランティア団体です。
ネット検索すると「○○市見張り番」「△△市を良くする会」などいろいろな団体があります。

(3) [⁵⁶イニシアティブ]：条例の制定・改廃の住民発議のこと。

条例について，住民の側から「こうして欲しい」といい出すことが出来ること。
上から(行政の側から)でなく，住民がInitiative(主導)すること。

(4) [⁵⁷レファレンダム]：住民投票のこと。

参考　住民投票

①憲法95条に基づいておこなわれる住民投票
　国会が，特定の地方公共団体にのみ適用される法律(特別法〈地方自治特別法〉)を制定する場合は，
　地方自治体の住民投票にかけ，過半数の賛成を必要とします。
　今のところ，地方公共団体にとって財政的優遇措置を与える法律ばかりだったので，
　すべて賛成多数で可決されています。(広島平和記念都市建設法，奈良・京都国際文化観光都市建設法など)

②地方自治法に基づいておこなわれる住民投票
　首長や議員の解職請求(リコール)がなされた時に(有権者の $\frac{1}{3}$ 以上の署名が集まった場合)
　住民投票がおこなわれ，過半数の賛成があれば失職させることができます。

③条例に基づいておこなわれる住民投票
　「○○について住民投票をしますよ」という条例を定めておこなわれる住民投票で，
　産業廃棄物処理施設や原子力発電所の建設の賛否，アメリカ軍基地の移転などの問題，
　最近では市町村合併の賛否について，各地で住民投票が実施されています。
　ただ，条例に基づく住民投票には，法的拘束力はありません。
　首長や議会は，住民投票の結果を最大限尊重することになっていますが，
　必ずしも従わなくてもいいのです。単なるアンケートみたいな扱いですね。
　もちろん，住民投票の結果を無視すると，リコール運動に発展することもあります。
　なお，この住民投票に法的拘束力をもたせようとする，地方自治法改正の動きもあります。

おまけ　未成年者にも投票資格を与えるという条例を定めることも可能です。
市町村合併をめぐる住民投票に中学生が参加したこともありました。(長野県平谷村)
地域の未来を決める投票ですからね。

■ 直接請求権の復習 ■ → p.61

請求の種類	署名数	請求先	とりあつかい
条例の制定・改廃	有権者の　　以上		20日以内に議会を招集し採決
監査の請求	有権者の　　以上		監査を実施し公表
議会の解散	有権者の　　以上		［　　　　　］→過半数で解散
首長・議員の解職	有権者の　　以上		同上
主要な職員の解職	有権者の　　以上		3分の2以上が出席した議会で 4分の3以上の賛成で解職

参考　以上・以下・未満・過半数

$$\begin{cases} 100 \text{ 以上とは，} 100 \text{ をふくむ，} 100 \text{ より大きな数……} (N \geqq 100) \\ 100 \text{ 以下とは，} 100 \text{ をふくむ，} 100 \text{ より小さな数……} (N \leqq 100) \\ 100 \text{ 未満とは，} 100 \text{ をふくまない，} 100 \text{ より小さな数} (N < 100) \\ \text{過半数とは，半数より大きいの自然数のこと…} (N \geqq 2 \text{ 分の } 1 + 1) \end{cases}$$

〔練習〕

問1　A市（人口15万人・有権者12万人）で条例の改正請求に必要な署名数は？

答【　　　　　人】以上

問2　K市（人口12万人・有権者10万人）で議員のリコールに必要な署名数は？

答【　　　　　人】以上

〔問1の答〕人口ではなく，有権者数の $\frac{1}{50}$ 以上です。

12万人 × $\frac{1}{50}$ …答［❺⁸2400人］以上

〔問2の答〕リコールは $\frac{1}{3}$ 以上だから，10万人 × $\frac{1}{3}$ = 33333.333…ん！

小数点以下はどうしたらいいでしょう？…四捨五入しますか？

33333人分の署名が集まったとき，

「あと0.333…人分の署名をお願いします」は変でしょう。

0.333…以上の整数で答えなければなりません。　　答［❺⁹33334人］以上

おまけ　ほんとに，おまけです。テストには出ないと思います。でも，一応。

有権者40万人以上の地方公共団体における，リコール請求に必要な署名数は，

40万人の $\frac{1}{3}$ に40万人を超える数の $\frac{1}{6}$ を加えた数。

（有権者数をnとすると）　（40万 × $\frac{1}{3}$）＋〔（n − 40万）× $\frac{1}{6}$〕…有権者全体の $\frac{1}{3}$ より少なくてすむ。

❶ 政治への参加

(1) ［ **選挙** ］で，投票して代表者を選ぶこと(**選挙権**)や，立候補して選ばれること(**被選挙権**)

(2) ［ **住民運動** ］をおこすこと。

住民運動とは，地域の問題について住民が何とかしようという運動。
公害の解決や，原子力発電所の建設反対，アメリカ軍基地の移転要求…などをかかげて，
集会を開いてデモ行進をしたり，署名を集めて請願や陳情(お願い)したり，
裁判に訴えたりすることもあります。

(3) 【❶**圧力団体**】：目的達成のために政治に働きかける各種団体のこと。(**利益集団**とも)

「こうして欲しい」「法律を改正して○○して欲しい」といった意見をもつ人々の団体。
国会などで取り上げてもらえるよう，特定の政治家や政党に働きかけます。
選挙では，家族や支援者などの票をとりまとめ，特定の候補者や政党を支援します。
あるいは，自ら候補者をたてて，議員を送り込むこともあります。

日本経済団体連合会(経団連)や，全国農業協同組合中央会，日本労働組合連合総連合会(連合)，
日本医師会などが代表例です。宗教団体の中にも，選挙支援をしているものもあります。

> **おまけ** 自分たちの利益を実現するために「圧力」をかける…というと，
> なんだか悪いイメージをもつかもしれませんが，薬害や公害の被害者の会など，
> 弱い立場の人々の声を国政に届けようとするものもあります。
> ただ，政治家が「票が欲しいから」と圧力団体の利益ばかりを優先してしていると，
> 社会全体の利益が損なわれてしまいかねません。

(4) 【❷**世論**】：国民が政治に対して抱いている意見。(「せろん」あるいは「よろん」と読む)

新聞社やテレビ局などが，街角でアンケートをしたり，
コンピューターで適当に選んだ電話番号に電話するなどして，
「○○新聞ですが，△△内閣を支持しますか？」
といった感じで調査します。公的な調査結果ではありませんが，
その結果は，政治を左右することもあります。

> **おまけ** 政治家は，国民の代表です。
> 国民が選挙で政治家を選ぶのですから，
> 国民もしっかりしないといけませんね。
> 国民以上の政治家が出てこないのが，民主主義ですから。

② 参加の形態

(1) 【❸ 直接民主制 】：すべての国民が政治に参加する制度。

でも人口が多いと実現不可能です。
古代ギリシャが有名ですが，現在はスイスの一部の地域に見られる程度です。

▶日本では，国政では憲法改正の【❹ 国民投票 】，最高裁判所裁判官の【❺ 国民審査 】だけ，
地方自治では，直接請求権や特別法制定の住民投票で実施されます。

(2) 【❻ 間接民主制 】：国民が選んだ代表者が議会を開き，国民に代わって政治をおこなうもの。
【❼ 議会制民主制 】(議会制民主主義)】[❽ 代表民主制 (代表民主主義)][代議制]とも。

国民に選ばれた代表が，国民に代わって(間接的に)，議会を開いておこないます。
(厳密には衆議院議員を代議士というので代議制は狭い意味になりますが，全部イコールでかまいませんよ)

間接民主制(間接民主主義)＝議会制民主制(議会制主義)＝代表民主制(代表民主主義)≒代議制

③ 選挙制度

▶選挙区や定数など，選挙について定めた法律は【❾ 公職選挙法 】です。

選挙で同数の票だった場合はどうするのかなども決められています。同点の場合はくじ引きで決めるそうですよ。

▶選 挙 権：選挙で投票することができる権利。現在の選挙権は"満 18 歳以上の男女"これ常識。

▶被選挙権：選挙に立候補することができる権利。

知事と参議院議員に立候補できるのは【❿ 満 30 歳 】から。(もちろん男女)

「知事サンは 30 歳」

上記(知事と参議院議員)以外のすべての被選挙権は【⓫ 満 25 歳 】から。

25 歳になれば，市長(町村長)，市議会議員，衆議院議員などに立候補できます。

▶ 選挙の原則

(1) 【**⑫普通選挙**】：性別・納税額・宗教・教育などで差別されないこと。

身分の高い人や納税額の多い人など，一部の人々だけに選挙権を与えるのが制限選挙。
1925 年に，満 25 歳以上の男子による普通選挙が実現しました。

(2) 【**⑬平等選挙**】：1人1票を持つ。社長は2票，平社員は1票…などということはない。

(3) 【**⑭秘密選挙**】：無記名で投票すること。投票者は名前を書かなくてよい。

記名投票では，後で有力者ににらまれることをおそれて，自由な考えで投票できなくなります。

(4) [**⑮直接選挙**]：候補者に直接投票すること。（国会議員，地方議会議員，首長の選挙）

注意 内閣総理大臣は国会議員の中から国会が選ぶ。

参考 間接選挙：国民が選挙人を選び，その選挙人が代表者を選ぶ。（アメリカ大統領選挙など）

（→書き込み編 p.25）

4 多数決の原則

多数決は，民主主義の根本となる原則です。
過半数の賛成で可決（決める）のが基本だが，
問題の重要性によって3分の2以上といった差をつけることもある（憲法改正の発議など）。

▶多数決をおこなう場合，注意すべきこと 🕐 [**⑯少数意見**] を尊重しなければならない。

多数決は民主主義の基本ですが，少数意見を無視するだけでは，数の暴力になりかねません。
それに，少数意見が必ず間違っているとは限りません。（戦前の戦争反対の意見など）

高校のホームルームで，クラスで遠足の行き先を決めるシーンを想像してください。
大多数が「遊園地にしよう」と盛り上がっているとき，「いや，法隆寺にしよう」という主張があったとしましょう。
「はあ？なに？」などと無視してはいけない。少数意見だから間違っているということはありません。
意見や主張を聞くことは大事です。「遊園地はいつでも行ける，でも，法隆寺は今行かないと一生行かないかもしれないよ」
「う～ん，なるほど！」と，少数意見に耳を傾け，その後に，多数決で「遊園地にしよう」と決めればいいのです。

5 【**⑰政党**】：政治についての考え方・政治方針（政策）が同じ人々によって組織される団体。

グループをつくっておけば，多数決の時に有利です。
また，何か政策をおこないたい場合も，議員が個人でやるよりも実現の可能性が高まります。

政党などが国民に対しておこなう約束を [**⑱公約**] といい，これを示して国民の支持を訴えます。

「私が当選したら，当選してから何をやるか決めます」という政治家は信用できませんね。
あらかじめ，どのようなことをするのかを国民に示すのです。

具体的数値などを示した公約を 【**⑲マニフェスト（政権公約）**】といいます。

「○○費の割合を 21.8%とし，その財源は□□支出を 7.4%とすることで…」といった感じ。
ただ，実際は「公約」イコール「マニフェスト」として使われることが多いようです。

(1) 【⁲⁰与党】：議会で多数派をしめ，政権を担当する政党。

選挙で勝った政党です。国会では，内閣総理大臣を出し，内閣を構成します。

(2) 【㉑野党】：政権を担当しないが，政府の行き過ぎや失敗を監視，批判する政党。

選挙で負けた政党です。

しかし，政府(与党)のライバルとして，その役割は重要です。

政府の政策を批判し，少数意見をくみ上げて，よりよい政策をおこなうことができます。

もちろん野党は政権を担当する与党となることをねらっています。

最近では 2009 年と 2012 年に，政権交代がありました。

(3) 【㉒連立政権】：2つ以上の政党が協力して政権を担当すること。(連立内閣ともいいます)

［時事問題］現在の与党(政府与党)は ［㉓　★自分で調べて書きましょう★　］

※ちなみに，2021 年 3 月現在では，自民党と公明党の連立政権です。

連立政権の場合は，〔○○党と△△党〕とすべて押さえておきましょう。

また，変化があった場合は，各自で対応しましょう。

学校の定期試験はもちろん，入試にも出ます

(4) **政党内閣とは，選挙によって多数をしめた政党によって成立する内閣のこと。**

現在では当たり前ですが，戦前は当たり前ではなかったのです。

元老(元総理たち)や軍部が決めていたのです。

ですから，歴史では，護憲運動や大正デモクラシー，

1918 年，初の本格的政党内閣，原敬首相(立憲政友会)が重要視されるのです。

政党内閣の時代は犬養毅首相暗殺(1932 年の五・一五事件)まで続き，以後は軍部が政治を主導しました。

(5) ［㉔**政党交付金**(政党助成金)］：税金から，政党へ交付される活動資金のこと。

政治にはお金がかかります。(議員としての給料だけではぜんぜん足りないそうです)

でも，企業や支援団体(圧力団体ともなる)に，政治資金を出してもらっていると，

なにかと，しがらみができてしまい，政治腐敗につながることもあります。

そこで，税金から政党に助成金を支出しています。(国民 1 人当たり 250 円，4 人家族なら年 1000 円)

(6) ［㉕**政治資金規正法**］：政治家への資金の流れ，政治資金の使い方を透明化する法。

規制ではなく"規正"です。

でも，政治とカネの問題は後をたちませんね。(企業と政治家の癒着による汚職事件など)

6 選挙の問題点

(1) 【㉖ 一票の格差 】：議員1人あたりの有権者数が，著しく不均衡になっていること。

「一票の重みの不平等」のことです。
例えば，夏の高校野球で甲子園にいけるのは各県の代表校1校です。（北海道や東京などは例外）
奈良県では約40校の中で優勝すれば甲子園ですが，
神奈川県では約200校の中で優勝しなければ行けません。
「不公平だ」と高校球児はいいませんが，これが実際の選挙なら問題があります。

例えば，1992年の参議院議員選挙で，東京都は約200万人から1人を選出するのに対して
島根県では約31万人から1人だったことがありました。
200万÷31万で6.48倍の格差，
東京都の方が一票の重みがない（軽い）ということです。

一票の格差をめぐって，基本的人権の【㉗ 平等権 】の侵害だと何度も裁判になっています。

2009年の衆議院議員総選挙についても，各地で訴訟がおこされ，
違憲判決を下した地方裁判所もいくつかあります。
これまで，混乱を避けるため選挙自体を無効とはしていま
せんでしたが，2013年は選挙を無効とする判断を下した例
も見られます。参議院議員選挙では，この「一票の格差」
を縮めるため，となり合う選挙区を統合する「合区」が導
入されました（2015年）。（島根と鳥取，高知と徳島の2合区）

違憲判決を▶
伝える新聞

おまけ 厳密にいえば，10万人から1人を選ぶ場合と，
10万1人から選ぶ場合にも格差はあります。
でも，そこまで徹底することは現実的に無理です。
おおむね2倍を超える場合は違憲状態であると判断されることが多いようです。

(2) 買収：有権者に金品を配ることは選挙違反です（有権者が求めてもダメです）

参考 ［㉘ 連座制 ］：関係者が違反をした場合，当選が無効になる制度。
「秘書が勝手にした」などといって免れることはできません。

(3) 棄権：政治的無関心から「選挙なんて興味ねえし…」といって投票に行かないなど。
・特に支持政党がない人を［㉙ 無党派層 ］，
・支持政党が一定していない有権者の票を［㉚ 浮動票 ］といいます。

参考 期日前投票…投票日に都合の合わない人が，事前に投票することができる。
仕事だけでなく旅行やレジャーなどの理由でも認められる。
不在者投票…住所地にいなくても，出張先や入院先の病院，老人ホームでも投票できる。
（船員や南極観測隊員でも郵送やファックスなどで投票できる）

おまけ ネット選挙の解禁
2013年の参議院議員選挙から，インターネットを利用した選挙活動がおこなわれるようになり
ました。ブログやツイッターなどで「○○党の△△をよろしく」と訴えることができます。

■ とある学校の熱い選挙戦 ■

選挙権がないのですから，当たり前ですが，
「選挙のところ理解しにくい」「さっぱりわからん」という人がとてもたくさんいます。
ぶっちゃけたお話として読んでください。

学校(生徒数 400 人・男子 200 人，女子 200 人)の文化祭にアーティストを呼ぶことになりました。
予算の関係で全員を呼ぶのは不可能なので，次の候補から投票で決めることになりました。

秋葉原四八	難波四八	雪達磨	三代目大和魂兄弟

①グループの名前を書いて投票する方法でおこなわれた場合。

投票は，生徒全員(400 人)によっておこなわれます。(欠席，棄権はなしとする)

㊣秋葉原四八 120 票	難波四八 80 票	雪達磨 110 票	三代目大和魂兄弟 90 票

結果は，120 票で秋葉原に決定しましたが，秋葉原以外に投票した生徒が 280 人もいます。
ムダになった票がたくさんでてしまいました。特に女子ががっかりしています。

逆に，この結果を予測していた女子たちが秘密会議を開き，
「力を合わせよう」って感じで，選挙協力をしたら，こうなるかもしれません。

秋葉原四八 120 票	難波四八 80 票	㊣雪達磨 200 票	三代目大和魂兄弟 0 票

②好きなタレントの名前を書いて投票する方法でおこなわれた場合。

予算の都合で上位 6 人までとする。

秋葉原四八	難波四八	雪達磨	三代目大和魂兄弟
㊣渡辺：21 票	㊣白間：20 票	㊣渡辺：22 票	㊣岩田：24 票
㊣横山：20 票	吉田：18 票	㊣岩本：21 票	登坂：19 票
岡田：17 票	須頭：16 票	深澤：19 票	今市：19 票
高橋：15 票	太田：14 票	宮舘：19 票	山下：19 票
峯岸：13 票	加藤：10 票	向井：19 票	小林：19 票
以下略	以下略	以下略	以下略

票が分かれましたね。
とにかく，お目当てのグループの誰かには会えるということにはなりました。
しかし，この 6 人が集まったとして，どんなステージになるのかという不安が残りますね。

「選挙」と一口にいっても，
どのように，どこから，何人選ぶのか…いろいろな方法が考えられます。
小選挙区・大選挙区・比例代表制(比例区)といった方法があります。

実際の選挙では，サラリーマンが多い選挙区，工場労働者が多い選挙区，農家の多い選挙区，
小規模の小売店が多い選挙区…と，さまざまです。ニュータウンなど新興住宅地と，
山間部の過疎化のすすむ地域では，政治に期待する内容も違ってくるでしょう。
あっちを立てれば，こっちが立たないというジレンマ。誰もが納得できる選挙の方法は，
なかなか難しいです。いつか，選挙法が改正されることがあるかもしれません。
そのとき，少数派を切り捨てることになったり，特定の政党に有利になったりしていないか，
注意しなければなりません。

■ 選挙制度の違いをくわしく ■

▶小選挙区と大選挙区の違いについて

Y中学校には3年生が400人います。1クラスが40人で，10クラスあります。

この中から，**リレーの選手を10人選ぶ**ことになりました。どんな選び方がいいでしょうか?

①**各クラスから1人ずつ選ぶ場合。**

1組 (40人)	2組 (40人)	3組 (40人)	4組 (40人)	5組 (40人)	6組 (40人)	7組 (40人)	8組 (40人)	9組 (40人)	10組 (40人)
↓	↓	↓	↓	↓	↓	↓	↓	↓	↓
選手	選手	選手	選手	選手	選手	選手	選手	選手	選手

でも，同じクラスに全国大会1位のA君と，全国大会2位のB君がいた場合，B君は選ばれません。

②**学年から10人を選ぶ場合。**

学年 (400人)
↓
選手・選手・選手・選手・選手・選手・選手・選手・選手・選手

クラスに関係なく，足の速い10人が選ばれます。

しかし，代表がいなくて盛り上がらないクラスが出てくることもあります。
「うちのクラスから出ないから」といってシラけてしまうかもしれません。
もし，これが実際の国会議員の選挙だったら，議員を出せない県が出るかもしれません。

①のやり方が**小選挙区**，②は**大選挙区**の考え方です。

▶小選挙区と比例代表制について

T中学校には100人の生徒がいます。そして，全員が次の3つの部活に参加しています。
野球部が40人，吹奏楽部が35人，陸上部が25人です。

3つの部が，夏休みのグラウンドの使用時間をめぐってもめていました。
使用時間は，朝の7時から夕方の5時までの10時間です。

①生徒たちは，選挙で代表を1名選出して，その代表者の決定に従う方法を考えました。

　代表1名ということなので，各部は団結し，全員がキャプテンに投票することにしました。

野球部員40人	吹奏楽部員35人	陸上部員25人

選挙の結果，野球部のキャプテンは40票，吹奏楽部のキャプテンは35票，陸上部のキャプテンは25票を獲得し，野球部のキャプテンA君が，T中学校の代表となりました。

そして，A君は「すべての時間を野球部が使用する」と決定しました。
多少，強引に思えますが，間違ったことはしていません。
A君は正当に選ばれた代表で，その決定に従うことは，民主主義の原則ですから。

②生徒たちは，部員数に比例してグラウンドの利用時間を配分する方法を考えました。

　使用時間は，同じく朝の7時から夕方の5時までの10時間です。

野球部員 40人	吹奏楽部員 35人	陸上部員 25人
↓	↓	↓
4時間	3.5時間	2.5時間

> ①のやり方が**小選挙区**，②は**比例代表**の考え方です。

・比例代表のほうが優れているようにも思えますが，次の場合はどうでしょう。

> T中学校の野球部，吹奏楽部，陸上部が，同じ日に全く違う会場に遠征に行くことになりました。（部員数は前述の通り）しかし，**バスは1台しかありません。**

比例代表のやり方でバスを分けるのは無理ですね。

・実際の政治では，国として意見を1つにしないといけない場合があります。
　予算（来年度の国のお金の使い方）などはある程度，配分を考えて決めることができますが，
　同盟を結ぶ相手はA国かB国かといった決断をしなければならないこともありますからね。

▶連立政権（連立内閣）

陸上部のキャプテンが吹奏楽部のキャプテンを訪ねて
「陸部はグラウンドの外側のトラックの部分を使う。吹部はマーチングの隊列の練習をするのだから内側を使えばいい。だから，わが陸部25名は君に投票する」ともちかけました。
吹奏楽部としても，このままでは野球部に負けてしまいます。
それに，ボールを使う野球部と一緒に練習することは不可能ですが，
陸上部とならば可能です。吹奏楽部は陸上部の練習場所を
確保することを約束し，選挙協力をすることになりました。
選挙の結果は野球部40票，吹奏楽部60票(35＋25)となりました。
全体の60%が満足する結果となりましたね。
このように，**複数の政党が協力することを「連立」といいます。**

9 ▶ 国会議員の選挙

➡書き込み編 *p.22~23*

■ 国会議員の選挙のしくみ

(1) 任期や選挙区など，選挙について定めた法は【❶公職選挙法】です。

選挙について定めた法は「公職選挙法」，地方自治について定めた法は「地方自治法」。

当たり前のように答えられるようにしておきましょう。

(2) 【❷小選挙区制】：1つの選挙区から1人を選出するものです。（面積の大小ではありません）

衆議院議員選挙では全国を289の小選挙区に分け，そこから289人が選ばれます。

（例：北海道には12の小選挙区があります）

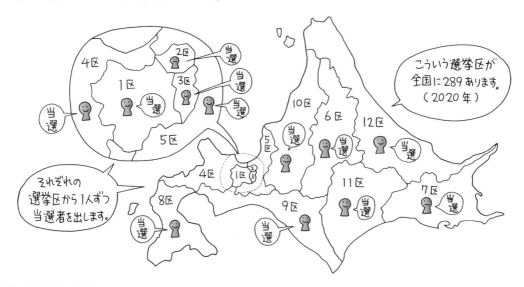

こういう選挙区が全国に289あります。（2020年）

それぞれの選挙区から1人ずつ当選者を出します。

小選挙区制の長所

① 候補者が身近で，どんな人物だかよくわかって投票できる。

② 候補者の乱立を防ぎ，選挙費用が抑えられる。
（候補者が身近なだけに，どこの誰だかわからない人は立候補しにくい）

③ [❸二大政党制] が実現しやすい。

例えば「A党は増税をする」「B党はしない」というように意見が分かれることで，

論点や政治的課題（Yes か No）がはっきりして，国民にとってわかりやすい。

また，政策の違いを明らかにすることで，政権交代が起こりやすい。

なお，アメリカは二大政党制です。（共和党と民主党）

小選挙区制の短所

① 候補者が身近なだけに，買収などの選挙違反（不正行為）が増える。

② 国全体の視野に立った政治よりも，選挙区の個別的な利益を優先することがある。
（候補者は投票してくれた地元の人の意見を聞かなくてはならないので）

③ 【❹死票】**が多い。**（政治に反映されない票が多い＝ムダになってしまう票が多い）

(3) 【**⑤大選挙区制**】：1つの選挙区から2人以上を選出する方法です。（面積の大小ではありません）

大選挙区制の長所

① 少数者の代表も当選しやすく，
   弱者の意思も政治に反映しやすくなる。

② 新人も当選しやすい。

   小選挙区では1位の人だけしか当選しませんが，
   2位以下の人も当選することができる。

   先ほどのリレー選手を選ぶ話を思い出してください。
   小選挙区のやり方では全国2位のB君でも落選しましたよね。
   でも，大選挙区なら1位でなくても当選できます。

③ 死票が比較的少なくなる。

大選挙区制の短所

① 小党分立で政局が不安定になる。

   少数者の代表が当選しやすく，いろいろな意見が出るのはいいかもしれないが，
   逆に，意見が多くてまとまりのない政治になってしまうおそれがある。

   外国から，「日本は何がしたいの？」「誰と交渉すればいいの？」と，
   信用されなくなってしまうかもしれません。

② 多くの人が立候補するので，選挙費用がかさむ。

参考 **中選挙区制**というものもあります。

   1つの選挙区から3～5人を選ぶものです。大選挙区の一種といえます。
   かつて衆議院議員選挙でおこなわれていました。

▶**小選挙区だけしかないと…**

X県2区

| 中森氏（A党）40％→当選 |
| 小泉氏（B党）35％ |
| 堀氏（C党）25％ |

Y県5区

| 松田氏（A党）40％→当選 |
| 柏原氏（B党）35％ |
| 菊池氏（C党）25％ |

Z県7区

| 松本氏（A党）40％→当選 |
| 河合氏（B党）35％ |
| 早見氏（C党）25％ |

当選者はすべてA党の人になります。B党とC党は国会での議席がありません。
でも，A党の支持よりも，A党以外の支持のほうが多い。（B＋C＝60％が**死票**となる）
A党と異なる意見が多いにもかかわらず，A党が議席を独占する可能性もあるのです。
では，B党・C党の意見が反映される方法はないのでしょうか？
そこで，

(4) 【**⁶比例代表制**(ひ れい だい ひょう せい)】：政党などに投票し，得票率(とく ひょう りつ)に比例して議席を配分する制度。

※衆議院議員選挙(しゅう ぎ いん)の場合で説明します。

衆議院議員選挙では，投票する人は，政党名を書いて投票する。

（人ではなく，党に投票する。「草野みどり」などの候補者名ではなく「中央党」などの党名を書いて投票する）

〈例えば，100人の当選者を選ぶ場合〉

投票の結果，A党が40万票，B党は35万票，C党は25万票を獲得(かく とく)すると，

A党(40万票)	B党(35万票)	C党(25万票)
↓	↓	↓
40人が当選	35人が当選	25人が当選

当選者の数と，得票数が比例しています。

（当選者100人のうち，40人はA党・35人はB党・25人はC党から出ます）

小選挙区では当選者がいなかった，B党とC党の人も当選することが出来ます。

議会を国民の意見分布の縮図(しゅく ず)にすることが出来ます。

▶国会議員の内訳(うち わけ)は次のようになっています(2021年4月現在)。

	衆議院	参議院
選挙区(せん きょ く)	【**⁷小選挙区制**】選挙で289人 ＋ 全国を11ブロックに分けた 【**⁸比例代表制**】選挙で176人	選挙区制選挙で147人 ＋ 全国から(特にブロック分けしない) 【**⁹比例代表制**】選挙で98人
議員定数(ぎ いん てい すう)	＝ 合計で【**⑩465人**】	＝ 合計で【**⑪245人**】

＊参議院議員選挙では，3年ごとに半数が改選されるため，2022年の選挙で248人(148人＋100人)になる。

議員定数とは，全部で議員が何人かということです。

衆議院議員は全部で465人です。

その465人のうち，289人が小選挙区選挙から選ばれ，176人が比例代表選挙で選ばれます。

（2017年以前の選挙では小選挙区から295人，比例区は180人となっており，過去問を解くときは要注意）

注：2016年5月に衆議院の議員定数を465人に削減することが決まりました。

2018年7月に参議院の議員定数を248人に増やすことが決まりました。

おまけ 重複立候補制度(ちょう ふく りっ こう ほ せい ど)

衆議院議員選挙では，小選挙区制と比例代表制の両方に出馬(しゅつ ば)(立候補)することもできます。

そして，小選挙区制で落選しても，比例区制で復活当選することができます。

また，比例代表制の名簿(めい ぼ)の順位は，1位の人が3人でも10人でもいいことになっています。

このとき，名簿順位が同じ場合は，小選挙区制で惜(お)しかった人から当選します。

惜敗率(せき はい りつ)というのですが，くわしく知りたい人はネットで検索(けん さく)してみましょう。

2 投票所にて

▶衆議院・参議院議員選挙に行くと，投票所で [**⑫2枚**] の投票用紙が渡されます。

---

(1) 衆議院 の選挙制度を【**⑬小選挙区比例代表並立制**】といいます。

小選挙区制と比例代表制の2つのやり方を，同時に（並立して）おこなうので，こう呼びます。

小選挙区制から289人，比例代表制で176人を選びます。

①渡された投票用紙の1枚は，**小選挙区制用**。そこに [**⑭候補者名**] を書いて投票。

②もう1枚の投票用紙は，**比例代表制用**。そこに [**⑮政党名**] を書いて投票。

> **参考** 拘束名簿式：あらかじめ各政党が候補者に順位を決めた名簿を作成しその名簿の順に当選者を決める（当選順位が名簿の順位に拘束される）

---

(2) 参議院 の（都道府県〈合区をふくむ〉を選挙区とする選挙区制と比例代表制）

①渡された投票用紙の1枚は，**選挙区制用**。そこに [**⑯候補者名**] を書いて投票。

②もう1枚の投票用紙は，**比例代表制用**。そこに [**⑰政党名**] か [**⑱候補者名**] を書いて投票。

> **参考** 非拘束名簿式：各政党は順位をつけない候補者名簿を提出し各党の得票数＋その党の候補者の得票数をもとに各党の当選者を配分。当選者は各候補の得票の多い順に決まる（党が決めた順位ではなく得票順で決まる）

拘束名簿式，非拘束名簿式は難しいですよ（→ p.77）。わからなくても大騒ぎすることはありません。

まず，「しょうせんきょくひれいだいひょうへいりつせい」を覚えましょう。

長いですね（公民の重要用語で2番目に長い）。10回唱えて，3回書いてみましょう。

【 　　　　　　　　　制 】【 　　　　　　　　　制 】【 　　　　　　　　　制 】

---

3 ｜ [**⑲ドント式**] とは，比例代表制における当選順位と人数の決め方。（考案者がドント博士なので）

各党の得票数を1，2，3，4，…と整数で割っていき，商の大きい順に当選を決めます。

例題	比例代表区のひとつ，北○○ブロックで，当選者を6人選ぶ場合。（定数6）A党が3000票，B党が2000票，C党が1000票を獲得しました。

この数字をそれぞれ「1で割る」「2で割る」「3で割る」…とやってみてください。

	A党（3000票）	B党（2000票）	C党（1000票）
1で割る			
2で割る			
3で割る			
4で割る			

↓

	A党（3000票）	B党（2000票）	C党（1000票）
1で割る	3000	2000	1000

と，このように数字を書き入れるのですよ。（単なる割り算ですよ）

こうなりましたか？

	A党(3000票)	B党(2000票)	C党(1000票)
1で割る	3000	2000	1000
2で割る	1500	1000	500
3で割る	1000	667	333
4で割る	750	500	250

端数は四捨五入で

上の表で，商の大きい順に番号①〜⑥をつけてください。

4番目が同数でも気にしないでください。

④④④とするとややこしいので，④⑤⑥としたほうがいいかも。④がC党でもいいですよ。

	A党(3000票)	B党(2000票)	C党(1000票)
1で割る	① 3000	② 2000	⑥ 1000
2で割る	③ 1500	⑤ 1000	500
3で割る	④ 1000	667	333
4で割る	750	500	250

あるいは，こうしてもかまいません。**要するに大きい数字を6つ選べばいいのです。**

	A党(3000票)	B党(2000票)	C党(1000票)
1で割る	✓3000	✓2000	✓1000
2で割る	✓1500	✓1000	500
3で割る	✓1000	667	333
4で割る	750	500	250

これで，各党の当選者数が出ましたね。

当選者数	3人	2人	1人

得票率と当選者数が比例していますね。(3000票で3人，2000票で2人，1000票で1人)

★書き込み編の例題1をやりましょう。割り算はやっておきました。定数は13ですよ。

　答えを見る前に，自分でちゃんとやってみましょう。やり方を理解することが大事ですよ。

例題1の答え　南○○ブロックの場合(定数13人)

	A党(36000票)	B党(24000票)	C党(12000票)	D党(6000票)
当選者数	6人	4人	2人	1人

どうでしょうか，できましたか？

間違えた人はきちんと数を数え直してみましょう。大きい数字を順に13個選ぶのですよ。

実際は，このようなきれいな比例した数字になることはないでしょうけどね。

★では，書き込み編の**例題2**をやりましょう。(答え→ p.78)

このページは私立高の難問用です。余裕のある人だけでいいですよ。

参考 **拘束名簿式比例代表制**：衆議院議員選挙の比例代表制でおこなわれているしくみ。

あらかじめ各政党が候補者に順位を決めた名簿を作成し，その名簿の順に当選者が決まる。

衆議院議員選挙の比例区の場合，全国を 11 ブロックに分けておこなわれます。
○○地方の比例区（定数 12）において，各政党から次の人たちが立候補したとしましょう。
各候補者についている番号は，党が決めた順位です。（同順位の人が何人いてもいいことになっています）

A党			B党			C党		
①松本	⑦前田	⑬山下	①大野	⑥村上	⑬大蔵	①相葉	⑥伊野	⑬草野
①平野	⑧目黒	⑭中島	②三宅	⑧横山	⑭長野	②中島	⑥中丸	・
③岡田	⑨小川	⑮高木	②坂本	⑧渋谷	・	③二宮	⑥錦戸	・
③山田	⑩上田	⑯森本	④丸山	⑧櫻井	・	③有岡	⑩井ノ原	・
③森田	⑪安田	・	⑤赤西	⑪岡本	・	③藪宏	⑪知念	・
⑥加藤	⑫小山	・	⑥亀梨	⑫増田	・	⑥八乙女	⑫手越	・

比例代表制の投票方法は「政党名を書く」でしたね。

この票に基づいて各党の当選者が決められます。
選挙の結果，A党は6人，B党は4人，C党は2人の当選者数が決まった場合，
当選者は，名簿の順番通りに決まります。（当選順位が名簿順に拘束されるから“拘束名簿式”）
A党の当選者は①松本氏〜⑥加藤氏の順位通りに6人が当選し，
B党は①大野氏〜④丸山氏，C党は相葉氏と中島氏が当選となります。

参考 **非拘束名簿式比例代表制**：参議院議員選挙の比例代表制でおこなわれているしくみ。

各政党は順位をつけない候補者名簿を提出し，
各党の得票数＋その党の候補者の得票数をもとに各党の当選者を配分する。
当選者は得票の多い順に決まる。
（党が決めた順位にしばられる（拘束される）のではなく，得票順で決まるので“非拘束名簿式”）
参議院議員選挙の比例区（仮に定数 10 とする）で，各政党から次の人たちが立候補したとしましょう。

A党			B党			C党		
当松本	前田	当山下	当大野	村上	大蔵	当相葉	伊野	草野
平野	当目黒	中島	三宅	横山	長野	中島	中丸	・
当岡田	小川	高木	坂本	渋谷	・	当二宮	錦戸	・
山田	上田	森本	丸山	当櫻井	・	有岡	井ノ原	・
当森田	安田	・	赤西	岡本	・	藪宏	知念	・
加藤	小山	・	当亀梨	増田	・	八乙女	手越	・

参議院議員選挙の比例区の場合，全国区（全国を 1 つの選挙区とする）でおこなわれます。
比例代表制の投票方法は「政党名を書く」か「候補者の名前を書く」でしたね。
「あの人はよく知らないけど，A党にまかせておけば安心だから」と政党名を書く。
「党はともかく，草野さんを応援したいから」と候補者名を書く。どちらでもいいのです。
“草野みどり”と名前を書いた場合，その票はC党に投じられた票として数えられます。
もし，草野氏が有名人だったら，本人が当選しなくても，たくさん票を集めることができるかもしれませんね。

開票の結果，A党は5人，B党は3人，C党は2人の当選者が決まった場合，
A党の当選者は，1番多く名前を書かれた岡田氏，2番目に多かった松本氏…の順に決まり，
5番目の山下氏までが当選となります。B党，C党も同様に名前を多く書かれた人から当選します。

重要 近年の選挙をめぐる動き

①これまで認められていなかった,
インターネットによる選挙運動が解禁されました。（2013年参議院議員選挙〜）
インターネットでの投票は認められていません。

② 2015年，選挙権年齢が満20歳以上から満18歳以上に引き下げられました。
有権者が約240万人増え，全人口にしめる有権者の割合も約84％になりました。

③議員定数の不均衡（「一票の格差」の問題）から，
議員定数の見直しがすすめられています。
・2016年の参議院議員選挙で，となり合う選挙区を統合する「合区」を導入。
鳥取と島根，高知と徳島の2合区（なお，人口が少ない県は鳥取→島根→高知→徳島→福井）
・2017年の衆議院議員選挙から，475人→465人になりました。

④参議院議員選挙の比例代表で「特定枠」が導入されました。（2018年〜）
・特定枠とは「この人は政治に欠かせない人物なので，優先的に当選させますよ」
という人物を，政党が決めることができるしくみ。（非拘束名簿式＋拘束名簿式のようなもの）

特定枠がない場合（当選者数2名）

政党名での得票数 50万票
江井さんの得票数 30万票
㊑備伊さんの得票数 50万票
㊑志位さんの得票数 70万票
合計 200万票

江井さんが特定枠の場合（当選者2名）

政党名での得票数 50万票
㊑江井さんの得票数 30万票←特定枠
備伊さんの得票数 50万票
㊑志位さんの得票数 70万票
合計 200万票

このように，特定枠の候補（江井さん）は，得票数に関係なく当選します。
なお特定枠の候補は，個人としての選挙活動（演説など）が禁止されています。

おまけ 公民の学習が，ある程度すすんだ君へ。

p.9で書きましたが，どうですか？ 実践していますか？

やっぱり興味が持てないという人もいるかもしれませんね。
それでも，新聞の太字やニュースくらいはみておきましょう。
あなたがみなくても，入試問題をつくる人はみていますよ。

例題2の答え 西△△ブロックの場合（定数7人）

	A党（3000票）	B党（1800票）	C党（1440票）
1で割る	①3000	②1800	④1440
2で割る	③1500	⑥900	720
3で割る	⑤1000	600	480
4で割る	⑦750	450	360
当選者数	4人	2人	1人

10 ▶ 有権者数の推移

よく出てきます。歴史でも出てきます。

選挙法改正年 (実施年)	1889 (1890)	1900 (1902)	1919 (1920)	1925 (1928)	1945 (1946)	2015 (2016)
選挙権	❶満25歳 以上の 男子	同左	同左	❷満25歳 以上の 男子	❸満20歳 以上の 男女	満18歳 以上の 男女
直接国税	❹15円以上	10円以上	3円以上	❺なし	同左	同左
有権者数(比率)	1.1%	2.2%	5.5%	19.8%	48.7%	83.6%

3章 現代の民主政治と社会

1 【❻1890年】第1回帝国議会にあわせて【❼衆議院議員】選挙がおこなわれました。
有権者は，直接国税【❽15円】以上を納める【❾満25歳】以上の【❿男子】。
人口にしめる有権者の割合は，わずか[⓫1.1%]。納税額による制限選挙でした。

・貴族院には国民による選挙はありません(皇族や華族などが議員になりました)。

2 【⓬1925年】普通選挙法制定。大正デモクラシーのころです。
【⓭満25歳】以上のすべての【⓮男子】に選挙権が認められました。

有権者の割合が増えた理由を説明させる論述問題もあります。
🔖「納税額による制限がなくなったから」です。
なお，普通選挙法と同時に「治安維持法」が制定されました。セットで押さえましょう。

3 戦後，普通選挙法改正により，【⓯満20歳】以上の【⓰男女】に選挙権が与えられました。

有権者の割合が増えた理由を説明させる論述問題もあります。
🔖[⓱女性]に参政権が認められ，[⓲年齢制限]が引き下げられたから。

図や写真から，女性参政権が認められたということだけを書かせる問題もあります。

4 現在(2020年)の有権者の割合はナント約8割です。
1946年に比べて，なぜ増えたのでしょうか？
人口が増えたからではありませんよ。割合ですからね。
また，18・19歳の人の割合がとても多い(人口の30%もいる)ということでもありません。
人口にしめる大人の割合が増えたのです。つまり，
🔖ほぼ同条件の1946年と比べて【⓳少子高齢化】がすすんでいることが読み取れます。

終戦直後は，日本の人口の約半分が未成年者(子ども)であったのが，
現在では，人口の約2割になっています。

重要 2015年に選挙権年齢が満20歳以上から満18歳以上に引き下げられました。

■ 国会・内閣・裁判所 ■（予習）

まず，予習しましょう。くわしくやる前に，目を通しておきましょう。
いっぱい難しい語句が出てきますので，いっぺんにやったら混乱しますから。
このページの文をよく読み，右のページの空欄（くうらん）を完成させましょう。

★国会は【　立法権（りっぽうけん）　】，内閣は【　行政権（ぎょうせいけん）　】，裁判所は【　司法権（しほうけん）　】を持つ

国会

1 国会は【　話し合い　】をするところ

主権者である国民が選んだ代表が集まるので，国会は【　国権の最高機関（こっけんのさいこうきかん）　】という

2 国会の主な仕事は【　法律　】をつくること　…国会は【　立法権　】を持つ

国会以外（例えば警察官など）が勝手に法律をつくってはいけない
１つの国に法律をつくる機関は１つだけ→国会は【　国の唯一の立法機関（くにのゆいいつのりっぽうきかん）　】である

3 国会は[　衆議院（しゅうぎいん）　]と[　参議院（さんぎいん）　]の２つから成る＝[　二院制（にいんせい）　]（両院制）という
２つあるのは 🖊より慎重（しんちょう）に話し合いをするため

・もし衆議院と参議院の意見が違（ちが）ったら？

衆議院のほうが強いことになっている…【　衆議院の優越（ゆうえつ）　】

なぜ強いのか？ 🖊衆議院には【　解散（かいさん）　】があり【　任期（にんき）　】も短いので，
国民の意見をより反映すると考えられるから。

4 国会の仕事

①【　法律　】の制定：みんなが守るべきルールは国民の代表である国会が制定する
②【　予算（よさん）　】の議決：来年の国のお金の使い方を決める
③[　条約の承認（じょうにん）　]：内閣が外国と結んだ約束を認める
④[　憲法改正　]を発議する…「憲法を変えよう」と言い出す
⑤【　内閣総理大臣の指名（しめい）　】：内閣総理大臣は国会議員の中から国会が選ぶ
⑥[　内閣不信任（ないかくふしんにん）　]の決議をすることができる←「総理大臣やめろ～」
⑦【　弾劾裁判（だんがいさいばん）(所)　】の設置←裁判官を辞めさせるかどうかを決める

左のページの語句と空欄を交互に見てみましょう。
次に空欄を指差しながら「国会は立法権，内閣は…」あれ？となったら左ページで確認。
とにかく，新しく出てくる語句に慣れておきましょう。

★国会は【　　　権　　　】，内閣は【　　　権　　　】，裁判所は【　　　権　　　】を持つ

3章

現代の民主政治と社会

国会

1 国会は【　　　　　　　　　】をするところ

主権者である国民が選んだ代表が集まるので，国会は【　　の　　機関　】という

2 国会の主な仕事は【　　　　　】をつくること　…国会は【　　　権　　　】を持つ

国会以外（例えば警察官など）が勝手に法律をつくってはいけない
1つの国に法律をつくる機関は1つだけ→国会は【　国の　　　の立法機関　】である

3 国会は［　　議院　］と［　　議院　］の2つから成る＝［　　制　］（両院制）という
2つあるのは　◆より慎重に話し合いをするため

・もし衆議院と参議院の意見が違ったら？

衆議院のほうが強いことになっている…【　　　　　　　　　　　】

なぜ強いのか？　◆衆議院には【　　　　　】があり【　　　　　】も短いので，
国民の意見をより反映すると考えられるから。

4 国会の仕事

①【　　　　　】の制定	：みんなが守るべきルールは国民の代表である国会が制定する
②【　　　　　】の議決	：来年の国のお金の使い方を決める
③［　　の承認　］	：内閣が外国と結んだ約束を認める
④［　　　　　］を発議する	…「憲法を変えよう」と言い出す
⑤【　　　の指名　】	：内閣総理大臣は国会議員の中から国会が選ぶ
⑥［　　　　　］の決議をすることができる	←「総理大臣やめろ～」
⑦【　　（所）　】の設置	←裁判官を辞めさせるかどうかを決める

内閣

1　内閣は【　政治　】をおこなうところ…内閣は【　行政権　】を持つ。

政治…簡単にいえば，命令を下したり，許可を与えたりして，実行すること

2　内閣の代表は“内閣総理大臣”＝［　首相　］ともいう

　　▶内閣総理大臣になるには

　　［　国会議員　］になり，【　国会　】で指名される。（多数決で選ばれる）

3　内閣は，内閣総理大臣とその他の［　国務大臣　］で構成される。

国土交通大臣は○○君に，法務大臣は□□君に，など…内閣総理大臣が決める（任命する）

4　衆議院が内閣不信任を決めた場合（「総理大臣やめろ～！」と衆議院が決めた場合）

総理大臣は 10 日以内に
{ ［　総辞職　］する（自分が辞める）
  衆議院を［　解散　］する（選挙で選ばれ直して来い） }
どちらか選ぶ

5　内閣は国会と密接な関係で結ばれている

　2…国会が総理大臣を選ぶ

　3…国務大臣の過半数は国会議員から選ばなければならない

　4…国会（衆議院）は首相を辞めさせることが出来る⇔首相は国会（衆議院）を解散させることができる

　▶こういった内閣と国会との関係を

【　議院内閣制　】💡 内閣は国会の信任に基づいて成立し，国会に対して連帯して責任を負うしくみ。

6　内閣の仕事

① 政治をおこなう…【行政権】を持つ。法律を執行する
② ［　予算案　］を作成し ⎫ ③ ［　法律案　］を作成し ⎭ ［　国会　］に提出する
④ 外国との話し合い＝［　外交　］を処理し，外国との約束＝［　条約　］を結ぶ
⑤ 最高裁判所長官を指名し，その他の裁判官を任命する
⑥ 天皇の国事行為に対して［　助言と承認　］を与える
⑦ 国会の召集や衆議院の解散を決定する

内閣

1 内閣は【 　　　　　 】をおこなうところ…内閣は【 　　　権　　 】を持つ。

政治…簡単にいえば, 命令を下したり, 許可を与えたりして, 実行すること

2 内閣の代表は "内閣総理大臣" ＝［ 　　　　　 ］ともいう

　▶内閣総理大臣になるには

　［ 　　　議員　 ］になり,【 　　　　 】で指名される。(多数決で選ばれる)

3 内閣は, 内閣総理大臣とその他の［ 　　　　　　 ］で構成される。

国土交通大臣は○○君に, 法務大臣は□□君に, など…内閣総理大臣が決める(任命する)

4 衆議院が内閣不信任を決めた場合(「総理大臣やめろ～!」と衆議院が決めた場合)

総理大臣は 10 日以内に { ［ 　　　　 ］する(自分が辞める) 　　　　　 衆議院を［ 　　　 ］する(選挙で選ばれ直して来い) } どちらか選ぶ

5 内閣は国会と密接な関係で結ばれている

2…国会が総理大臣を選ぶ

3…国務大臣の過半数は国会議員から選ばなければならない

4…国会(衆議院)は首相を辞めさせることが出来る⇔首相は国会(衆議院)を解散させることができる

　▶こういった内閣と国会との関係を

【 　　　　　　　　　 】 内閣は国会の信任に基づいて成立し, 国会に対して連帯して責任を負うしくみ。

6 内閣の仕事

① 政治をおこなう…【 　　権 】を持つ。法律を執行する
② ［ 　　案 ］を作成し ③ ［ 　　案 ］を作成し } ［ 　　　 ］に提出する
④ 外国との話し合い＝［ 　　　 ］を処理し, 外国との約束＝［ 　　　 ］を結ぶ
⑤ 最高裁判所長官を指名し, その他の裁判官を任命する
⑥ 天皇の国事行為に対して［ 　　と　　 ］を与える
⑦ 国会の召集や衆議院の解散を決定する

裁判所

1 裁判所は法律に基づいて事件やもめごとを解決する…【　司法権　】を持つ。

2 裁判の種類

【　民事裁判　】：お金を貸したのに返してくれない～などの裁判

【　刑事裁判　】：殺人・窃盗・詐欺などの犯罪を裁く

3 裁判所の種類

最高裁判所→[　高等裁判所　]→[　地方裁判所　]→[　家庭裁判所　]→簡易裁判所

4 裁判は何回受けられるのか？

▶裁判は（1つの事件について）【　3回　】受けることができる＝【　三審制　】

第一審判決に不満→【　控訴　】→第二審判決→納得いかない→【　上告　】→第三審

5 たとえ総理大臣であっても裁判の内容についてゴチャゴチャ言ってはいけない

[　司法権の独立　]：裁判官は良心と憲法および法律にのみ従って裁判をおこなう。

6 裁判官はクビになることはないのか？
▶裁判官を辞めさせられる場合（辞めさせる＝[　罷免する　]という）

【　弾劾裁判所　】で判断された場合　←国会が裁判官を裁判する

[　国民審査　]：最高裁判所の裁判官は国民の投票でクビにするか判断される

7 もし，法律のほうがおかしい場合でも，（時代遅れになったりしているなど）
「法律で決まっているから，しょうがないのか？」

▶裁判所には法律や命令が憲法に違反していないかどうか審査する権限がある

裁判所は【　違憲立法審査権（違憲審査権・違憲法令審査権）　】を持つ。

特に最終判断を下す**最高裁判所**は[　憲法の番人　]と呼ばれている

これだけは，後回しにしないで今すぐ，覚えましょう。

★国会は【　立法権　】，内閣は【　行政権　】，裁判所は【　司法権　】を持つ。

裁判所

1 裁判所は法律に基づいて事件やもめごとを解決する…【　　　権　　　】を持つ。

2 裁判の種類

【　　　　裁判　　　】：お金を貸したのに返してくれない～などの裁判
【　　　　裁判　　　】：殺人・窃盗・詐欺などの犯罪を裁く

3 裁判所の種類

最高裁判所→［　　　　裁判所　　］→［　　　　裁判所　　］→［　　　　裁判所　　］→簡易裁判所

4 裁判は何回受けられるのか？

▶裁判は（１つの事件について）【　　回　　】受けることができる＝【　　　　　　　　　】

第一審判決に不満→【　　　　　】→第二審判決→納得いかない→【　　　　　】→第三審

5 たとえ総理大臣であっても裁判の内容についてゴチャゴチャ言ってはいけない

［　　**司法権の**　　　］：裁判官は良心と憲法および法律にのみ従って裁判をおこなう。

6 裁判官はクビになることはないのか？
▶裁判官を辞めさせられる場合(辞めさせる＝［　　　する　　］という)

【　　　　裁判所　　】で判断された場合　←国会が裁判官を裁判する
［　　　　　　　　］：最高裁判所の裁判官は国民の投票でクビにするか判断される

7 もし，法律のほうがおかしい場合でも，（時代遅れになったりしているなど）
「法律で決まっているから，しょうがないのか？」

▶**裁判所には法律や命令が憲法に違反していないかどうか審査する権限がある**

裁判所は【　　　　　　　　　　　（違憲審査権・違憲法令審査権）　　　　】を持つ。

特に最終判断を下す**最高裁判所**は［　　　　の　　　　］と呼ばれている

これだけは，後回しにしないで今すぐ，覚えましょう。

★国会は【　　　権　　】，内閣は【　　　権　　】，裁判所は【　　　権　　】を持つ。

11 ▶ 国会

➡書き込み編 *p.26～29*

1 国会は【❶国権の最高機関】

国会は，選挙で選ばれた国民の代表が集まる**最高機関**です。 テストでは最高機関と答えるものが多い

なぜ，最高機関かというと，

🔾**主権者である**［❷国民］が直接選んだ代表者で構成されるから（です）。

2 (国会は)国の【❸唯一の立法機関】

立法とは「**法律をつくる**」ことです。

１つの国に，１つの立法機関があるのは，統一国家では当たり前です。

国会以外の機関(警察など)が，勝手に法律をつくっては困ります。

政情不安定な国では，革命政府や反政府組織などが，独自の法律を定めることがあります。

3 二院制

日本には，衆議院と参議院の２つの議院があります。

多くの国が二院制(上院や下院など)をとっています。

ちなみに，地方公共団体は二院制ではなく，１つの地方議会がある一院制です。

まず，両院の違いに気をつけながら，表を完成させてください。(2021年4月現在)

	衆議院	参議院
議員定数	【❹465人】	【❺245人】*
任期	【❻4年】 【❽解散がある】	【❼6年】 ［❾3年］ごとに半数ずつ改選
被選挙権	【❿満25歳】以上	【⓫満30歳】以上

＊2022年の選挙から議員定数が3人ふえます。

・**被選挙権**とは「**立候補すること**」です。地方自治のところでも出てきましたね。

被選挙権という語句を答えさせることはまずありません。問題文にある基本語句だからです。

被選挙権の年齢は絶対に覚えましょう。覚え方は "**知事さんは満30歳**"(→ p.55)

知事と参議院議員は満30歳から，その他(衆議院議員，県会議員など)は満25歳から。

▶ 二院制のメリット

任期の長さが違いますね。(衆議院のほうが短くて，参議院のほうが長い)

しかも，衆議院は任期の途中であっても解散されることがあります。

このように，性格の違う議院があることで，お互いの行き過ぎをおさえ，

🔾より［⓬慎重］な議論ができるから(～をおこなうため)です。

4 国会の仕事

国会は、国民の代表が集まって話し合い、最終的には多数決で決めるところです。

(1) 【⓭法律】の制定（国会は国の唯一の立法機関）

(2) 【⓮予算】の審議・議決（予算とは、来年度の国のお金の使い方のこと）

何にどれくらいお金を使うかは、とても大事なことです。
教育にかける費用、高齢者の福祉のための費用、防衛費…など、
支出のバランスが変われば、国の方向性も変わることになります。
毎年1月に開かれる［⓯通常国会］で決めます。（→ p.92）

（→ p.92）

> **参考** 2010年、公立高校の授業料を無償化する法律を制定しました。
> 「私立高校はどうするのだ？」「財源はどうするのだ？」と議論を重ね、
> 与党の賛成多数で可決、無償化のための費用を予算に盛り込みました。

(3) ［⓰決算］の承認：昨年度の歳出の報告を受け、ちゃんとお金を使ったかチェックする。

(4) ［⓱条約］の承認：［⓲内閣］が外国と結んだ条約を承認する。

普通は事前に承認を得るのですが、事後でもいいことになっています。
なお、内閣総理大臣(内閣)には、与党(多数派の政党)がついていますので、
「えっ、もう結んだけど、国会の承認がない…」ということはまずありません。
それでも、内閣の独走を防ぐために、こういうしくみがあるのです。

(5) ［⓳憲法改正］を発議する。

発議は「言い出すこと」。憲法を改正しようと、言い出すのは国会です。
なお、憲法改正の手順は、完全に覚えておきましょう。（→ p.25）

（→ p.25）

> ①【　　　　】の【　　　　】の【　　　】以上の賛成で国会が発議
> ②【　　　　】で［　　　　］の賛成によって承認される
> ③［　天皇　］が国民の名において［　　　　］する

(6) 内閣総理大臣の【⓴指名】：国会議員の中から国会(国会議員)が選ぶ。

国会が指名し、［㉑天皇］が任命します。（天皇の国事行為→ p.26）

（天皇の国事行為→ p.26）

> **注意** 指名と任命の字に注意。指命や任名としないように。
> 指名は「この人がいいです」と選ぶこと。
> 任命は「じゃあ、よろしく」と任せること。

〇〇君を内閣総理大臣に指名する

パチパチ パチ パチ パチ

3章　現代の民主政治と社会

(7)【㉒内閣不信任】の決議。(不信任とは「やめろ〜」ということ)

[㉓衆議院]だけが，これをおこなうことができます。(→ p.94)
内閣(総理大臣やその他の大臣)の汚職や失言などを追求することが多いようです。

参考 問責決議
　参議院が，個々の大臣に対して「あの大臣をやめさせろ」と責任を問うためにおこなう決議。
　ただし，法的拘束力はないので，実際に辞めさせるかどうかは総理の決断にゆだねられる。

(8)【㉔国政調査権】：国の政治についてくわしく調査することができる権限。

選挙違反や公害，政治家の汚職など，さまざまな問題を調査します。
例えば，政治家の汚職について，「総理は，○○社から政治献金を受けていましたね。
そのことで，契約について○○社に便宜をはかったのではないですか」と追求し，
関係者や証人を国会に呼んで証言させたり，記録などの提出を求めたりすることができます。
元総理大臣が逮捕されたこともありました。(ロッキード事件・田中角栄元首相)
耐震強度偽装事件では，設計者や管理会社の社長などを証人喚問しました。(2005年〜)
法令に違反した手抜き工事の責任の所在を明らかにし，被害者を救済するためです。

(9)【㉕弾劾裁判所】の設置(弾劾裁判をおこなう)。

変な裁判官がいた場合，それを[㉖罷免]する(辞めさせる)かどうかを決めるものです。
衆参各議院から選ばれた国会議員(7名ずつ，計14名)によって構成される。(→ p.100)

▶ もし衆議院と参議院の意見が違ったらどうなるか？
衆議院と参議院で，多数派が異なる[㉗ねじれ国会]と
いわれる状態になることがあります。
そんなとき，衆議院と参議院が対等な関係だったら，
いつまでたっても結論が出ませんね。そこで，

【㉘衆議院の優越】が定められています。

上の(1)(2)(4)(6)(7)などについてです。くわしくは後述します。(→ p.93)
ここでは，なぜ衆議院のほうが強いのか，その理由を，しっかり押さえておきましょう。
公民の論述の定番問題です

> 🔸衆議院には【㉙解散があり任期も短い】ので，
> より国民の意見を反映させられると考えられるから。

> 🔸衆議院のほうが，解散があり，任期が短いから。(任期が短く，解散がある。と逆にしてもいいですよ)

解散とは，4年の任期が終わらないうちに，議員全員の資格を失わせること。
解散すれば選挙がおこなわれ，あらためて国民の意思を問うことができます。

5 **法律の成立**…法律がつくられる手順です。

① 法律案(こんな法律をつくりたいという「案」)は，[**㉚内閣**]か[**㉛国会議員**]が作成(提出)する。

▶法律案は衆議院・参議院の[**㉜どちらに先に出してもよい**]ことになっています。
衆議院の優越と混乱する人が多いので，あえて空欄にしています。

② 法律案は議長から【**㉝委員会**】に送られ，審議が始まる。

いきなり，国会議員が全員ではなく，**まずは，少人数で話し合います。**
委員会の審議で否決された場合は，③の本会議にはすすみません。ボツです。

▶委員会には，よくある議題についての審議をおこなう[**㉞常任委員会**](予算委員会や法務委員会など)
と，特別な議題について審議をおこなう[**㉟特別委員会**]がある。(東日本大震災復興特別委員会など)
学校にも，保健委員や図書委員などは，普段からありますよね。
でも「修学旅行委員」や「卒業アルバム委員」は，1年生にはありませんよね。

▶重要法案については【**㊱公聴会**】が開かれる。

広く国民の意見を参考にするため，**学識経験者**(学者さん)や，**利害関係者**を呼ぶもの。
利害関係者とは，法律を制定したために，利益となったり不利益となったりする人のこと。

・**予算委員会では必ず公聴会が開かれます。**予算は国会の重要な案件のひとつですからね。
国会議員は何かの委員会に属しています。いくつかの委員をかねることもできます。
余談ですが，予算委員会は，テレビ中継も多く，委員になりたいという人が多いそうです。

③ 委員会審議を経て【**㊲本会議**】へ送られ，最終的には過半数の賛成で決する。

ところで，国会議員が集団食中毒になったり，
災害で交通機関がマヒして，ほとんどの議員が来られない場合，
そのまま，議決してもいいのでしょうか？

▶[**㊳定足数**]：最低これだけは出席していないとダメという人数

本会議は総議員の[**㊴ $\frac{1}{3}$**]以上，人数の少ない**委員会**では[**㊵ $\frac{1}{2}$**]以上です。

参考　衆議院議員は465名，定足数は465 × $\frac{1}{3}$ = 155名。その過半数は78名。
実際はそこまで欠席することはないでしょうが，78名で議決できるのです。

④ | 最初の議院を通過すると次の議院に送られ，②～③を再びおこなう。

通過とは，可決（過半数の議員の賛成を得ること）し，次の議院に送られること。

法律案は，衆議院，参議院のどちらに先に出してもいいので，（前の①の通り）

先に参議院で話し合って決めた場合は，次に衆議院へ，

先に衆議院で話し合って決めた場合は，次は参議院へ，送られることになります。

そして，同じことをくり返します。

「同じことをするより，衆議院と参議院で手分けすればいいのでは？」

いえ，同じことをするのは「より慎重に議論をするためです」。それが二院制です。

最初の議院で否決された場合は廃案となります。（次の議院に送られることはありません）

⑤ | 両院で可決すれば法律が成立し，[⁴¹天皇]が[⁴²国民]の名において公布する。（天皇の国事行為）

▶ただし，衆議院で可決し，参議院で否決した場合は，ちょっとややこしい。

衆議院が[⁴³出席議員]の[⁴⁴ $\frac{2}{3}$]以上で再可決した場合，法律が成立する。（衆議院の優越→ p.93）

参考 いろいろな「きまり」

・**法律は国会**が制定するきまりです。

・[⁴⁵政令]は**内閣**が制定するきまり。法律を具体的に実施するためのものなど。

・[⁴⁶規則]は**裁判所**が制定するきまり。裁判所内での行動や，持ち物の制限など。

・【⁴⁷条例】は**地方公共団体（地方自治体）**が制定するきまり。（→ p.56）

参考 法律は，われわれの生活，生命，財産など，あらゆることに関係します。

国民が法律の制定（改正）を望む場合，国会議員に請願するのが一般的です。

国会で取り上げてもらえるように，テレビや新聞などマスコミを通じて世論を形成するなど，いろいろな方法があります。

なお，法が改正され，医師の指示の下，薬剤投与や AED（自動体外式除細動器）など特定の医療行為が認められるようになり，「身体障害者補助犬法」の制定で，上図右のような入店拒否をしてはいけないことになりました。

Welcome!
ほじょ犬
▲ほじょ犬マーク

おまけ 議員提出（議員立法という）よりも，内閣提出の法案のほうが圧倒的に多い。

といっても，内閣総理大臣などが条文を書いているのではなく，

実際は各省庁の官僚（超エリート公務員）が作成しています。

⑥ 衆議院と参議院

まずは，衆参の違いに注意をしながら数字を覚えてください（2021年4月現在）。

	衆議院	参議院
議員定数	【⁴⁸465人】	【⁴⁹245人】＊
任期	【⁵⁰4年】 解散あり	【⁵¹6年】 [⁵²3年]ごとに半数ずつ改選
選挙権	満18歳以上	満18歳以上
被選挙権	【⁵³満25歳】以上	【⁵⁴満30歳】以上
選挙区	小選挙区制選挙で[⁵⁵289人] 全国を[⁵⁷11]ブロックに分けた 比例代表制選挙で[⁵⁸176人] 拘束名簿式比例代表制	選挙区制選挙で[⁵⁶147人] 全国から（特にブロック分けしない） 比例代表制選挙で[⁵⁹98人] 非拘束名簿式比例代表制

＊ 2022年の選挙から，議員定数が3人（選挙区1人・比例代表2人）ふえます。

人数が，何のことかさっぱりという人もいますので，くわしく説明します。
衆議院の議員定数は465人。全部で465人いるということです。
その465人のうち，小選挙区制では289人，
比例代表制では176人が選出されます。（289＋176＝465）　入試に出ます

比例代表制 176
小選挙区制 289

(1) **衆議院の選挙のしくみは【⁶⁰小選挙区比例代表並立制】**

「しょうせんきょくひれいだいひょうへいりつせい」…もう覚えましたか？（→ p.75）
声に出して5回読んで，3回書いて覚えましょう。

【　　　　　　　　　制】【　　　　　　　　　制】【　　　　　　　　　制】

(2) **衆議院議員の選挙のことを**[⁶¹総選挙]**という**（参議院と違って全部入れ替わるから）
「総選挙がおこなわれ…」とあれば，衆議院議員選挙のことです。

重要 参議院の選挙は3年ごとに，
半数について選挙がおこなわれます。

2016年の選挙では当時の定数242人の半数，
つまり121人が選出されました。

2001		2007		2013		2019
	6年間		6年間		6年間	

| | 6年間 | | 6年間 | | 6年間 | | 6年間 | |

2004　　　　　2010　　　　　2016　　　　　2022

※衆議院は解散があるため，定期的におこなわれるとは限りません。

(3) 拘束名簿式：**衆議院**の比例代表選挙は【⁶²政党名】を書いて投票する。（→ p.77）
(4) 非拘束名簿式：**参議院**の比例代表選挙は【　政党名　】か【⁶³候補者名】を書いて投票する。

3章 現代の民主政治と社会

7 国会の種類…時期，主要議題など，違いに注目。

	召集	主要議題	会期
⑥④ 通常国会（常会）	毎年1回［⑥⑤1月］	【⑥⑥予算】の審議	［⑥⑦150日］
⑥⑧ 臨時国会（臨時会）	①内閣の要請 ②いずれかの議院の 総議員の $\frac{1}{4}$ 以上の要求	緊急の議題の審議	両議院で決める （両議院一致の議決で決定）
⑥⑨ 特別国会（特別会）	衆議院解散による 総選挙後【⑦⓪30日】以内	【⑦①内閣総理大臣の指名】	
⑦② 緊急集会	衆議院解散中に 緊急事態だ～って時	緊急議題の暫定議決 後に衆議院の同意が必要	不定 （問題解決まで）

・それぞれ，「常会」「臨時会」「特別会」ともいいます。
　緊急集会は参議院だけがおこなうものなので，緊急国会とはいいません。

▶特別国会への流れ

①衆議院が解散される（内閣が解散を決定する，または衆議院の任期満了）
　↓
②解散から**40日以内に総選挙**（衆議院議員選挙のこと）
　↓
③総選挙後**30日以内に特別国会が召集**
　↓
④内閣が総辞職する
　↓
⑤**内閣総理大臣の指名**がおこなわれる

※選挙は国民の意思を問うものです。
　選挙の結果，与党（首相のほうの党）が負ければ，内閣総理大臣が変わることになり，
　与党が勝てば，再び首相に指名され，続投することができる（第2次○○内閣となる）。

■**国会の種類の復習**■（答えはすぐ上にあります）

1．毎年1回，1月に召集されるのは【　　　国会】
2．緊急の議題について審議するのは【　　　国会】
3．衆議院の解散→【　日】以内に総選挙→【　日】以内に【　　　国会】召集
4．衆議院が解散中に参議院によって開催されるのは【　　　　　】
5．通常国会の主要議題は【　　　　】の審議
6．特別国会の主要議題は【　　　　　　　　　　】

8 衆議院の優越　この語句を答えさせる問題もあります

衆議院と参議院で多数派が異なる "**ねじれ国会**" となることがあります。

衆議院が優越する理由　論述の定番です

⑦衆議院には解散があり任期も短いので，より民意を反映させられると考えられるから。

（「25字程度で」といった字数制限がある場合など）**衆議院のほうが，解散があり，任期が短いから。**

（任期が短く，解散がある。と逆にしてもいいですよ）　　　　　　p.88 と同じことを書きました。

(1) 【⑦法律案の議決】

※法律案は参議院・衆議院のどちらに先に出してもいい。

　そして，両院で可決すれば，法律が成立する…でしたね。(→ p.89)

　しかし，衆議院が可決し，参議院が否決した場合，

衆議院が出席議員の [⑦ $\frac{2}{3}$] 以上で【⑦再可決】した場合，法律が成立する。

このとき，衆議院は [⑦両院協議会] を開くことを求めることができる。
両院から 10 名ずつの委員で構成され，意見調整がおこなわれるものです。

注意　法律案に限って，「開くことを求めることができる」だけであって，
　　　　必ずしも「開かなければならない」ではありません。

このように，参議院が否決すれば，衆議院は再可決をすることができるのですが，
参議院がなかなか結論を出さない場合(議決しない場合)があります。
「否決するならするで早くしてくれよ，時間だけが過ぎてしまうじゃないか」
そんなとき衆議院は，

参議院が議案を受け取ってから [⑦60日以内] に議決しないときは否決したものとみなす。

否決したものとして，衆議院は再可決をおこなうことができます。

重要　法律案だけが再可決を必要とする…他は再可決なしで衆議院の議決を国会の議決とする

(2) 【⑦予算の先議権】　※必ず先に衆議院に提出し，衆議院が先に審議する。

予算は来年度のお金の使い方です。計画を立てるためにも，なるべく早いほうがいい。
ですから，権限の強いほうの衆議院が先に審議することになっています。

(3) 【^⑳予算の議決 】

予算案は，衆議院が先に審議し(前ページの(2))，両院で可決すれば，予算が成立する。
しかし，**衆議院が可決し，参議院が否決した場合**，両院協議会が開かれます。

・法律案は衆議院が求めたら開くことができるということになっていましたが，
　予算の場合は[^㉛必ず]両院協議会を開かなくてはいけないことになっています。

両院協議会で不一致の場合
参議院が[^㉜30日以内]に議決しない場合
　└→ 法律案より急がないといけないから
再可決はしません。「**衆議院の意見でいきますよ**」となります。

(4) 【^㉝条約の承認 】

条約とは外国と結ぶ約束のこと。内閣が締結し，国会がこれを承認します。
しかし，衆議院が可決し，参議院が否決した場合，
【^㉞予算 】と同じやり方でおこなわれます。(「**衆議院の意見でいきますよ**」となります)

(5) 【^㉟内閣総理大臣の指名 】

内閣総理大臣は国会で指名されますが，**衆議院と参議院が異なる人を指名した場合**，
[^㊱必ず]両院協議会が開かれます。(予算，条約，内閣総理大臣の指名の場合は必ず開く。)

両院協議会で不一致の場合
参議院が[^㊲10日以内]に議決しない場合
　└→ とにかく急ぐ必要があるから
「**衆議院の意見でいきますよ**」となります。

(6) 【^㊳内閣不信任の決議 】

不信任とは「やめろ～」ということ。※**衆議院だけ**ができます。(参議院はできない)

決議された場合，内閣は[^㊴10日以内]に**衆議院を解散**させ選挙で国民の意思を問うか，
あるいは，内閣が**総辞職**(辞める)しなければならない。(→ p.88)

→衆議院が解散されたときは，解散の日から【^㊵40日 】以内に衆議院議員の総選挙をおこない，
　その選挙の日から【^㊶30日 】以内に国会＝[^㊷特別国会]を召集しなければならない。(→ p.92)

> **おまけ**　決議と議決
> 決議は「決まったこと，決定した事項」，議決は「決めること」…う～ん，わかりにくですね。
> 「決議が成立した」と名詞っぽく使いますが，「議決が成立した」とはいいません。
> 踏絵(キリスト像などのモノ)と，絵踏(踏ませる行為)みたいですね。

12 ▶ 内閣

➡ 書き込み編 p.30~31

■ 行政と内閣

(1) 内閣は【❶行政権】を持つ。

行政とは，国会で定められた法律や予算に基づいて，実際の政治をおこなうこと。
国会は「決める機関」，内閣は決められたことを「実施する機関」です。

国会で，予算や法律が制定されました。でも決めただけでは，まだ実現していません。
内閣はその実現のため，省庁や，都道府県などに対し「○○するように」と指示します。

▲国会(代表が話し合って決めます)　　　　▲内閣(決められたことを実施します)

(2) 内閣は内閣総理大臣(首相)と，その他の[❷国務大臣]で組織される。

外務大臣や国土交通大臣などの大臣をまとめて国務大臣といいます(閣僚ともいいます)。
国の仕事を分担している省や庁のトップです。原則14人(最大17人)まで置くことができます。
(ただし，復興庁，東京オリンピック・パラリンピックの大会推進本部設置期間中は16人以内。最大19人まで)

(3) 内閣総理大臣は国務大臣を[❸任命]する。

内閣発足直後の記念撮影

注意 指名ではなく任命

誰を任命してもかまいません。(学者さんが任命されたことがあります)
中学生でもなれます。(未成年者との労働契約といった問題などをクリアすれば…)
国務大臣を任命し，内閣をつくることを組閣といいます。
任命した後でも，自分の方針に反対する大臣がいた場合などは，
いつでも好きなときに辞めさせることができます。

ただ，誰を選んでもいいが，国務大臣の[❹過半数]は[❺国会議員]でなければならない。

「半分より多くを，選挙で選ばれた国民の代表から選んでね」ということになっています。

また軍人はダメで，[❻文民](軍人ではない人)でなければならないことになっています。
軍人に力をもたせないようにするための規定です。

参考 文民統制(シビリアン・コントロール)

もしも，もしもの話ですよ。ミサイルの発射ボタンを押すことができる人が，
「オレがこの国で最強だ」といいだしたら大変なことになります。
クーデターで軍事独裁政権が誕生してしまうかもしれません。
選挙で選ばれたわけでもない人にそんな力を与えるわけにはいきません。
軍事力の行使は，軍人や，まして現場の隊員の判断ではなく，
正当に選ばれた国民の代表者の責任によっておこなわれなければなりません。

このように，**文民(シビリアン)によって軍事力が統制されること**を，
[**❼ シビリアン・コントロール**](**文民統制**)といいます。(多くの国で取り入れられています)

日本では，自衛隊の最高指揮権を持つのは文民の内閣総理大臣です。
その命令を受けて，やはり文民である防衛大臣が指揮，監督しています。
(自衛隊の出動には国会の承認など手続きも必要)
でも，ミサイルが飛んできている数分の間に，安全保障会議を開いて審議し，国会の承認を得るのは無理な話です。
「現場の自衛官の判断にまかせよう」「いや，それではシビリアン・コントロールが…」という議論になります。
もちろんこんな場合に備えるマニュアルがあると思いますが，具体的なことは国家機密なのでわかりません。
説明に半ページも使いましたが，たまに出題される程度です

(4) | **内閣総理大臣と全国務大臣が会議 ＝ [❽ 閣議]を開いて政治の方針を決める。** |

外交方針，予算案，法改正など，さまざまな事項について，内閣としての方針を決定します。
2010年，国の基準では認定されなかった水俣病患者の救済が閣議決定されました。
閣議決定された事項は，各省庁に通達され実施されます。
閣議は，**非公開**でおこなわれ(もちろん結果は公表する)，**全会一致**でなければなりません。
もし，反対する大臣(閣僚)がいれば，その場で罷免する(辞めさせる)こともできます(前述の(3))。

(5) **衆議院が内閣不信任を決議した場合**(「総理大臣やめろ～！」と衆議院が決めた場合)

| **内閣総理大臣(首相)は，[❾ 10日]以内に [❿ 総辞職]するか，衆議院を[⓫ 解散]しなければなりません。** |

注意 地方自治のところでは，首長は"辞職"でしたが，
国務大臣も一緒に辞めるので"総辞職"といいます。

衆議院が解散された後は…覚えていますか？(→ p.92)

・国会(衆議院)は首相を辞めさせることができ(内閣不信任決議)，
　首相は国会(衆議院)を解散させることができます。このような内閣と国会の関係を，

(6) | 【 ⓬ 議院内閣制 】といいます。　　**注意** 議員内閣制ではない。 |

🖊️ (⓭ 内閣が国会の信任に基づいて成立し
　　国会に対して連帯して責任を負うしくみ。)　　**注意** 連体ではない。

論述でも出てきます。　意味を理解してください。

内閣が国会の信任に基づいて成立し…とは，
「なぜ，あなたは総理大臣なの？」
「国会から信任された(＝選ばれた)からだよ」という感じ。

国会に対して連帯して責任を負う…とは，
国会を解散した場合は，総選挙→特別国会→内閣総辞職→内閣総理大臣の指名をおこない，
国会と運命をともにするということ。

2 内閣の仕事

(1) **法律と予算に基づいて"政治をおこなう"。(各行政機関を指揮・監督し,行政権を行使する。)**

(2) **[⑭予算案]・[⑮法律案]を作成し[⑯国会]に提出する。**

こんな国にしたい(こんな政策を実施したい),そのための予算と法律の"案"を作成します。
そして,その"案"を,国民の代表である国会が話し合って決めます。

(3) **[⑰外交]関係を処理する:外国との約束＝【 ⑱条約 】を締結する(結ぶ)。**

内閣は国を代表して外国との交渉にあたるということです。
総理大臣が結ぶこともありますが,内閣が任命した全権大使が条約に署名し,
これを内閣が批准(最終確認し同意する)し,相手国と批准書を交換します。
なお,条約は国会の承認を受けなければなりません。(→ p.87)

(4) **最高裁判所長官を【 ⑲指名 】し,その他の裁判官を【 ⑳任命 】する。**

指名は「この人がいい」と選ぶこと。任命は「じゃあ,よろしく」とまかせること。
最高裁判所の長官は,裁判官のトップです。内閣が指名し,天皇が任命します。
その他の裁判官とは,長官以外の最高裁判所裁判官と下級裁判所の裁判官です。(約3000人)
その他の裁判官は,天皇ではなく,内閣が任命します。(三権分立→ p.114)

(5) **天皇の【 ㉑国事行為 】に対して[㉒助言と承認]を与える。**

「国事行為」とは,国会や内閣が決定したことを外部に示す儀礼的なもの。(→ p.26)
天皇が自らの判断で(思いのままに)国事行為をおこなうことはありません。

(6) **[㉓政令]の制定。**

法律で定められたことを実施する場合,「○年○月○日」「何について」「誰に対して」など,
具体的なことを決める。なお,政令指定都市は,政令によって大きな権限を与えられた都市。

(7) **国会の召集や衆議院の解散を決定し,天皇が国事行為として召集や解散をおこないます。**

(8) **恩赦を決定する。**

参考 恩赦は,天皇や皇族が崩御(死去のこと),あるいは結婚といった,
特別なことがあった時に,特別に罪が軽減されることです。**めったに入試には出ません**
罪といっても,凶悪犯罪はダメですよ。滞納した反則金の利息分を免除する,運転免許の停止(免停)期間
を短縮する,選挙違反で参政権(選挙権・被選挙権)が停止された人を復権させるなどです。多くの国に,恩
赦の規定があります。いきなり,しなければならないことがなくなる。なんだか徳政令みたいですね。
まじめにやっている人には納得いかない制度に思うかもしれませんが,裁判の後で法律が変わって,今な
ら無罪なのに…というような人を救済することもできます。また,模範的な受刑者を早く出所させて,反
省の態度が見られない受刑者と区別することで,画一的に法を適用していては得られない効果が期待され
るからです。

3 議院内閣制

議院内閣制とは…復習です。ちょっと長い論述ですが覚えてください。(→ p.96)

🖊	が	の信任に基づいて	し
	に対して		しくみ。

内閣と国会の密接な関係を表している図は重要です。書き込み編の,
矢印 ⟶ の "向き" と "長さ" に注意してください。

衆議院から内閣に対して[㉔不信任決議]をすることができます。
これに対して,内閣は衆議院に対して[㉕解散]をおこなうことができます。
国会は内閣総理大臣を[㉖指名]します。
内閣は国会に対して[㉗連帯責任]を負います。
国会は内閣に対して[㉘国政調査権]を持っています。

4 行政組織

テストでは「学校教育や文化財の保護などを担当するのは?(文部科学省。しかも選択肢あり)」といった,
常識的に考えればできるものが多いので,あまり深入りしないでおきましょう。

◇内閣府:内閣の重要政策に関する企画立案・調整などの仕事。消費者庁などが属する
◇防衛省:国の安全を守る仕事。自衛隊の管理と運営など
◇総務省:政府の機構や人事,運営についての事務や監察を総合的におこなう
　　　　　地方自治や消防の仕事・国と地方自治体との連絡と調整
◇法務省:国の法律関係の業務をおこなう
◇外務省:外交関係の処理・外国の情報収集
◇財務省:国の財政,金融業務の総括(元大蔵省)
◇農林水産省:農業,林業,畜産,漁業の振興や指導に関する仕事
◇国土交通省:土地利用計画・都市計画,道路建設・交通機関の監督・国土地理院の管轄
◇経済産業省:貿易や商工業の振興や指導に関する仕事
◇環境省:環境保全や公害防止に関する仕事
◇厚生労働省:社会保障・社会福祉・公衆衛生・労働環境整備・雇用失業対策・日本保険機構の管轄
◇文部科学省:教育,科学技術,学術,文化,およびスポーツの振興に関する仕事

> なお,内閣府にある「消費者庁」がテストに出たことがあるので,注意が必要です。
> あと,消防庁と国土地理院がどの省に属しているのか,確認しておきましょう。

参考　「国会と内閣の違いがわからない〜」という人へ
　　　学校を例にしてみましょう。あくまで,イメージですよ。

国会は話し合いをして決める機関。内閣は決まったことを実施する機関です。

あるいは p.56 の "職員会議" と "校長" の関係を思い出してください。

13 ▶ 裁判所

❶ 司法と裁判所

(1) | 裁判所は【**❶司法権**】を持つ。裁判をする権限があるということ。 |

(2) 裁判の種類

| 【**❷刑事裁判**】：殺人・傷害・窃盗・詐欺などの犯罪を裁く。 |

有罪か無罪を判断し，有罪であれば刑罰を科す。刑罰には死刑，懲役，罰金刑などがある。

| 【**❸民事裁判**】：金銭トラブル・損害賠償・離婚などの裁判。 |

「金返せ」「慰謝料払え」「相続が…」といった，個人間の権利や義務の対立を解決する。

| ［ 行 政 裁 判 ］：国や地方自治体を訴えるもの。公害問題など |

(3) 裁判所の種類

　・**最 高 裁 判 所**：文字通り，一番上級の裁判所。全国に1か所，東京にある。
　　　　　　　　　　　長官と14名の裁判官＝計**15名**から成る。

　▼以下の裁判所を，**下級裁判所**といいます。(つまり最高裁判所以外のすべて)

　・［**❹高等裁判所**］：全国に8か所［**❺札幌・仙台・東京・名古屋・大阪・広島・高松・福岡**］
　　　　　　　　　　　高松以外は地方中枢都市ですね。**地理とのコラボ問題もあります**

　・［**❻地方裁判所**］：各都道府県に1か所ずつ，北海道は広いので4か所，計50か所ある。
　　　　　　　　　　　重大な刑事事件や，民事事件のほとんどを扱う。

　・［**❼家庭裁判所**］：地方裁判所と同じ50か所ある。
　　　　　　　　　　　離婚や相続といった家庭内の問題や，少年事件を扱う。

　・**簡 易 裁 判 所**：全国に438か所ある。
　　　　　　　　　　　刑の軽い刑事事件や，請求額が140万円以下の小額の民事訴訟を扱う。

(4) 裁判は［**❽公開**］でおこなわれるのが原則。密室裁判にせず，国民の監視下におくためです。
　　誰でも傍聴することができます。家庭裁判所や特別な場合は非公開(判決内容は公開)。

> **おまけ** 中学生だけでも裁判の傍聴に行くことができます。もちろん入場料は不要です。
> おすすめは刑事裁判の第1回公判と判決です。
> 各法廷の入り口に当日の公判内容が貼りだされています。
> もし，傍聴を阻止された場合は「裁判の傍聴は国民の権利だ」と言い放てばいいのです。(笑)
> もちろん非常識な服装などはダメですよ。また，裁判所内や周辺で，友だちと「絶対にあいつが
> 犯人だよな」などと話すのは控えましょう。
> 人の人生がかかった大事な場面です。空気を察しましょう。
> なお，とてもショッキングな事件に立ち会うこともありえます。そのへんも熟慮してください。

■ **整理しましょう** ■(そして必ず覚えましょう)

| ★国会は【　　　権　】　　★内閣は【　　　　権　】　　★裁判所は【 司法権 】 |

3

章

現代の民主政治と社会

(5)　裁判は(1つの事件について)　[**❾3回**] 受けることができる。これを【 **❿三審制** 】という。

🖊 裁判を慎重におこない，国民の人権を守るため(です)。 これ論述によく出ます

第一審判決に不服の場合，【 **⓫控訴** 】する。(上級の裁判所に，やり直しを求めて訴える)

第二審判決に不服の場合，【 **⓬上告** 】する。(さらに上級の裁判所に，やり直しを求めて訴える)

1回目→ 控訴 →2回目→ 上告 →3回目

「こうそ・じょうこく」「コウソ・ジョウコク」「控訴・上告」・・・唱えて覚えましょう。

なお，判決後，14日以内に控訴(上告)しないと判決が確定します。

(6)　裁判官は自分の良心と[**⓭憲法**]と法律にのみしたがって，独立して裁判をおこなう。

たとえ総理大臣であっても「あの判決はよくないなあ」などと，

文句や注文をつけてはいけないのです。

また，総理が代わるたびに，その方針に従った裁判をおこなうと，

一貫性を欠いた不公平な判決になりかねません。

これを，司法権の【 **⓮独立** 】という。

参考　大津事件 ・・・ 司法権の独立を守った(有名な)話。

　　　1891年，日本を訪問中のロシア皇太子が，大津で切りつけられた事件。

　　　犯人は日本の巡査(津田三蔵)。皇太子は傷を負ったが，命に別状はなかった。

　　　ロシアとの外交関係の悪化を恐れた内閣は，日本の皇室に対する罪(当時)を適用して「死刑にするように」と，圧力をかけました。しかし，当時の最高裁判所長官(大審院長，児島惟謙)は，それをはねつけ，無期懲役にするように指示した。

　　　ただ，現在では，地方裁判所の裁判に，最高裁判所長官が口をはさむのは，問題ですけどね。

・裁判官は，身分が保障されています。

　　圧力に屈することなく，公正な裁判をおこなうためです。

しかし，絶対にクビにならないとすると，裁判官に絶対的な権力を与えてしまいます。

違憲立法審査権(→ p.101)を行使すれば，内閣や国会の仕事を否定することもできます。

おまけ　いや，裁判官にそんな悪い人はいない，良心を信じよう・・・それはそれで，ステキな考えです。

　　　　しかし，そもそも，三権分立の考えは「性悪説」，つまり人間不信が根底にあるともいわれています。

(7)　裁判官を辞めさせられる場合(辞めさせる＝罷免するという)

定年や，病気など心身の故障など・・・当たり前ですね。

【 **⓯弾劾裁判所** 】で判断された場合　←[**⓰国会**]が裁判官を裁判する(→ p.88)

実際に，罷免された裁判官もいます。(事件当事者からの物品や飲食の供与などで)

【 **⓱国民審査** 】：最高裁判所裁判官(15名)は，国民の投票でクビにするか判断される。

任命後の最初の総選挙で実施，その後10年を経た後に初めておこなわれる総選挙で実施。

今までに，国民審査で罷免された裁判官はいません。(2020年現在)

辞めさせることができるというシステムを持っているということが大事なのです。

ところで，通信や医療など技術が進歩し，法律が時代に合わなくなったり，
内閣や地方公共団体といった行政機関が納得できないことをしたらどうしますか？
自分たちが選んだ代表が決めたことだから・・・と，あきらめますか？

(8) すべての裁判所には，法律や行政処分が憲法に違反していないか審査する権限があります。

【⑱違憲立法審査権（違憲審査権・法令審査権）】といいます。

政治の力で，憲法で保障されるべき人権が侵されていないかを判断する権限です。
行政処分(内閣や地方公共団体の決定や許可など)も，法の下におこなわれる行為なので，
違憲立法審査権も違憲審査権も同じ意味で使われています。（法令審査権も同じ）

注意 裁判所は，訴えがあった，具体的事件について審査します。
積極的に「違憲なことはないかな〜」と探し回ることはしません。

▶ (特に最終判断を下す)最高裁判所は【⑲憲法の番人】と呼ばれる。

参考 最高裁判所が違憲と判断した事例
尊属殺重罰規定，議員定数不均衡事件(2件)，薬事法の距離制限規定(→ p.43)，森林法事件，郵便
法事件，在外投票制限規定，国籍法の国籍条項，非嫡出子の相続規定などです。行政行為に対して
は，愛媛靖国神社玉串料支出，結婚禁止期間〔夫婦同姓は合憲〕があります。
なお，自衛隊の存在が憲法9条違反かどうかについて，下級裁判所は違憲判決を出したこともあり
ますが，最高裁は，高度に政治的な内容なので，司法判断になじまない(裁判所が決めることでは
ない)としています。

参考 最高裁判所が合憲と判断した事例(数多くあります)
公立学校で君が代を斉唱するときに，先生は起立しなければならないという命令に対して，思想・
良心の自由を侵すものだとして，各地で訴えが起こされましたが，最高裁は，人権侵害とまではい
えず，起立命令は合憲と判断しました。（ただし，起立しないからといって，クビにするなどの重
すぎる処分は認めませんでした）

(9) 【⑳裁判員制度】：国民が裁判に参加する制度。（2009年から実施）

選挙人名簿(ただし満20歳以上)の中から抽選で選出された国民が裁判に参加します。
その目的は？

🖊 ㉑裁判に国民の感覚を反映するため。（市民の感覚を司法に反映させるため。）
（裁判に国民の感覚を反映させ，司法に対する理解と信頼を深めるため。）

・重要な【㉒刑事裁判】の【㉓第一審】でのみおこなわれる。

・選挙人名簿から抽選で選ばれた**裁判員**(一般人)**6人**と，**裁判官3人**で構成される。

(i)審議(検察官や弁護人の意見をきき，証拠調べや被告人に直接質問することもできる)
(ii)評議(どのような判決を下すか話し合う〈別室でおこなわれ，評議の内容は秘密〉)
(iii)評決(有罪か無罪か，有罪の場合は量刑〈懲役何年にするかなど〉を決める)
(iv)判決(裁判長が被告人に言い渡す)

・多数決で評決する場合は，**必ず裁判官と裁判員を含む過半数でなければならない。**
裁判員の6人全員で「無罪だ」と決めても，プロの裁判官が1人もそう考えなかった場合は，
判決を下すことはできないことになっている。裁判員だけでは決められないのです。
どうしても結論が出ない場合は，裁判員を入れ替えておこなわれることになる。

・国民の負担が大きいとの指摘もある。(辞退しにくい，判決に関与する，守秘義務があるなど)

2 民事裁判

(1) 訴えた人を【㉔ 原告 】，訴えられた人を【㉕ 被告 】という。

「弁償しろ〜」と訴えた人が原告，「オレの責任じゃないぞ」と言って訴えられた人が被告。
欠陥商品を販売した会社や，学校での事故の場合など，人でない場合もあります。

> **参考** 法人　会社や組織などを法律上，人のようにあつかう概念(考え方)。
> 会社も人のように，車をもったり，裁判で被告になったり，税を払ったりできます。

(2) 裁判所で審理され，判決が下される。
また，[㉖ 和解]や，調停がおこなわれることがあります。
判決を下すだけでなく，当事者にとって，
よりよい結果となるよう解決がはかられます。

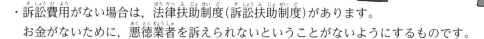

・訴訟費用がない場合は，法律扶助制度(訴訟扶助制度)があります。
お金がないために，悪徳業者を訴えられないということがないようにするものです。

> **おまけ** 民事裁判は，自分ですることができます。(弁護士を代理人とすることが一般的ですけど)
> 書類の申請や，証拠の提出など，少々ややこしい手続きもありますが，弁護士に依頼しなくても
> できます。また，「訴訟費用は被告が払う」という判決を求めることもできます。

3 刑事裁判

(1) [㉗ 被疑者]：事件を起こした疑いがある人のこと。

ニュースやドラマなど，一般に "容疑者" といわれています。
「ヒギシャ」が「ヒガイシャ(被害者)」と聞き間違えられないようにするためです。

逮捕された被疑者は，警察官や検察官が，捜査，取り調べをおこない，そして，

(2) 【㉘ 検察官 】が被疑者を【㉙ 起訴 】するかどうか判断します。

起訴とは，被疑者を裁判所に訴えることです。

検察官は，弁護士，裁判官と同じく，法律のプロです。(司法試験に合格しなければなれません)
検察官が，「裁判にかけるべきだ」と判断した場合は起訴します。
軽微な犯罪で「裁判を起こすまでもない」と判断した場合や，
証拠不十分などで訴えないことを不起訴といいます。
軽微な犯罪の場合は，裁判にかける(さらには刑務所に入れる)ことが，
本人にとっても，社会全体にとっても，不利益のほうが大きいと考えられるからです。

(3) 【㉚ 被告人 】：起訴された被疑者のこと。

> **注意** 民事裁判は "被告"，刑事裁判では "被告人" です。

被害者が原告となると，犯人を憎むあまり感情的になってしまったり，
報復をおそれて発言を控えてしまったりするおそれがあります。
そのため，

【㉛ 検察官 】が原告の立場で，被告人と対決して裁判がすすめられます。

(4) **【㉜弁護人】：被疑者・被告人の利益を守る人。**

注意 弁護士ではなく，弁護人です。
法廷で裁判官は「弁護人」と呼びかけます。(「弁護人の意見は？」など)
弁護人になることができるのは，弁護士の資格をもつ者に限られます。

・**刑事裁判では必ず弁護人をつけなければならない**(憲法第 37 条 3 項)
もし，弁護人を依頼するお金がない場合は，
国が費用を出して［㉝**国選弁護人**］をつけなければなりません。

・また，起訴前(逮捕され取り調べ中)の被疑者は，［㉞**当番弁護士**］を依頼することができます。
依頼を受けた各都道府県の弁護士会が，弁護士を派遣しアドバイスをするものです。

・区別しましょう。被疑者(起訴前)・・・ **当番弁護士**，被告人(起訴後)・・・ **国選弁護人**

(5) **裁判所で審理され，判決がいい渡されます。**

刑事裁判は，当事者間(犯人と被害者や遺族など)の問題の解決をめざすものではありません。
和解や調停はありません。判決は，有罪か無罪か。そして，有罪なら刑罰が科せられます。
刑罰には，死刑，懲役刑(刑務所で作業をさせる)，罰金刑などがあります。

なお，「おそらく犯人であろう」といった推測では，有罪の判決を下してはいけません。
確証がない場合，「**疑わしくは被告人の利益に**」というのが大原則(**推定無罪の原則**)です。

▲刑事裁判のようす

▲民事裁判のようす

おまけ なぜ，刑事被告人に弁護人をつける必要があるのか？

凶悪な犯罪者に，税金を使って弁護人をつけることに疑問をもつ人は多いようです。
弁護士に対しても「なぜ，あんなヤツの弁護なんかするんだ」という人がいます。
気持ちはわかりますが，冷静に考えてみましょう。
基本的人権の尊重，裁判を受ける権利，は知っていますね。
知っている，思い出した！ではなくて，もう，あなたの考えになっていますか。
それに，弁護人をつけ，反論の機会を与え，徹底的に審理した上での判決でなければ，
正義とはいえません。

なお，ここでいった正義とは，決めたことを守る，手続き的な正義のことです。
人を殺すことは犯罪ですが，戦争そのものは犯罪とはされていません。
正義とは「正しいこと」ではなくて，「強いこと」なのかもしれない・・・ などと考えるときりがありませんね。
絶対的な正義とは何かは，今は，おいておきましょう。

論述問題などには出ないと思いますが，こんな問いに答えられるようになる(なった)
ということも，公民を学ぶことの意義かもしれませんね。

4 民事裁判と刑事裁判

> 上が【❸❺民事裁判】，下が【❸❻刑事裁判】の流れを示しています。

重要 民事裁判と刑事裁判では，何がどう違うのか？以下の図から区別してください。

民事裁判の流れ

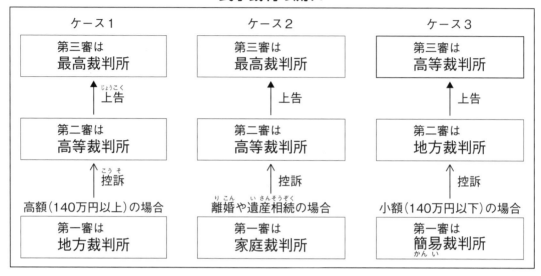

刑事裁判の流れ

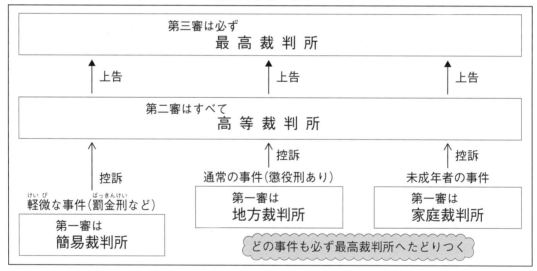

> ▶【❸❼刑事裁判】で控訴審判決（第二審判決）を下すのは必ず高等裁判所である。

刑事裁判は，事件によっては死刑もあります。
だから，最後の最後，上告審（第三審）が最高裁判所になるようにしているのです。

⑤ その他

(1) 刑が確定した後でも，新たな証拠や裁判に間違いがあれば[㊳ 再審]を請求できる。

(2) 無実の罪で有罪となることを[㊴ えん罪]といいます。（漢字で書くと「冤罪」）

冤

2010年，足利事件の菅家利和さんが，再審の結果，無罪となりました。
不正確なDNA鑑定と，強要された自白によって，無期懲役の判決を受け，
18年間以上もの間，自由を奪われていた事件です。
62年前の事件が無罪になったことや，死刑囚が無罪となった事件（免田事件）もありました。
不当に自由が奪われた場合は，刑事補償請求権の対象となります。（→ p.48）

(3) 【㊵ 検察審査会 】：検察官の決定について，抽選で選ばれた国民が審査するしくみ。

検察官が不起訴とした事件について，「やっぱり起訴すべきでしょ（起訴相当）」と
決めた場合，検察官はもう一度，起訴するか不起訴にするか検討しなければならない。
再び不起訴とした場合でも，2回目の「起訴相当」が出されると，必ず起訴しなければならない。
（明石歩道橋事故，JR福知山線脱線事故，与党元幹事長の政治資金規正法違反などで，強制起訴が決定）
検察官のミスや横暴を防ぎ，国民感情を反映することができる制度。

おまけ 法曹（弁護士・検察官・裁判官）になるには，
司法試験という超超難関試験に合格する必要があります。
現在は法科大学院修了者などを対象とした新司法試験が実施されています。
どちらにしても，法律家になるための試験はとても難しいです。（日本一難しい試験の1つです）
検察官は公務員です。検事ともいいます。（ドラマ「HERO」など）
裁判官も公務員です。判事ともいいます。

参考 執行猶予

「懲役2年，執行猶予4年」（被告人を懲役2年に処す。ただし4年間，刑の執行を猶予する）という判決は，
「刑務所に2年間入れるつもりでしたが，もしあなたが4年間，再び犯罪をおかさなければ，
もう刑務所に入らなくてもいいです」ということです。
ただし，懲役が3年以内でなければ執行猶予は付きません。（死刑や無期懲役で執行猶予は付かない）

・軽微な罪の場合は，起訴猶予という制度もありますが，それより重い罪によって
有罪となった場合でも，やはり，なんでもかんでも刑務所行きというのは，
本人にとっても，社会全体にとっても不利益のほうが大きいからです。

・起訴猶予や，執行猶予付き判決がつく条件というのは特に明記されていませんが，
初犯である，深く反省している，再犯の可能性が低い，社会に与えた影響が少ない，
被害者に補償をおこなっている（おこなう用意がある），
新聞やニュースに顔が出る，仕事をクビになるなど，社会的制裁を受けている…
などを考慮して判断されます。

■ **国会の復習** ■ 少し順番などを変えています　答え→書き込み編 p.26

1 国の【　　　　　　　　　　　　　　】	**2** 国会は【　　　　　　　　　　　　】

🔹主権者である国民が選んだ代表者で構成されるから

3 **二院制** … 2つの議院から成る

	衆議院	参議院
議員定数	【　　　　人 】	【　　　　人 】
任期	【　　年 】 【　　　　がある 】	【　　年 】 [　　年] ごとに半数ずつ改選
被選挙権	【 満　　歳 】以上	【 満　　歳 】以上

▶二院制のメリット：🔹(性格の違う議院があることで)[　　　　　　　] な議論ができる。

4 **国会の仕事**

(1)	【　　　　　】の制定(国会は国の唯一の立法機関である)
(2)	【　　　　　】の審議・議決：来年度の国のお金の使い方を決める([　　　　国会]で)
(3)	[　　　　　]の承認：ちゃんとお金を使ったかチェックする
(4)	[　　　　　]の承認：[　　　　　]が外国と結んだ条約を承認する
(5)	[　　　　　]を発議する(各議院の総議員の $\frac{2}{3}$ 以上の賛成で発議)
(6)	内閣総理大臣の【　　　　】：国会議員の中から国会が選ぶ→[　　　　]が任命する
(7)	【　　　　　】の決議：「総理大臣やめろ〜」 ←[　　議院]のみ
(8)	【　　　　　】を開く　←裁判官を[　　　　]するか決める
(9)	【　　　　　】：国の政治について明らかにするため 証人を呼んだり記録などの提出を求めたりできる

▶もし衆議院と参議院の意見が違ったら？

【　　議院】の優越が認められている(上の(1)(2)(4)(6)(7))

なぜ強いのか？　[🔹衆議院には【　　　　】があり【　　　　】も短いので，
より国民の意見を反映すると考えられるから。]

106

5 法律の成立

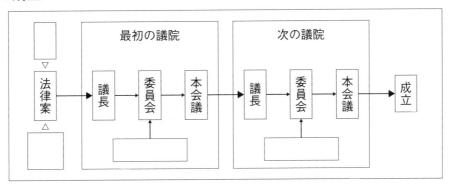

① **法律案は[　　　　]か[　　　　　　]が作成(提出)する。**

▶法律案は[衆議院が先に審議する・参議院が先に審議する・どちらが先でもよい]

② **法律案は議長から【 　　　　　 】に送られ，審議が始まる。**(いきなり全員で会議をするのではない)

▶委員会には[　　 **委員会**]と[　　 **委員会**]がある

▶重要法案については【 　　　　 】が開かれる(学者さんなど専門家の意見を聞く)

③ **委員会審議を経て【 　　　　 】へ送られ，最終的には過半数の賛成で決する。**

▶[　　　　]：最低これだけは出席していないとダメという人数
　　　　‖
　委員会は[　]以上・本会議は総議員の[　]以上(←人数の多い方が$\frac{1}{3}$ですよ)

④ **最初の議院を通過すると次の議院に送られ②〜③を再びおこなう。**

⑤ **両院で可決すれば法律が成立→[　　　　]が国民の名において公布する。**

▶衆議院で可決し，参議院で否決した場合

　衆議院が[　　 **議員**]の$\frac{2}{3}$以上で再可決→法律が成立する(**衆議院の優越**)

参考 法律以外のきまり(国会が制定するきまりは法律)

　　内閣…[　　　]，裁判所…規則，地方自治体…[　　　　]を制定

6 衆議院と参議院

	衆議院	参議院
議員定数	【　　　人】	【　　　人】
任期	【　　年】 解散あり	【　　　年】 [　年]ごとに半数ずつ改選
選挙権	満18歳以上	満18歳以上
被選挙権	【満　　歳】以上	【満　　歳】以上
選挙区	小選挙区制選挙で[　　　人] 全国を[　　]ブロックに分けた 比例代表制選挙で[　　　名] (拘束名簿式比例代表制)	選挙区制選挙で[　　　人] 全国から(特にブロック分けしない) 比例代表制選挙で[　　　名] (非拘束名簿式比例代表制)

(1) 衆議院の選挙のしくみは【　　　　　　　　　　　　　　　】

(2) 衆議院議員の選挙のことを[　　　　　　　]という(参議院と違って全部入れ替わるから)

参考 拘束名簿式：衆議院の比例代表選挙は【　　　】を書いて投票する
あらかじめ各政党が候補者に順位を決めた名簿を作成し
その名簿の順に当選者を決める(当選順位が名簿の順位に拘束される)

参考 非拘束名簿式：参議院の比例代表選挙は政党名か【　　　　】を書いて投票する
各政党は順位をつけない候補者名簿を提出し
各党の得票数＋その党の候補者の得票数をもとに当選者を決める
当選者は各候補の得票の多い順に決まる(党が決めた順位ではなく人気順で決まる)

7 国会の種類

	召集	主要議題	会期
国会 (常会)	毎年1回[　月]	【　　　】の審議	[　日]
国会 (臨時会)	①内閣の要請 ②いずれかの議院の 　総議員の $\frac{1}{4}$ 以上の要求	緊急の議題の審議	両議院で決める (両議院一致の議決で決定)
国会 (特別会)	衆議院解散による 総選挙後【　日】以内	【　内閣総理大臣の　　】	
	衆議院解散中に 緊急事態だ〜って時	緊急議題の暫定議決 後に衆議院の同意が必要	不定 (問題解決まで)

▶特別国会が召集された時に内閣は総辞職する(選挙結果によっては再任もある)

8 衆議院の優越

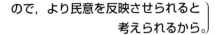
ので，より民意を反映させられると
考えられるから。

---

(1) 内閣総理大臣の

・衆議院で可決し参議院が否決→**必ず**[　　　　　　　　]を開かなくてはいけない

[　　　　　　　　]で不一致の場合
参議院が[　　日以内]に議決しない場合 ｝衆議院の議決が国会の議決となる

---

(2) 　　　　　の議決　　※参議院・衆議院の**どちらに先に出してもいい**

もちろん両院で可決すれば成立するのだが
衆議院で可決し参議院が否決→衆議院が[　　**議員**]の$\frac{2}{3}$以上で【　　　】→成立
　　　　　　　　　　↑
　　　衆議院は**両院協議会を開くことを求めることが**[　　　　　　]

また参議院が[　　**日以内**]に議決しない時は否決したものとみなして再可決へ

　　　　▶これだけが再可決を必要とする・これ以外は再可決なしで衆議院の議決でいく

---

(3) 　　　　　の議決

・衆議院で可決し参議院が否決→[　　　　]両院協議会を開かなくてはいけない

両院協議会で不一致の場合
参議院が[　　日以内]に議決しない場合 ｝衆議院の議決が国会の議決となる

---

(4) 　　　　　の先議権　　※**必ず先に衆議院に提出**

---

(5) 　　　　　の承認　　※(3)の【　　　】と同じやり方

---

(6) 　　　　　の決議　　※**衆議院だけ**（参議院はできない）

決議された場合，内閣は[　　日以内]に**衆議院を解散**させるか，内閣が**総辞職**

➡衆議院が解散されたときは，解散の日から【　　日】以内に衆議院議員の総選挙をおこない，
その選挙の日から【　　日】以内に国会＝[　　　　　　]を召集しなければならない

■ 内閣の復習 ■ 少し順番などを変えています　答え→書き込み編 *p.30*

1 行政(ぎょうせい)と内閣

(1) 内閣は【　　　権　】を持つ

(2) 内閣は内閣総理大臣(　　　　　)と，その他の国務大臣(　　　　)で組織される

　　　　　　　　　　　　　　　　　　　　　　　　　(外務大臣や国土交通大臣など)

(3) 内閣総理大臣は国務大臣を任命する(国務大臣を選んで内閣をつくることを**組閣**(そかく)という)

　　誰を選んでもいいが[　　　　　　]は国会議員でなければならない

　　また軍人はダメ…[　　　　　　]でなければならない

　　　　　　　　　　　　　　　参考　[　　　　　　　　　　　　　　](文民統制)(ぶんみんとうせい)

(4) 内閣総理大臣と全国務大臣が会議＝[　　　　　　]を開いて政治の方針を決める

　　　　　　　　　　　　　　　　　　(　　　　　　・　　　　　　　で決定)

(5) 衆議院(しゅうぎいん)が内閣不信任を決議した場合(「総理大臣やめろ～！」と衆議院が決めた場合)

　　首相は[　　日　]以内に { [　　　　　　　]する(自分が辞(や)める)   } どちらか選ぶ
　　　　　　　　　　　　　　 { 衆議院を[　　　　　　]する(選挙で国民の意思を問う) }

(6) 【　　　　　　　　　　】

　　　　　　　‖

　🔍 [　　　　　　　　　　　　　　　　　　　　　　　　　　　　　　　しくみ。]

2 内閣の仕事

(1)	法律と予算に基づいて**政治をおこない**(行政権(ぎょうせい)を行使(こうし))，各行政機関を指揮(しき)・監督(かんとく)する
(2)	[　　　案　][　　　　案　]を作成し[　　　　　]に提出する
(3)	【 最高裁判所　　　】を指名し，【　　　の】裁判官を任命する
(4)	[　　　　　]の制定(法律を施行(しこう)するために定められるきまり)
(5)	天皇の【　　　　　　】に対して[　　　と　　　　]を与える
(6)	国会の召集(しょうしゅう)や衆議院の解散を決定する(実際に召集・解散させるのは天皇の国事行為(こくじこうい))
(7)	[**外交**(しょうり)]関係を処理する，外国との約束＝【　　　　　】を締結(ていけつ)する
(8)	[**恩赦**(おんしゃ)]を決定する(刑を免除したり軽くしたりする・皇族の結婚や年号がかわるなど特別な時だけ)

110

3 議院内閣制　　　　　　↓矢印を記入しなさい（長さと向きに注意して）

国会

　　　衆議院

　　　参議院

［ 不信任決議 ］

［ 解散 ］

［ 指名 ］

［ 連帯責任 ］

［ 国政調査権 ］

内閣

　　内閣総理大臣

任命（にんめい）・罷免（ひめん）
⬇

　　　国務大臣

4 行政組織

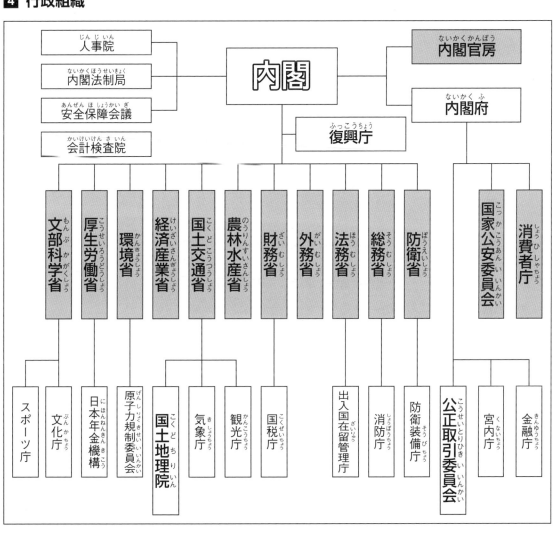

人事院（じんじいん）
内閣法制局（ないかくほうせいきょく）
安全保障会議（あんぜんほしょうかいぎ）
会計検査院（かいけいけんさいん）

内閣

内閣官房（ないかくかんぼう）
内閣府（ないかくふ）
復興庁（ふっこうちょう）

文部科学省（もんぶかがくしょう）
厚生労働省（こうせいろうどうしょう）
環境省（かんきょうしょう）
経済産業省（けいざいさんぎょうしょう）
国土交通省（こくどこうつうしょう）
農林水産省（のうりんすいさんしょう）
財務省（ざいむしょう）
外務省（がいむしょう）
法務省（ほうむしょう）
総務省（そうむしょう）
防衛省（ぼうえいしょう）
国家公安委員会（こっかこうあんいいんかい）
消費者庁（しょうひしゃちょう）

スポーツ庁
文化庁（ぶんかちょう）
日本年金機構（にほんねんきんきこう）
原子力規制委員会（げんしりょくきせいいいんかい）
国土地理院（こくどちりいん）
気象庁（きしょうちょう）
観光庁（かんこうちょう）
国税庁（こくぜいちょう）
出入国在留管理庁（しゅつにゅうこくざいりゅうかんりちょう）
消防庁（しょうぼうちょう）
防衛装備庁（ぼうえいそうびちょう）
公正取引委員会（こうせいとりひきいいんかい）
宮内庁（くないちょう）
金融庁（きんゆうちょう）

3章
現代の民主政治と社会

(1)　**裁判所は【　　　権　】を持つ**

(2)　**裁判の種類**

　　〔【　　　　裁判　】：殺人・傷害・窃盗・詐欺などの犯罪を裁く
　　　【　　　　裁判　】：金銭トラブル・損害賠償・離婚などの裁判(個人間の権利・義務の対立を解決)
　　　〔　　　　裁判　〕：国や地方自治体を訴える。公害問題など

(3)　**裁判所の種類**(※最高裁判所以外の裁判所をまとめて〔　　　　裁判所　〕という)

　　最高裁判所→〔　　　　裁判所　〕→〔　　　　裁判所　〕→〔　　　　裁判所　〕→〔　　　　裁判所　〕
　　　　　　　　　　　　‖
　　　　　　　(札幌・仙台・東京・名古屋・大阪・広島・高松・福岡)

(4)　裁判は〔　　　　　〕でおこなわれるのが原則(誰でも傍聴できるが，特別な場合や家庭問題は非公開)

(5)　裁判は〔　　回　〕受けることができる＝【　　　　　　　　】

　　第一審判決に不服→【　　　　　　】→第二審判決→それでも不服→【　　　　　　】→第三審
　　　　　　　　　　　　　　(控訴審)　　　　　　　　　　　　　　　(上告審)

(6)　裁判官は自分の〔　　　　　〕と**憲法**および〔　　　　　　〕にのみしたがって独立して裁判をおこなう

　　司法権の【　　　　　】(たとえ総理大臣であっても判決についてゴチャゴチャいってはいけない)

(7)　裁判官を辞めさせる(罷免させられる)場合(もしクビにならないと，権力の独占につながる)

　　・【　　　　裁判所　】で判断された場合　←〔　　　　　　〕が裁判官を裁判する

　　・【　　　　　　　】：最高裁判所裁判官(　　人)は国民が投票によって罷免することができる
　　　　　　　　任命後の最初の総選挙で実施，
　　　　　　　　その後10年を経た後に初めておこなわれる総選挙の時，以後同様

(8)　すべての裁判所には法律や行政処分が憲法に違反していないかどうか審査する権限がある
　　　　　　　　　　　　　　　　　　　　　　　　　　(訴えのあった具体的事件を通じて判断する)
　　【　　　　　　　(**違憲審査権・違憲法令審査権**)　】を持つ

　　▶最高裁判所は【　　　の　　　　】と呼ばれる(最終的な判断を下す)

(9)　【　　　　　制度　】：国民が裁判に参加(2009年から実施)

　　◢〔　　〕

　　・重要な【　　　裁判　】の【　第　　審　】でのみおこなわれる。(審理，評議，評決)
　　・選挙人名簿から抽選で選ばれた**裁判員**(　　人)と**裁判官**(　　人)からなる。
　　・多数決で評決する場合は，必ず裁判員・裁判官の両方が含まれていなければならない。

1 民事裁判

(1) 訴えた人＝【　　　　　】⇔【　　　　　】＝訴えられた人

(2) 裁判所で審理→判決(または[　　　　　]・家庭裁判所では調停も)
　　訴訟費用が払えない場合は法律扶助制度(訴訟扶助制度)がある

2 刑事裁判

(1) [　　　　　(容疑者)]：事件を起こした疑いがある人

(2) 【　　　　】が被疑者を【　　　　　】するかどうか判断する
　　　　　　　　　　　　　　　　　　(証拠不十分などで訴えないことを不起訴という)

(3) 【　　　　　】：起訴された被疑者。(【　　　　　】が裁判所に訴えて裁判がすすめられる)

(4) 【　　　　　】：被疑者・被告人の利益を守る人(弁護人は**弁護士**でなければならない)
　　　必ず弁護人をつけなければならない→**費用がない場合は**[　　　　　(起訴後)]

　　　　　　　　　　　　参考 [　　　　　(起訴前)]

(5) 裁判所で審理→判決(有罪か無罪か・有罪なら刑が科せられる)

3 刑事裁判と民事裁判

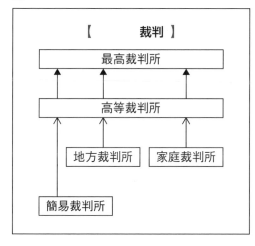

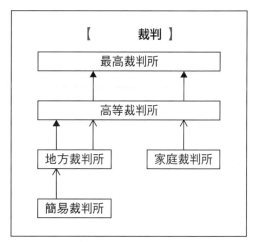

▶**刑事裁判**で控訴審判決(第　　審判決)を下すのは必ず【　　　裁判所】である
　最高裁判所が上告審(第三審)となるようにしている(死刑もありうるから)

4 その他

(1) 刑が確定した後でも新たな証拠や裁判に間違いがあれば[　　　　]を請求できる

(2) 無実の罪で有罪となることを[　　　]という･･･刑事補償請求権の対象となる

(3) 【　　　　　　】：検察官の決定について，抽選で選ばれた国民が審査するしくみ。
　　　　　　　　　　検察官のミスや横暴を防ぎ，国民感情を反映する制度

14 ▶ 三権分立

➡書き込み編 *p.34*

「ボクがルールを決めます，ボクが命令します，そして違反者はボクが罰を与えます」
となれば，独裁者が出現してしまいます。
塾講師が教室で「宿題忘れたら居残りにするぞ〜」というくらいならいいのですが，
特定の個人が国家権力を握ってしまうと大変です。

ところで，ジャンケンの「グー」「チョキ」「パー」は，
どれが一番強いと思いますか？
どれも一番とはいえませんね。だから公平な決着手段として成り立つのです。

では，国会と内閣と裁判所では，どれが一番強いと思いますか？
結論からいえば，どれも一番にならないようにしています。

> ▶三権分立（権力分立）とは，
> ◖「❶ 権力を分割し互いに抑制と均衡を保つことで，権力の集中を防ぐしくみ。」
> （あるいは）　　　　　　　　　　　　　　　　　（抑制＝抑えあう）（均衡＝バランスをとる）
> ◖「❷ 権力を分けることで独裁を防ぎ，国民の権利がおびやかされることを防ぐしくみ。」

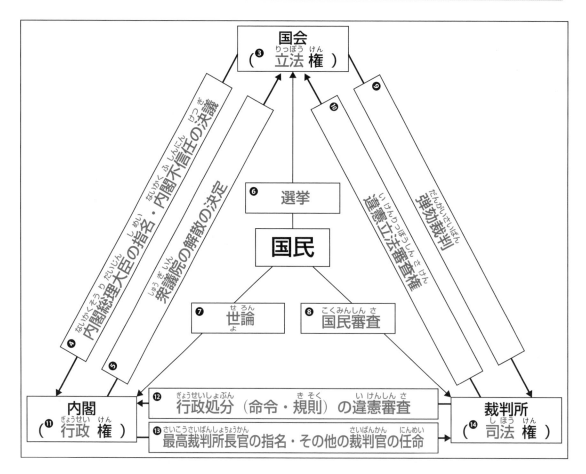

▶三権分立といえば［❶ モンテスキュー(フランス)］の『❶ 法の精神 』

■ 三権分立のトレーニング ■

《 国会・内閣・裁判所・天皇 》（タイプＡ）

国会＝[こ]	内閣＝[な]	裁判所＝[さ]	天皇＝[て]

	▼それぞれ，どこの仕事か？	2回目	1回目	隠す
1	法律を制定する(みんなで話し合って法律をつくる)			こ
2	法律を公布する(制定された法律を国民の名において公布する)			て
3	予算案を作成する(来年のお金の使い方＝予算，その元案をつくる)			な
4	予算を議決する(予算案をみんなで話し合って決める)			こ
5	法律と予算を執行する(決まったことを実行する)			な
6	内閣総理大臣を指名する(この人がいいと選ぶ)			こ
7	内閣総理大臣を任命する(国事行為として任命する)			て
8	最高裁判所長官を指名する(この人がいいと選ぶ)			な
9	最高裁判所長官を任命する(国事行為として任命する)			て
10	その他の裁判官を任命する(トップの長官以外の裁判官を任命する)			な
11	憲法改正を発議する(憲法を変えようと言い出す)			こ
12	条約を締結し，外交関係を処理する(外国との交渉をおこなう)			な
13	条約を承認する(内閣が結んだ条約にOKと言う)			こ
14	政令を制定する(法律ではない独自のルールを決める)			な
15	決算を承認する(去年のお金の使い方が問題ないか判断する)			こ
16	行政処分の違憲立法審査権をもつ(そのダム工事の許可は間違いだ！)			さ
17	弾劾裁判所を設置する(問題のある裁判官を罷免する)			こ
18	天皇の国事行為に助言と承認を与え，その責任を負う			な
19	内閣不信任決議をおこなう(総理大臣やめろ！と言う)			こ
20	衆議院の解散を決定する(解散を決断する)			な
21	衆議院の解散をおこなう(国事行為としての儀式をする)			て
22	国政調査権を持つ(証人喚問などをして徹底的に調べる)			こ
23	国会を召集する(国事行為として号令をかける)			て
24	違憲立法審査権を持つ(法律が間違っていないか判断する)			さ
25	行政各部を指揮監督する(○○省などの行政機関の統括)			な

/25	/25

3 章
現代の民主政治と社会

《三権分立の図の確認問題①》　答えを隠してやってみよう

・三権分立といえば　1　(フランス)の『法の精神』

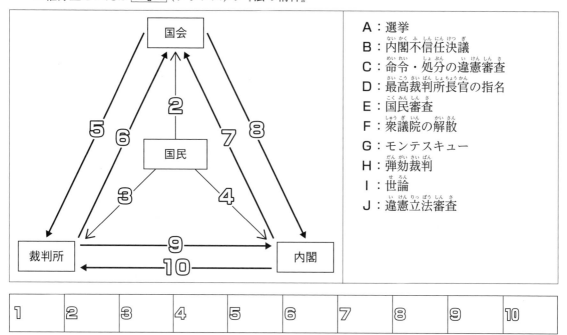

A：選挙
B：内閣不信任決議
C：命令・処分の違憲審査
D：最高裁判所長官の指名
E：国民審査
F：衆議院の解散
G：モンテスキュー
H：弾劾裁判
I：世論
J：違憲立法審査

1	2	3	4	5	6	7	8	9	10

《三権分立の図の確認問題②》

・　？　は答えなくてよい

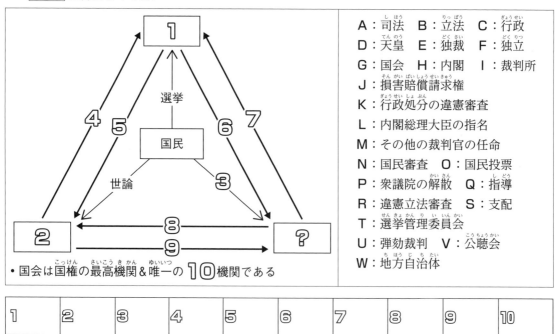

A：司法　B：立法　C：行政
D：天皇　E：独裁　F：独立
G：国会　H：内閣　I：裁判所
J：損害賠償請求権
K：行政処分の違憲審査
L：内閣総理大臣の指名
M：その他の裁判官の任命
N：国民審査　O：国民投票
P：衆議院の解散　Q：指導
R：違憲立法審査　S：支配
T：選挙管理委員会
U：弾劾裁判　V：公聴会
W：地方自治体

・国会は国権の最高機関&唯一の**10**機関である

1	2	3	4	5	6	7	8	9	10

※左が裁判所とは限りませんよ。また，矢印の向きにも注意しよう。

　　1　の余白に国会(あるいは"国"や"こ")とメモしてから取り組むといいでしょう。

答　① 1G，2A，3E，4I，5H，6J，7F，8B，9C，10D
　　② 1G，2H，3N，4P，5L，6U，7R，8K，9M，10B

国会＝[こ]	内閣＝[な]	裁判所＝[さ]	天皇＝[て]

	▼それぞれ，どこの仕事か？	3回目	2回目	1回目
1	法律を制定する			
2	法律を公布する			
3	予算案を作成する			
4	予算を議決する			
5	法律と予算を執行する			
6	内閣総理大臣を指名する			
7	内閣総理大臣を任命する			
8	最高裁判所長官を指名する			
9	最高裁判所長官を任命する			
10	その他の裁判官を任命する			
11	憲法改正を発議する			
12	条約を締結し，外交関係を処理する			
13	条約を承認する			
14	政令を制定する			
15	決算を承認する			
16	行政処分の違憲立法審査権を持つ			
17	弾劾裁判所を設置する			
18	天皇の国事行為に助言と承認を与え，その責任を負う			
19	内閣不信任決議をおこなう			
20	衆議院の解散を決定する			
21	衆議院の解散をおこなう			
22	国政調査権を持つ			
23	国会を召集する			
24	違憲立法審査権を持つ			
25	行政各部を指揮監督する			

▶答えはタイプAと同じです

	/25	/25	/25

3章
現代の民主政治と社会

《三権分立の図の確認問題③》

• 三権分立といえばモンテスキュー（フランス）の『　1　』

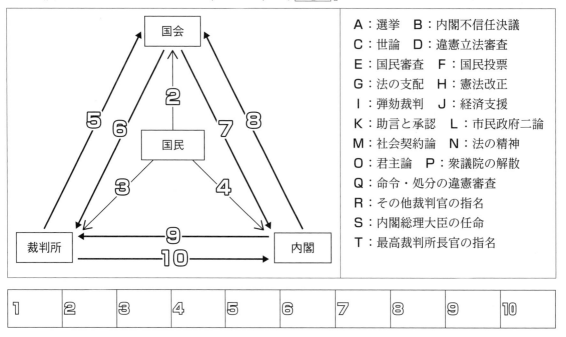

A：選挙　　B：内閣不信任決議
C：世論　　D：違憲立法審査
E：国民審査　　F：国民投票
G：法の支配　　H：憲法改正
I：弾劾裁判　　J：経済支援
K：助言と承認　　L：市民政府二論
M：社会契約論　　N：法の精神
O：君主論　　P：衆議院の解散
Q：命令・処分の違憲審査
R：その他裁判官の指名
S：内閣総理大臣の任命
T：最高裁判所長官の指名

1	2	3	4	5	6	7	8	9	10

※同じ記号が入ったり，2つ答えが入ったりしませんよ。任命と指名に注意して見直しましょう。

《三権分立の図の確認問題④》

• 　?　は答えなくてよい

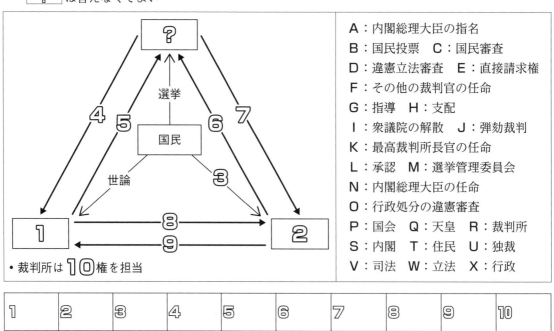

• 裁判所は 10 権を担当

A：内閣総理大臣の指名
B：国民投票　　C：国民審査
D：違憲立法審査　　E：直接請求権
F：その他の裁判官の任命
G：指導　　H：支配
I：衆議院の解散　　J：弾劾裁判
K：最高裁判所長官の任命
L：承認　　M：選挙管理委員会
N：内閣総理大臣の任命
O：行政処分の違憲審査
P：国会　　Q：天皇　　R：裁判所
S：内閣　　T：住民　　U：独裁
V：司法　　W：立法　　X：行政

1	2	3	4	5	6	7	8	9	10

答 ③ 1N，2A，3E，4C，5D，6I，7B，8P，9T，10Q
　 ④ 1S，2R，3C，4A，5I，6D，7J，8F，9O，10V

国会＝[こ]	内閣＝[な]	裁判所＝[さ]	天皇＝[て]

	▼それぞれ，どこの仕事か？	3回目	2回目	1回目
1	国の決算を承認する			
2	法律を公布する			
3	法律と予算を執行する			
4	法律を制定する			
5	最高裁判所長官を指名する			
6	予算を議決する			
7	内閣総理大臣を任命する			
8	その他の裁判官を任命する			
9	最高裁判所長官を任命する			
10	条約を締結し，外交関係を処理する			
11	憲法改正を発議する			
12	天皇の国事行為に助言と承認を与え，その責任を負う			
13	内閣総理大臣を指名する			
14	衆議院の解散を決定する			
15	国政調査権を持つ			
16	行政処分の違憲立法審査権を持つ			
17	内閣不信任決議をおこなう			
18	行政各部を指揮監督する			
19	弾劾裁判所を設置する			
20	予算案を作成する			
21	衆議院の解散をおこなう			
22	条約を承認する			
23	国会を召集する			
24	違憲立法審査権を持つ			
25	政令を制定する			

▶答えはタイプＡと同じです(問題は違うが答えの並び順は同じ)

/25	/25	/25

3章

現代の民主政治と社会

4章 わたしたちのくらしと経済

15▶消費と家計

➡書き込み編 *p.36~37*

◼ 基本語句

(1) ［**❶経済**］：生活に必要な財（もの）を生産・流通・消費する活動のこと。

(2) ［**❷流通**］：商品が生産者から消費者に届くまでの流れのこと。

(3) ［**❸家計**］：家庭を単位として営まれる経済のこと。

(4) ［**❹卸売業**］：**生産者から商品を大量に仕入れて小売業に売る業者。**（問屋ともいう）

(5) ［**❺小売業**］：**商品を消費者に直接売る業者。**（デパート，スーパーマーケットやコンビニなどのお店）

(6) ［**❻財**］：**形のある商品。**（本，時計，テレビ，パンなど）

(7) ［**❼サービス**］：**形のない商品。**（電車に乗る，映画を観る，授業料，散髪代，医療費など）

レストランでの食事（外食）はサービスです。ステーキという財を購入したのではなく，店内で食事をするというサービスを受けたと考えてください。

ハンバーガーショップで「こちらでお召し上がりですか」…「はい」といった場合は，サービスの提供，「いえ，もって帰ります」の場合は財の購入といえますが，細かいことは気にしないでおきましょう。

(8) ［**❽物価**］：**多くの商品の価格を総合して平均して数値化したもの。**

> **参考** 物価指数
>
> 指数とは，ある年の物価を基準（100）として，それと比べやすいように数値で示したもの。
>
> 105になれば上がった，95なら下がったことがわかります。偏差値と似ていますね。
>
> ・企業物価指数は，企業間の原材料などの取引価格をもとにしたもの。（変化は小さい）
> ・消費者物価指数は，日用品や食料品，サービスなどの価格をもとにしたもの。（変化しやすい）

◼ お金（貨幣）の役割

(1) ［**❾価値の尺度**］：**商品などの値打ちを表す。**（貨幣の分量＝商品の値段＝価格）

(2) ［**❿交換の仲立ち**］：**商品と交換できる。**（労働力と商品を交換する仲立ちもする）

(3) ［**⓫貯蔵の手段**］：**保存し，価値を蓄えることができる。**（腐りません）

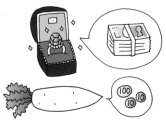
（1）価値の尺度

（2）交換の仲立ち

（3）貯蔵の手段

3 家計と消費生活

(1) **家計の収入**(お金をかせぐ方法)

① [**⑫勤労所得**]:働いてかせぐ収入(＝勤労収入ともいう)…会社員の賃金(給料)など

自分の労働力を提供して得た収入のこと。
給料は"かせぐ"もの？"もらう"もの？どっちでもいいですね。気分的には違うかもしれませんけど。

② [**⑬個人業主所得**]:経営者の収入(＝事業所得・事業収入ともいう)

農家や，大工などの職人，八百屋や魚屋などの商店を経営する人の収入のこと。
なお経営者(社長など)は，自分が働かなくても，従業員が利益を上げれば収入となります。

③ [**⑭財産所得**]:銀行預金などの利子や，家賃などの収入(＝財産収入ともいう)

土地やアパートを貸して，地代や家賃を得ること。本やCDの印税を得ることもそうです。
なお，年金などの収入を[移転所得(移転収入)]ということがあります。

(2) **家計の支出**

① [**⑮消費支出**]:食料費・被服費・住居費・光熱費・交通通信費・娯楽費など

次の②と③以外のものです。
以前に比べ，ケータイ電話が普及し，交通通信費が増えた家計が多くなりました。

② [**非消費支出**]:[**⑯税金**]や社会保険料など(健康保険や年金など)

①は節約しようと思えばできます。(「今夜は焼肉をやめて納豆にしよう」→食料費の節約)
②は節約しようと思ってもできないものです。(ひしょうひししゅつ…発音しにくいでしょ(^^ゞ)

③ [**⑰貯蓄**]:銀行預金・郵便貯金・生命保険の掛金・株式や国債への投資など

なぜ預貯金が"支出"になるか…難しく考えないでください。サイフから出て行くからです。

参考 消費支出＋貯蓄を可処分所得といいます。

(3) [**⑱エンゲル係数**]:消費支出にしめる[**⑲食料費**]の割合(%)

収入が少ないなら，娯楽費や被服費などは節約しようとするが，
なかなか食料費を減らすことはできません。
また，収入が多いからといって，むやみに食料費を増やそうとはしません。
収入が増えて豊かになると，消費支出にしめる食料費の割合(金額ではなく割合)が小さくなる。
この数値が，大きいほど生活は貧しく，小さいほど豊かな傾向があるといえます。

おまけ 貯蓄は100%安心か？
　銀行や保険会社が破綻(倒産)すれば，全額が保障されないことがあります。
　また，株式や国債などの有価証券(価値のある証書のこと)は，価値が変動します。
　会社が倒産すれば株式は紙切れとなり，(今は電子化されているので紙ではないが)
　国の信用がなくなれば国債の価値も下がります。

(4) クレジットカードの問題点

家庭科でも学習すると思います。身近な問題ですからね。

クレジットカードは，銀行のキャッシュカードと違って，

現金の支払いをするものではありません。

カード会社は，買い物をした人の銀行口座から，

店に代金を振り込む仲介をしています。(右図)

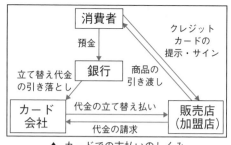

▲ カードでの支払いのしくみ

手元に現金がなくても，あるいは，銀行口座にお金がなくても買い物ができます。

ただ，✎［⑳代金後払い(信用払い)］であるため，自分の収入を考えずに買い物してしまい，

後で代金が支払えなくなり自己破産するといった問題もおこっています。(年に20万件とも)

「ご利用は計画的にね」というメッセージを込めてかどうか，論述などで出題されます。

4 消費生活と法

▼ おもな悪質商法

(1) 1968年　消費者保護基本法(2004年，消費者基本法に改正)

「ちゃんと見て買わないからだよ」「あきらめるしかないよ」と泣き寝入りせず，

安全で品質のよい商品を，安く買おうとする，消費者の利益を保護する。

(消費者とは，買い物をした「お客さん」のことですよ)

(2) 1994年　【㉑PL法(製造物責任法)】：【㉒欠陥商品】による被害は企業が責任を持つ。

製品の欠陥によって消費者が被害を受けた場合，生産者(企業)は救済責任を負う。

製品(製造物)の"欠陥"がキーワードです。

PL法と答える場合が多いですが，「製造物責任法」という名称も押さえておきましょう。

参考　1962年，アメリカのケネディ大統領が「消費者の四つの権利」(安全を求める権利，知らされる権利，選択する権利，意見を反映させる権利)を提唱した。

(3) 1997年 容器包装リサイクル法：アルミ缶やスチール缶，ビンやペットボトルなど，
消費者に分別，行政に回収，企業に再利用を義務付ける。

(4) 2000年の特定商取引法(改正)に，

> 【㉓クーリングオフ】という制度があります。(頭を冷やして〈クール〉，契約を解除〈オフ〉する)
> 訪問販売やキャッチセールスで，契約をした日から
> 【㉔8日】以内なら書面により無条件で取り消すことができるものです。

"クーリング＝オフ"とも"クーリング・オフ"とも書きます。
消費者が，後から「やっぱり，やめた」と思っても，
「いまさら契約の解除はできませんよ」ということができないようにするもの。
でも，コンビニで買った弁当を「クーリングオフします」とはいきませんよ。
訪問販売やキャッチセールスで契約をした場合です。
なお，マルチ商法や，マルチまがい商法は，被害者が気づきにくいこともあるので，
20日以内なら契約を解除できることになっています。

(5) 2000年 【㉕循環型社会形成推進基本法】(長いですね，公民の重要用語で1番長い (^^;)

循環型社会とは，🔻廃棄物を減らしリサイクルをすすめ，資源をくり返し使う社会。
（あるいは）🔻環境への負担を減らすため，リサイクルをすすめ廃棄物ゼロをめざす社会。
国，企業，国民の果たすべき役割について定めた法律です。

(6) 2001年 **消費者契約法**：契約上のトラブルから消費者を守る
「絶対もうかりますよ」といった誤解を生じる悪質な勧誘や，
「いかなる場合も契約の解除に応じません」といった，不当な契約は無効にできます。

(7) 2001年 ［㉖家電リサイクル法］
テレビ，冷蔵庫，パソコンなど，家電製品を処分するための費用を負担することを定める。
ただ，残念なことですが，「お金がかかるなら，こっそりどこかに捨ててしまおう」と
考える人もいて，不法投棄の問題もおこっています。

(8) 2004年 ［㉗消費者基本法］：消費者保護基本法を改正

(9) 2005年 ［㉘自動車リサイクル法］：車を捨てる時にリサイクル費用を負担

> **参考** 2009年 【㉙消費者庁】発足：食品表示や特定商取引の問題など，
> 消費者保護に関する業務を一元化する

5 国民経済と家計

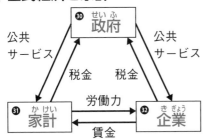

注意 細かくいえば…
・公務員としての労働力(家計→政府)
それに対して支払われる賃金(政府→家計)
・企業は政府から公共事業などの工事を受注し
その代金が支払われる
…といったことは省略してあります

16 ▶ 資本主義と社会主義

➡書き込み編 p.37

1 資本主義経済

❶私有財産制度のもと，利潤の追求を目的に自由競争がおこなわれる

経済のしくみ。

（または）資本家が資本をもとに利潤（もうけ）を得る経済のしくみ。

「**資本**」とは，モノをつくる上で必要な工場や機械，原材料，
あるいは，元手となる資金のこと。お金と考えてもいいでしょう。

「**資本家**」とは，**資本を持っている人です。**
会社や土地などの生産手段を所有している人や，株式を買うことで会社などに出資している人
（株主といいます）のこと。まあ，お金持ちと考えてもいいでしょう。
つまり，お金を持っている人が，会社をつくってもうけることのできる経済のしくみです。
お金は銀行などから借りることもできます。

また，資本主義経済では，私有財産制度と経済活動の自由が原則で，
会社と会社の競争がおこなわれます。
私有財産制とは，社長が自分の工場を持つなど，
個人が財産を所有することが認められるということです。
当たり前のことに思えるでしょ。日本は資本主義経済ですからね。

2 社会主義経済

❷生産手段を国有化し，国の計画通りに生産がおこなわれる

経済のしくみ。

社会主義は革命によって達成されるとマルクスはいっています。
革命によって資本家階級の財産（工場などの生産手段）を
国有にしてしまうのです（**私有財産制度の否定**）。
ロシア革命がいちばんわかりやすい例でしょうか。
そして，**計画経済**をおこなうことで企業間の競争をなくし，
倒産も失業もない社会を実現させようというものです。
「金持ちも貧乏人もいない，**みんなが平等な社会をめざす**」のです。

> 参考 **社会主義思想**
>
> 19世紀，ドイツの思想家，経済学者［❸**マルクス**］が理論を確立。

公務員とは，税金から給料が払われている職員のこと。市役所の職員や警察官，公立学校の教員など。

公務員は「全体の奉仕者」として，すべての国民のために仕事をする人たちです。

国で働く国家公務員と，地方自治体で働く地方公務員がいます。

国家公務員の中でもキャリアと呼ばれるエリート公務員を官僚といいます。

超難関の国家公務員採用総合職試験に合格した人々です。（超有名大学出身者が多い）

財務省や外務省，国土交通省といった省庁に勤め，

市民生活に直結する法案の起草，外交における準備や予備交渉，

道路や空港の建設，都市計画といった公共事業の企画といった，

国家規模の大きなプロジェクトを手がけています。

もちろん，それらの事業は内閣の名においておこなわれますが，

官僚は，内閣を支えている頭脳といえます。

あまりにも優秀なため，実際に国を動かしているのは官僚だといわれるくらいです。

天下りとは，そのような優秀な公務員が，定年前に退職し，

それまで勤めていた省庁と関係が深い企業や，

国の仕事をするためにつくった組織（独立行政法人）に，

理事長や理事，役員などの特別待遇で再就職することです。

再就職すること自体は悪いことではない（職業選択の自由）のですが，

特別待遇，独立行政法人，というのが問題です。

なぜ，民間企業が年俸数千万円も出して，キャリアを受け入れるのかというと，

その人脈を利用すれば，国からの仕事（公共事業など）を受注しやすくなるからです。

それに，現役のキャリアも，次は自分がそのポジションにつきたいので，

優先して先輩の再就職した会社と契約を結ぶことがあるのです。

また，独立行政法人とは，国民の生活の安定と社会および

経済の健全な発展に役立つものとして省庁から独立した

法人組織のことで，一般企業には向かない仕事をしています。

家電製品や自動車などの安全性のチェックをする仕事，

科学技術の振興や，国立美術館などいろいろあります。

しかし，中には，それって必要あるの？

と，首をかしげたくなるものもあります。

同じような内容の仕事をしているものや，

たとえば，国から委託された仕事を，

他の民間企業に委託（丸投げ）することもあります。

天下り先になっているだけとの指摘もあります。

独立行政法人は，税金で運営されています。

そして天下りをした役人の給料も税金でまかなわれます。

つまり，税金のムダ遣いになっているかもしれないのです。

必要な法人，なくてもいい法人，ない方がいい法人を，

きちんと見分けて，税金のムダ遣いをなくそうという

「事業仕分け」もおこなわれました。

2010年「私のしごと館」（京都）が閉館。

17 ▶ 企業

➡書き込み編 *p.38〜39*

1 生産

(1) **生産の三要素**(ものをつくるために必要なもの)

　①[**❶土地**]：土地や資源など。

　②[**❷労働**]：人間の働き。

　③[**❸資本**]：元手となる資金や財(資本財)。原材料や工場などの設備や機械など。

　さらに四要素という場合,

　④[**❹ノウハウ**]：**知的資源**ともいう。(Know と How) やり方や技術, 製法の特許などのこと。

(2) **単純再生産**：同じ規模で生産をくり返すこと。(不景気の時に多く見られる)

(3) **拡大再生産**：利潤の一部を資金(資本)に加えて, 生産規模を大きくしていくこと。

　　　　　　　もうかれば, もうかるほど会社が大きくなっていきます。

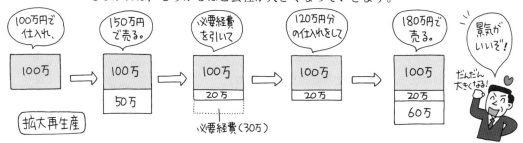

2 企業の種類

(1) **私企業**：民間の企業…[**❺利潤**]つまり"もうけ"をあげることが目的。

　①個人企業：個人が資金を出して経営する。農家や小規模な商店など。

　②法人企業
　・組合企業：農業協同組合(農協＝JA)や生活協同組合(生協＝COOP)など。
　・会社企業：**株式会社**が代表的(日本の企業の約40%ほど)

(2) **公企業**：国や地方公共団体が経営する。**公共の利益**(もうけよりサービス)が目的。

　①国営企業：国が経営する(国有林野など)…現在は民営化がすすむものもある

　　参考　**独立行政法人**：政府から独立しているが一定の監督を受ける法人
　　　　　　　　　　　　　(住宅金融支援機構, 水資源機構, 都市再生機構など)
　　　　　　　　　　　　中には, 不必要では？天下り先になっているのでは？と指摘されているものもある。

　②地方公営企業：市営バスや都営地下鉄, 水道など。

(3) **公私合同企業**：JP(日本郵政), JT(日本たばこ産業), NTT(日本電信電話株式会社)など。

　　参考　[**❻第三セクター**]：国や地方公共団体(第一セクター)と, 私企業(第二セクター)が
　　　　　　　　　　　　　　出資して設立, 経営する企業形態。
　　　　　　　　　　　　　鉄道やリゾート施設, 過疎地域のコミュニティーバスなど。
　　　　　　　　　　　　　ただ, 赤字が多く, ずさんな経営が問題視されるものもある。

(1) 株式会社は，資金を集めるために【❼ 株式(株，株券) 】を発行する。

例えば，"髪の毛が生える"薬を開発しようと思ったとしましょう。
会社をつくって製造販売すれば，ボクを含めきっと多くの人を救えると思うのですが，
残念ながら，元手となる資金がありません。
でも「1億円貸してください」といっても，大金なので貸りるのは難しいでしょう。
そこで，「出せるだけでいいから貸してください」と何人かにお願いして，
「じゃあ，ボクは50万円」「私は30万円」「オレは100万円」といった具合に，
出資してもらうことにします。そのとき，
お金を出してくれた人たちに発行するのが，株式(株，株券)です。（現在は電子化されている）
株式を公開している会社の株式は，証券会社を通じて，誰でも買うことができます。
一株50円，1000株単位で5万円など，小額に分けて発行されるので，
企業は多くの出資者(多くの資金)を募ることができます。

◀旧株券

(2) 株主(株式を買った人)は，会社に利益があれば出資額に応じて【❽ 配当 】がもらえます。

簡単にいえば，おすそわけですね。
現金の配当(配当金)以外に，自社の製品やサービスを安くする株主優待割引などもあります。

(3) 株主は【❾ 有限責任 】です。出資額の範囲内で責任を負います。

毛の生える薬として販売したが，効果がなく全く売れずに，
会社が大赤字で倒産してしまっても，株式がパーになるだけです。
また，あろうことか「毛が抜けてしまったぞ」と損害賠償訴訟をおこされたとしても，
「お前も関係者だろ。全財産をはたいて責任をとれ」といわれることはありません。

(4) 株式会社は最高機関である【❿ 株主総会 】の決定で運営される。

経営方針や，社長や重役などの経営者(取締役)を誰にするなどを決めます。

(5) 株主総会では【⓫ 持ち株数 】に応じて議決権を持つ。

株主総会での議決権は，
1人1票ではなく，1株1票(1単元株で1票)です。

参考　[⓬ メセナ]とは，企業が文化的・社会的意義のある活動に対しておこなう支援・貢献。
本業とは直接に関係のない，博物館の協賛や町の清掃活動など。

🔍 企業の[⓭ 社会的責任]が重視されるようになっているから(です)。
もちろん，会社の宣伝やイメージアップも期待できるのですが，それはおいておきましょう。

おまけ　株式(株，株券)

①株主でなくても社長になれます。

大きな会社の場合，実際に会社を経営しているのは，経営の専門家が多い。

もちろん，社長になった人が，自分の会社の株式を買って株主になることはできます。

規模の小さい会社(中小企業)の場合，出資した本人が経営をしていることが多く，

お父さんが社長，従業員はお母さんと息子だけといったことも珍しくありません。

自分で株式を発行して，その株式を全部自分で買って，1人で株主総会を開いて，

自分を代表取締役社長に決定して…なんてことはいちいちしないと思いますが，

すべての株式を持つお父さんが，経営権を持っています。(ワンマン経営)

このとき，お父さん(株主)が，息子に「お前に社長をやらせる」ということもできます。

あるいは，別の人を雇ってもかまいません。

②株式会社が，より多くの資金を集めたい場合は証券取引所に株式の上場をおこないます。

上場とは，証券取引所で株式が売買されるようになるということです。

上場した会社の株式は，証券取引所で売買され，誰でも証券会社などで買うことができます。

多くの人に株式を買ってもらえるので，会社は多くの資金を集めることができます。

(上場していない場合，株主が「売らない」といえば，その株式を買うことはできません)

なお，上場するには厳しい基準があるが，上場企業になれば会社の信用も上がります。

ただ，上場すると，敵対的買収がおこなわれることもあります(ライブドア vs フジテレビなど)。

株式の過半数を収得すれば，その会社を乗っ取ることができます。企業買収のことをM＆Aといいます。

③会社の業績がよければ，「その株式が欲しい」と思う人が多くなり，株価は上昇します。

逆もまたしかりです。

株価は，外国為替相場(円高は輸出関連企業に不利など)，国際関係(戦争勃発や終結)，新発明(特効薬の開発など)，気象(農作物の不作や豊作など)，などの要因が複雑にからみあって変化します。

4 大企業と中小企業

(1) 中小企業とは，<u>資本金が3億円以下または従業員数300人以下の企業のこと。</u>　(中小企業基本法における製造業の場合)

約99%の事業所に，労働者の約70%近くが働いています。

しかし，出荷額では半分ほどです(右図)。

(2) [⑭ **大企業**]のほうが，生産性(＆収益性)が高い。

約4分の1の従業員で，半分をつくっていますね(右図)。

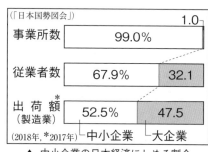

▲ 中小企業の日本経済にしめる割合

「日本国勢図会」		1.0
事業所数	99.0%	
従業者数	67.9%	32.1
出荷額*(製造業)	52.5%	47.5

(2018年，*2017年)　中小企業　大企業

(3) 中小企業問題

・大企業に比べ，福利厚生が充実していない。(諸手当が不十分，有給休暇が少ない，保養所がないなど)

・**労働組合の組織率が低い，あるいは労働組合そのものがない。**(労働条件などの交渉がやりづらい)

・大企業の[⑮ **下請け**]や，系列企業となっている。

下請けとは，大手企業にバネやネジなどの部品を加工し，納品すること。

経営が安定する反面，不況時などは切り捨てられることがある。(下請け切り)

(4) 【⑯ **ベンチャー企業** 】：未開発の分野を切り開いていこうとする比較的小さな企業。

パソコン(IT)関連やサービス業などに多い。

18 ▶ 金融

➡書き込み編 p.39

(1) 金融機関：銀行や農協，証券会社など，資金の仲立ちをして利益を得ている企業。

(2) 銀行の主な仕事

①資金の余裕のある個人や企業からお金を預かり，
資金を必要とする個人や企業に貸し出す，
資金の貸し借りの仲立ちをする役割。（金融の仲立ち）
お金を預けた人が銀行からもらう利子，
借りた人が銀行へ払う利息。この差額，つまり，
利子＜利息の差が銀行の利益となります。

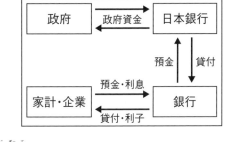

②為替業務：離れたところにお金を送る（振り込み，手形や小切手などの手数料を得る）

手形とは，大阪のA氏が東京のB氏に100万円払うと書いた証書（手形）を発行し，これを東京の銀行に持って行けば，現金と交換してくれるもの。B氏がこの手形をC氏への支払いにあてる（ゆずる）こともできます。

(3) 【❶日本銀行】：日本の中央銀行（国の金融政策の中心となる銀行）。

▶日本銀行の役割は次の3つです。

① 【❷発券銀行】：日本銀行券（紙幣＝お札）を発行する。

紙幣をよく見てください。「日本銀行券」と書いてありますね。書いてなければ偽札ですよ。
紙幣は紙ですが，日本国の中央銀行が発行しているものなので，価値があります。

おまけ 日本銀行の日本は「にほん？にっぽん？」
答えは紙幣のローマ字を見てね。でもどっちでもいいみたいですよ。

② 【❸銀行の銀行】：一般銀行に貸し付け・預金をおこなう。（銀行の親分のような存在）

一般の人や企業にお金を貸したり，預かったりしません。
銀行しか相手にしません。大金持ちでも，大企業でもダメです。

③ 【❹政府の銀行】：国の資金（税金や国債）を扱う。（政府の金庫番の役割）

「はっけん・ぎんこう・せいふ」「発券・銀行・政府」…と5回唱えて覚えましょう。

参考 金本位制度：国の金保有量に応じて通貨発行量を決める通貨制度。

初めての紙幣がつくられたとき，人々は「この紙は本当に価値があるのか」と
不安に思うでしょう。そこで紙幣に価値を与えるため，「これは金と交換できる紙
です」としたのです。すると，「金と交換できる紙なら安心だ」となるのです。
しかし，金と交換できる紙（兌換紙幣）というからには，国が金を持っていないと
ウソになってしまいます。よって，金保有量にしばられ，自由に発行量を調整する
ことができません。世界恐慌を受けて，世界各国で金本位制は廃止されました。
日本では1897年～（中断あり）～1931年まで採用。

(4) 【❺管理通貨制度】：中央銀行が紙幣の発行量を調整する制度。

「この紙は金と交換できないが，日本国政府が保証するので安心してね」というもの。
世界恐慌を受けて，日本をはじめ，世界各国が採用している通貨制度。
政府による，物価の安定や景気の調整のための政策（→ p.140）がやりやすくなります。

4 章

わたしたちのくらしと経済

➡ 書き込み編 p.40~41

(1) 価格の成り立ち

③
②
①

| 生産者の経費と利益 | 卸売業者の経費と利益 | 小売業者の経費と利益 |

▶ ①[**❶生産価格**]＜②[**❷卸売価格**]＜③[**❸小売価格**]

・生産者と消費者を直接結ぶ[**❹流通の合理化**]もみられる。(右図)

🖋 (流通経路の短縮によって)**流通費用が削減できます。**

消費者は安く商品を手に入れることができます。

🖋 (逆に)品目が少なくなったり，品不足になることもあります。 **どちらも論述に出ます**

(2) [**❺市場価格**]：需要と供給の関係で変化しながら実際に市場で取引される価格。

(自由価格・競争価格ともいう)

★ 「需要」と「供給」の語句の意味を理解しておきましょう。

まずこの語句がわからないと，以下のすべてが何のこっちゃとなってしまいますよ。

需要＝【 **❻買いたい** 】(**❼欲しい**)

供給＝【 **❽売りたい** 】あるいは(**❾つくる**)ということ。

資本主義経済(自由競争市場)では，商品の価格は，需要と供給の関係で変化します。

欲しいと思う人が多い，あるいは商品の数が少ない場合，価格が高くなります。

天候不順で野菜が不作の場合は価格は高くなり，逆に，豊作なら安くなります。

(社会主義経済では，価格は統制されているため，需給関係では変化しません。)

需要が供給を上回ると商品価格は【 **❿上がる** 】…品不足の状態(右図)
供給が需要を上回ると商品価格は【 **⓫下がる** 】…商品が余っている状態

★ **需給曲線**(DS 曲線(D = demand， S = supply のこと))

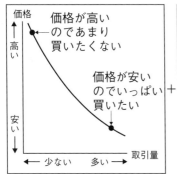

価格が高い
のであまり
買いたくない

価格が安い
のでいっぱい
買いたい

価格↑ 高い 安い↓
取引量 ←少ない 多い→

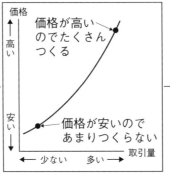

価格が高い
のでたくさん
つくる

価格が安いので
あまりつくらない

価格↑ 高い 安い↓
取引量 ←少ない 多い→

＋

→

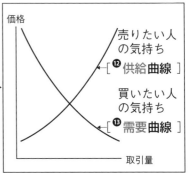

価格

売りたい人
の気持ち
[**⓬供給曲線**]

買いたい人
の気持ち
[**⓭需要曲線**]

取引量

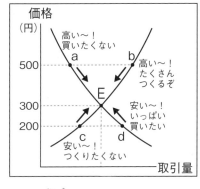

aのとき(500円):買い手はあまり買わない

bのとき(500円):売り手はより多くつくる
　　すると品物が余るので，価格は［**⑭ 下がって** ］いく

cのとき(200円):売り手はあまりつくらない

dのとき(200円):買い手はより多く買う
　　すると品不足となり，価格は［**⑮ 上がって** ］いく

▶こうして需要と供給のバランスがとれてE点(上の場合は300円)で一致する。

(3) 　E点=【**⑯ 均衡価格** 】：需要と供給のバランスがとれたときの価格。 　　衡

市場で価格が変動しながら，**ちょうど需給バランスがとれたときの価格**のこと。
売れ残りも品不足もなく，売りたい人も欲しい人も納得できる<u>理想的な状態</u>となります。

このように，価格に上下によって，需要量と供給量が一致していくことを，
「**価格の自動調節作用**」といいます。

〔例題〕　グラフが変化するパターン

**需要量・供給量は，天候・企業努力・他の企業との競争など，さまざまな要因で変化します。
それにともなって，価格も変化します。**

右のグラフの，需要曲線(D)と供給曲線(S)が交差する
ところをみてください。均衡価格は 40 円です。

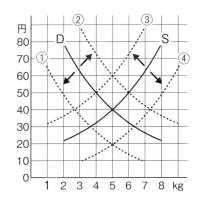

ⓐ豊作でいっぱい採れた，
　あるいは，工場規模が拡大して生産量が増えた場合，
　供給量を表す曲線Sは［**⑰ ④** ］へ移行する。

・逆に，不作だった場合，
　あるいは，災害で工場が使えなくなり生産量が減った場合，
　供給量を表す曲線Sは［　③　］へ移行する。

ⓑテレビで話題になり人気が出た場合，
　需要量を表す曲線Dは［**⑱ ②** ］へ移行する。

・逆に，商品の欠陥が明らかになり，不人気になった場合，
　需要量を表す曲線Dは［　①　］へ移行する。

▶均衡価格に注目して確認してみましょう。

Sが④になる(供給量が増えた場合)均衡価格は 40 円から 30 円に［**⑲ 下がる** ］。

Dが②になる(需要量が増えた場合)均衡価格は 40 円から 50 円に上がります。

・ただ，価格は，需要と供給の関係で決まるものばかりではありません。

現在，日本には数社のケータイ電話会社があり，「家族割り」「データ定額」「大容量プラン」
などのサービスをおこなって，競争をしています。
でも，もしもケータイ電話会社が1社しかなかったら，競争がおこなわれず，
基本料金や通話料など，その1社が自由に価格を決定することができます。
(もちろん商売が成立する範囲内で決めますけどね。)
このように，

(4) 1社によって決定される価格を，【㉒独占価格】といいます。

ある商品の市場を独占している大企業が決めた価格のことです。
でも，「もうかるなら，わが社もやろう」と参入して，競争がおこるので，
厳密には，完全独占市場は成立していません。

寡

独占よりも，実際は，**少数の企業による【㉑寡占】**が一般的です。

寡占状態では，競争相手が少ないので，なるべく高い値段で売って利益を上げようとします。
少数企業によって価格が管理されるので管理価格といいます。
キリン，アサヒ，サントリー，サッポロに代表されるビール産業が代表例です。
近年，ドライビールのヒットでアサヒが売り上げNo.1となりましたが，それまでは，
ずっとキリンのシェア(売り上げにしめる割合)が大きく，キリンが値上げをすれば，
他の会社も価格を上げるといった業界の慣行があります。協定を結んでいるわけではなく，
暗黙の了解で価格が決められています。(キリンがプライスリーダーとなって他社が追随している)

ただ，暗黙の了解で決まる場合は，取り締まることは難しいのですが，
企業が「一緒に値段を決めようぜ」と話し合って，値段や生産量を決めることがあります。
そうすれば，もっともうかるからです。歴史で出てきた座や株仲間と似ていますね。
あるいは，企業が合併して巨大企業となったり，企業集団を形成したりすることもあります。

▼独占の形態

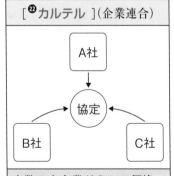

[㉒カルテル](企業連合)

少数の大企業どうしで価格・生産量・販売などを協定しあう。各企業は独立。

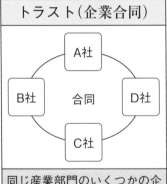

トラスト(企業合同)

同じ産業部門のいくつかの企業が合併して1つの巨大企業となる。

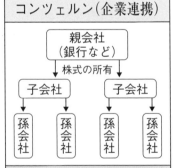

コンツェルン(企業連携)

親会社が，各種の産業部門の企業を資本のうえで支配。財閥もその一種。

しかし，独占状態(あるいは寡占状態)では，

> 🔵 自由競争がおこなわれず価格や生産量の支配が生じるため，消費者に不利益となります。

これ論述に出ます

そのため，原則として，カルテルは

> 【㉓独占禁止法】で禁止されています。

私的独占を禁止し，公正な取引を確保するための法律です。

しかし，一般人が「あの会社はカルテルを結んでいる」と見破ることは難しいことですよね。
ある有名なゲーム機の液晶パネルの受注に関してカルテルが結ばれていたのですが，
一般人には，わかりませんよね(笑)
そこで，

> 【㉔公正取引委員会】が違反かどうかを監視し，独占禁止法を運用しています。

公正取引委員会は，内閣府管轄下の機関です。

・資本主義経済は自由経済です。
　しかし，なんでもかんでも市場原理にまかせていると不都合になることもあります。
　たとえば電気代。あなたの住む地域には電力会社が1社しかありませんよね。
　「今日は暑いので冷房を使う人が多いから，電気代を20%上げます」とされたら
　困りますよね。それに，困ったところで，他の電力会社と契約するわけにもいきません。

・そこで，**電車・電気・ガス・水道料金など**，公共性の高い商品やサービスの価格や料金は，
　国や地方自治体が決定(あるいは許可)することになっています。これを，

(5) 　【㉕公共料金】といいます。

なぜ，このようなしくみがあるのかというと，

> 🔵 【㉖市民生活に与える影響が大きいから】です。これ論述に出ます

参考　2011年の東日本大震災を受けて，
　　　電力の独占状態を改め，競争原理を導入しようとする動きがみられるようになり，
　　　ベンチャー企業などが，風力や太陽光発電した電気を売ることができるように，
　　　発電や送電などの事業を分離した，小規模の発電事業が認められるようになりました。
　　　新規の会社が参入することで競争が起こり，電気料金が下がることも期待できます。
　　　2016年4月から電力の小売自由化がスタート。

20 ▶ 為替相場

➡書き込み編 *p.41*

為替相場とは，外国のお金と日本のお金を交換する時の交換比率のことです。（為替レートともいう）

この語句を答えさせる問題もあります。漢字で書けるようにしましょう。

ニュースで「続いて，円と株の動きです。東京市場，現在は1ドル，○○円から○○円で取引されています。日経平均株価は…」というのをやっていますね。

世界の基軸通貨(中心となる通貨)であるドルに対して，日本円の値動きのことです。

アメリカに旅行に行って，ジュースを買いました。ジュースは1本1ドルです。

「ジュースください」「1ドルです」，

1ドルを払っているシーンを想像してください。

1ドルが100円の時，1ドルのジュースに対して，日本円で100円支払ったことになります。

1ドルが110円の時，「1ドルが100円」の時に比べて，損した気分になります。

同じ商品を買っているのに，10円多く必要だからです。

100が110になった，「数字が増えたから高くなった」と考えてはいけません。

100円で買えた商品が，110円も出さないと買えなくなったのですから，

日本のお金の価値が下がったことになります。

円高のときに比べると，円安のときに海外旅行に行けば損をします。

❶ 円安	1ドル＝100円が1ドル＝110円になる
	…円の価値が[❷下がる]＝ドルの価値が[❸上がる]
	海外旅行に行くと[❹損]・輸出には[❺有利]⇔輸入には[❻不利]

輸出や輸入といわれると難しく思うかもしれませんが，簡単に考えてみましょう。

輸入とは，海外で買い物をすることです。

アメリカでジュースを買うことと，ブラジルから鉄鉱石を輸入することは，同じようなものです。

▶円高か円安，どちらかを確実に理解しておけば，それぞれが逆になります。

❼ 円高	1ドル＝110円が1ドル＝100円になる
	…円の価値が[❽上がる]＝ドルの価値が[❾下がる]
	海外旅行に行くと[❿得]・輸出には[⓫不利]⇔輸入には[⓬有利]

一般の旅行客にとっては，ちょっと損したり，ちょっと得したりするだけですが，

トヨタなど大企業は，為替相場が1円変わると，億単位の差が出ます。そのため，

円高になると，工場など生産拠点を海外に移転させようとする企業が増える可能性が高まります。

関連 「産業の空洞化」（→ p.8）

<table>
<tr><td rowspan="3">円安</td><td colspan="2">1ドル＝100円→1ドル＝120円になる（円安ドル高）</td></tr>
<tr><td colspan="2">

◇日本製AV機器6万円を 輸出 すると
　　1ドル＝100円の時…日本人「これ6万円です」
　　　　　　　　　　　　アメリカ人「600ドルデスネ」（60000円÷100ドル）
　　1ドル＝120円の時…日本人「これ6万円です」
　　　　　　　　　　　　アメリカ人「500ドルデスネ」（60000円÷120ドル）
アメリカ人にとっては価格が**安く**なるので**よく売れる**。（輸出産業にとっては**有利**）
</td></tr>
<tr><td colspan="2">

◆アメリカ産オレンジ1000ドル分を 輸入 すると（輸入＝海外旅行で買い物と同義）
　　1ドル＝100円の時…アメリカ人「コレ1000ドルデス」
　　　　　　　　　　　　日本人「10万円だな」（1000ドル×100円）
　　1ドル＝120円の時…アメリカ人「コレ1000ドルデス」
　　　　　　　　　　　　日本人「12万円だな」（1000ドル×120円）
日本人にとっては価格が**高く**なり，消費者は**損**をする。（輸入産業にとっては**不利**）
</td></tr>
</table>

<table>
<tr><td rowspan="3">円高</td><td colspan="2">1ドル＝120円→1ドル＝100円になる（円高ドル安）</td></tr>
<tr><td colspan="2">

◇日本製自動車120万円を 輸出 すると
　　1ドル＝120円の時は　日本人「これ120万円です」
　　　　　　　　　　　　アメリカ人「10000ドルデスネ」（1200000円÷120円）
　　1ドル＝100円の時は　日本人「これ120万円です」
　　　　　　　　　　　　アメリカ人「12000ドルデスネ」（1200000円÷100円）
アメリカ人にとっては価格が**高く**なるので**あまり売れない**。（輸出産業にとっては**不利**）
輸出に依存する日本経済は円高に弱い（円高不況）。
</td></tr>
<tr><td colspan="2">

◆アメリカの航空機1億ドルを 輸入 すると（輸入＝海外旅行で買い物と同義）
　　1ドル＝120円の時…アメリカ人「コレ1億ドルデス」
　　　　　　　　　　　　日本人「120億円だな」（100000000ドル×120円）
　　1ドル＝100円の時…アメリカ人「コレ1億ドルデス」
　　　　　　　　　　　　日本人「100億円だな」（100000000ドル×100円）
日本人にとっては価格が**安く**なるので消費者は**得**をする。（輸入産業にとっては**有利**）
</td></tr>
</table>

21 ▶ 景気変動 (景気循環)

21 ▶ 景気変動 (景気循環)

➡書き込み編 p.42

▼景気の変動（景気の循環）

	好景気	後退	不景気	回復
倒産 失業				
生産 消費				

1 資本主義経済では，好景気と不景気が繰り返される

資本主義経済は**自由競争**が原則です。

企業は競争に勝とうと生産をおこなうのですが，
社会全体では，余ったり不足したりすることがおこります。
また，このアンバランスを解消しようとして，反動がおこることがあります。

なお，社会主義経済では，政府の計画通りに生産がおこなわれますので，景気は変化しません。
もちろん，計画通りにいかなければ，国そのものが崩壊しますけど。（ソ連など）

(1) 好景気（好況）	景気がいいと，よくモノが売れるので，**企業は生産を増やす。** 工場などは多くの人を雇うようになるので，**失業者が減る。**（＝雇用が増える） 給料が増えるので，買い物も増える＝**消費が増える。** 会社の売り上げが増えると，**労働者の賃金が増える。** すると，もっと買い物をするようになり，会社がもうかる。 会社がもうかると，給料やボーナスも多くなって， 「思い切って車を買い替えよう」「大型テレビも買おう」と，さらに消費が拡大します。 モノが売れると，企業は生産を拡大し，労働者の所得も増える。いい循環ですね。 一方で，需要が高まると（＝買いたいと思う人が多くなると），価格が押し上げられるので， **好景気のときには，物価が[❶上がり]やすい傾向がみられます。** これを【❷インフレーション】といいます。

> ▶**インフレーション**とは，🕐物価が【❸上がり】続けて，通貨の価値が【❹下がる】現象

一般には"インフレ"といいますが，テストでは"インフレーション"のほうがいいでしょう。

・「通貨価値が下がる」というのが難しいかもしれませんね。
　通貨の本当の価値は，その通貨が何と交換できるかによって変わります。
　例えば，100円玉は100円なのですが，今まで100円だった商品が110円になると，
　100円玉とは交換してもらえなくなります。
　つまり，モノの値段が上がると，それに対して通貨の価値が下がることになるのです。

(2) 後退	好景気が続くと，企業は競って生産を増やす。 企業の競争が激しくなる。 生産過剰で，[❺供給]が[❻需要]を上回る＝品物が余る。 商品の売れ行きが悪くなるので，**企業は生産を減らす。**

(3) 不景気 (不況)	競争の結果，**倒産する企業が増える。** 取引先や仕入先も共倒れする，連鎖倒産もあります。 すると，**失業者が増え**（＝雇用が減る），全体的に**賃金が下がる。** 買い物をひかえるようになるので，**消費が減る。** モノが売れなくなると，企業は少しでも買ってもらえるように値下げをする。 「うちのほうが安いよ」「いや，うちはさらに値引きしますよ」…となるので， **不景気のときには，物価が〔❼ 下がり 〕やすい傾向がみられます。** これを【❽ デフレーション 】といいます。

▶**デフレーションとは，🔄 物価が【❾ 下がり 〕続けて，通貨の価値が【❿ 上がる 〕現象**

一般には“デフレ”といいますが，テストでは“デフレーション”のほうがいいでしょう。

・さらに，深刻な状況におちいることもあります。

価格を下げると，会社の収益が悪化します。
そして，労働者の賃金が引き下げられたり，ボーナスが出なかったりすると，
「買い替えはやめよう」「いまのままでいいや」と，ますます消費が縮小します。
大手メーカーの売り上げが落ちると，部品を作っている下請けの中小企業にも波及します。

そして，**物が売れない→もっと値下げする→企業の収益が悪化→**
さらに賃金が下がる→物が売れない…を繰り返す。

いつまでたっても，不景気から抜けられませんね。こういった，

連鎖的悪循環を〔⓫ デフレスパイラル 〕といいます。

・通常の場合，景気が底をうつと，回復の兆しがみられるようになります。

(4) 回復	不景気で生産が縮小されていくと，やがて**需要が供給を上回る**ようになる。 売れないので作らない状態から，作らないので品不足が起こる状態になるのです。 **すると，企業は生産を増やしていき，景気の回復へと向かっていくのです。** また，大きな資本をもつ企業や，生産の合理化などをすすめた優良企業が， 他の企業を買収したり合併したりして，整理統合がすすみます。 強い体質の企業が生き残り，さらに経済が成長していくのです。

参考 〔⓬ スタグフレーション 〕：**不景気でありながら，物価が上がる現象**

不景気のときには，物価は下がる場合が多いが，インフレーションが起こることもあります。
1970年代の石油危機がそうです。
石油価格の高騰に押されて物価も上がり，深刻な不況となりました。

22 ▶ 景気の調整

➡書き込み編 *p.43*

好景気が行き過ぎると，インフレーションになったり，その反動で恐慌がおこったりします。
また，不景気のまま政府が何もしないというのも困ります。（→ **p.140**）
景気変動そのものをなくすことは不可能ですが，行き過ぎを抑える必要があります。

▶景気や物価を安定させるための政策をみていきましょう。

1 【**❶金融政策**】：日本銀行がおこなう景気の調整のための政策

(1) 【**❷公開市場操作**】（オープン・マーケット・オペレーション）

日本銀行が財産的価値のある有価証券を一般の銀行などに売ったり，買ったりすること。
財産的価値のある有価証券とは，国債(国の借金の証書)や，手形などのことで，
お店で買い物には使えませんが，価値があるものです。
日本銀行や一般銀行などが引き受け，そこから一般にも流通します。

◆ 不景気（デフレ）のとき ：日銀は［**❸買いオペレーション**］をおこなう

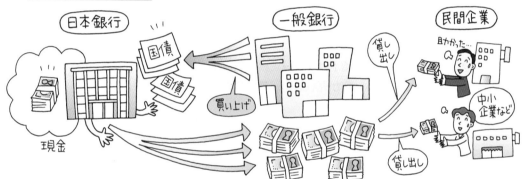

市中銀行を通じて，市中へ出回る通貨量が［**❹増える**］→景気回復につながる。
2011年の東日本大震災の直後，日銀は買いオペをおこなって資金供給量を増やしました。

◇ 景気過熱（インフレ）のとき ：日銀は［**❺売りオペレーション**］をおこなう

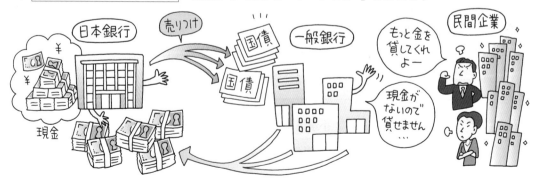

市中に出回る通貨量を減らし，景気の過熱を抑えようとするものです。

(2) 【❻預金準備率操作】(支払準備率操作ともいう)

一般の銀行が預かっている預金の一部を中央銀行に預けさせる割合を調整すること

銀行の金庫には預かったお金があります。

でも，そのお金を全部，貸し出してしまうと，金庫が空っぽになってしまい，

預金をおろしに来た人に，「すみません，返せません」となってしまいます。

そこで，預かっているお金を全部貸してしまわないように，

一定の割合の現金を日本銀行に預けさせています。この割合を預金準備率といいます。

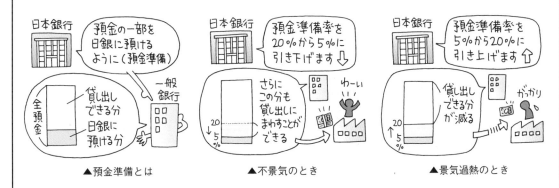

▲預金準備とは　　　　　▲不景気のとき　　　　　▲景気過熱のとき

◆ |不景気（デフレ）のとき| ：預金準備率を［❼引き下げる］

一般銀行から企業などへの貸付が［❽増える］→景気回復につながる。

◇ |景気過熱（インフレ）のとき| ：預金準備率を［❾引き上げる］

全体的な通貨量を減らし，景気の過熱を抑えようとする。

参考　金利政策

以前，日本銀行は一般銀行に貸し出しをおこなうときの利子率を調整することで景気を調整していました。現在は金利が自由化されたので，影響はなくなりました。

なお，この利子率のことを今は，**基準割引率および基準貸付利率**といいます。

2005年までは**公定歩合**といいました。

参考　経済学の変遷

景気や物価を安定させるための政策，日本銀行がおこなうのが"金融政策"。次は，

2 【⑩財政政策】：政府がおこなう景気調整政策

(1) 【⑪公共事業】：国や地方公共団体がおこなう道路・ダム・学校などをつくる事業のこと。

◆ 不景気（デフレ）のとき：公共事業を【⑫増やす】

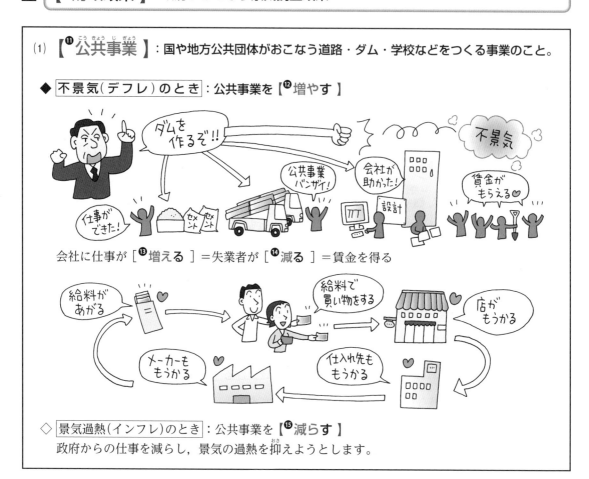

会社に仕事が［⑬増える］＝失業者が［⑭減る］＝賃金を得る

◇ 景気過熱（インフレ）のとき：公共事業を【⑮減らす】
政府からの仕事を減らし，景気の過熱を抑えようとします。

参考 ［⑯社会資本］：道路やダムなど，公共事業でつくられる産業発展や生活に有用な公共財。
インフラ（インフラストラクチャー）ともいう。

おまけ 公共事業バンザイ？

必要な公共事業，有用な公共事業はたくさんあります。（きっと，多くがそうです）
公共事業が，多くの人々の生活を支えていることは，忘れてはいけません。
しかし，ムダではないかと指摘されているものもあります。（諫早湾干拓事業，八ッ場ダム…）
トンネル，ダム，橋，空港など，本当に必要なものならいいのですが，
何十億，あるいは何百億もの税金を使ってまでおこなう必要があるのか，
また，自然破壊につながるおそれはないのか，といったことも考えなければなりません。

公共事業でつくられる建造物のことを，皮肉をこめて"ハコモノ"ということがあります。
建設業者（ゼネコン）と政治家の汚職事件は後をたたず，ゼネコンに天下りした役人も多く，
特定の政治家，官僚，業者が公共事業を食いものにしているとの批判をよくききます。
このような構造となっていることも，ムダ遣いや汚職がなくならない理由のひとつです。

(2) 租税政策（そぜいせいさく）

税率を変えることで，景気に影響（えいきょう）を与（あた）えることができます。

◆ 不景気（デフレ）のとき：【⑰ 減税 】をする

　不景気のときに増税すると，ますます景気を悪化させるおそれがあります。

◇ 景気過熱（インフレ）のとき：【⑱ 増税 】をする

おまけ　**戦争と景気**

古典落語（こてんらくご）に「風（かぜ）が吹（ふ）けば，桶屋（おけや）がもうかる」という噺（はなし）があります。

強風で桶が壊（こわ）れるというオチではありませんよ。

風が吹くと土ぼこりが舞（ま）い上（あ）がります。

すると，土ぼこりが目に入ってしまい，目が見えなくなってしまう人が増えます。

昔は，目の不自由な人は三味線をひいて物乞（ものご）いをすることが多くありました。

歴史（鎌倉時代）で出てきた琵琶法師（びわほうし）も，そういった盲目（もうもく）の芸人です。

三味線（しゃみせん）は原料にネコの皮を使うので，三味線をつくれば，それだけネコの数が減ります。

そして，天敵であるネコがいなくなることでネズミの数が増え，

ネズミが，あちこちで桶をかじるので，桶屋の売り上げが増える。

というものです。

もちろん，この通りになるとは限りません。あくまで落語の噺（はなし）です。

ただ，何がきっかけで景気が動くかはわかりません。

戦争がきっかけになることもあります。

企業にとって大量の物資を消費する戦争はビジネスになります。（朝鮮戦争による特需景気（とくじゅけいき）など）

"戦争は最大の公共事業である"と考えることもできます。

特に武器などを生産する能力があるのは大企業です。

多くの従業員とその家族をかかえ，国家経済の一翼（いちよく）になうほどの大企業です。

戦争反対の声がある一方で，戦争によってもうかる企業（軍産複合体（ぐんさんふくごうたい））もあるのです。

このような構造となっていることも，世界から戦争がなくならない理由のひとつです。

23 ▶ 財政

➡書き込み編 p.44

① 国の歳出・歳入

歳出は，１年で使ったお金のこと（１年間の支出）。

歳入は，１年間の収入のこと。

総額を見てください。（何兆円くらいか）

私立で，時事問題（一般常識）として出題されることがある（記号で）

▼一般会計歳出（2020年度　102.7兆円）

社会保障関係費 34.9%	国債費 22.7	地方交付税交付金 15.2	公共事業 6.7	5.4	5.2	その他 9.9

文教・科学振興費 ── ── 防衛関係費

▼一般会計歳入（2020年度　102.7兆円）

租税・印紙収入 61.9%	公債金 31.7	その他 6.4

（「日本国勢図会」2020/21）

(1) 社会保障関係費

簡単にいえば，困っている人を助けるためのお金です。（内容について→ **p.146**）

〔例題〕

次の**資料Ⅰ**は，日本の社会保障給付費とそれにしめる高齢者に給付する費用の割合
の推移を，**資料Ⅱ**は，日本の総人口と年齢別人口の将来推計を示したものである。
今後も，現在の社会保障の水準を維持していくとすれば，
高齢者に給付する社会保障費の総額はどうなると考えられるか。
また，その場合，社会保障に必要な費用の負担は，どうなると考えられるか。
これらの資料からわかることを"**老年人口**""**生産年齢人口**"の２つの言葉を用いて書け。

統計やグラフを読む問題として出題されます。特に公立の論述にこれとよく似た問題が出ます

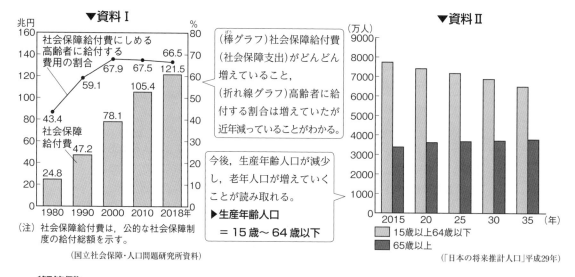

▼資料Ⅰ

（注）社会保障給付費は，公的な社会保障制度の給付総額を示す。

（国立社会保障・人口問題研究所資料）

（棒グラフ）社会保障給付費（社会保障支出）がどんどん増えていること，
（折れ線グラフ）高齢者に給付する割合は増えていたが近年減っていることがわかる。

今後，生産年齢人口が減少し，老年人口が増えていくことが読み取れる。

▶生産年齢人口
＝ 15歳〜 64歳以下

▼資料Ⅱ

15歳以上64歳以下 / 65歳以上

（「日本の将来推計人口」平成29年）

〔解答例〕

❶ 老年人口が増加するので，社会保障の総額は増加し，また，生産年齢人口が減少するので，
（必要な費用をまかなうための）一人当たりの負担は大きくなる。

現在の社会保障の水準を維持する（今と変わらない内容の保障）を続けていこうとすると，
当然，お金が足りなくなりますよね。でも「足りない」とはいっていられません。
現役世代に負担してもらうしかないですね。

▶**少子高齢化がすすむ → 社会保障支出が増える → 働き手の負担が増加する**

(2) **国債費**：借金を返すための費用。**公債金**は国債を発行して借りたお金。

> ▶【❷ 国債 】は，国の借金。（または，借金の証書として発行された紙〈債券〉のこと）

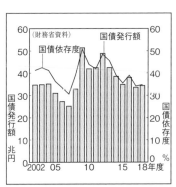

えっ，国が借金？
お金が足りないなら，どんどん印刷すればいいじゃないか。
と思うかもしれませんが，通貨量が増えすぎると，
通貨の価値が下がり，インフレ（インフレーション）になってしまいます。
右の写真はインフレで紙切れ同然となった紙幣です。
第一次世界大戦後，ドイツの通貨（マルク）の価値は1兆分の1に下落しました。
例えるなら，1本120円の缶ジュースが120兆円になるようなものです。

・そこで，お金を集めるために，発行されるのが国債です。
　10年，5年，1年などの期限をつけて発行されます。

◀国債
（現在は電子化されている）

　利率は日々変動します。誰でも購入することができますが，購入は自己責任で。

・日本は，**国債依存度が高い。**
　歳入にしめる借金の割合が多いということです。
　しかも，その割合は増えています。（右グラフ）
　国債依存度が高いことは財政的に不健全です。

(3) 地方財政費：**地方交付税交付金**など

(4) 国土保全開発費：**公共事業費**など

(5) 教育文化費：義務教育や国立学校の費用，科学技術の振興など

▲国債依存度の推移

(6) 防衛関係費：自衛隊の費用など
　割合では少ないが（5～6％），金額にすると多いほうです。（世界のベスト10に入る）
　戦前の日本は，歳出の4割以上をしめていた時期もありました。
　現在でも，国家予算の多くを軍事費に使っている国があります。

(7) その他の支出　テストに出ても難問の部類です

　[❸財政投融資]：国が関係機関や地方公共団体におこなう投資や融資のこと
　政府が特別な債券を発行して集めた資金を（以前は郵便貯金や年金の積立金など）を，
　国民の生活に役立つ（発電所建設や中小企業への貸し出しなど）事業に融資する。
　融資は貸すこと。貸したものなので，返してもらえることになっているが，ずさんな経営で回収不能の事業もある。

　なお，財政投融資は金額が大きく，暮らしや企業に与える影響が大きいため，
　[❹第二の予算]と呼ばれてきましたが，近年はその額が大はばに減少しています。

2 租税の種類

(1) | 直接税は，🔴税を納める人（納税者）と，実際に税を負担する者が同じである税。

難しいですね。次の(2)の間接税との違いを理解してください。

| 個人の収入にかかる【❺所得税】（サラリーマンは給料の何％かを国に納める）

| 会社の収入にかかる【❻法人税】（法人とは，会社や組織を法律上人のように扱う概念）

| 遺産にかかる【❼相続税】（一定額以上の遺産を相続した場合，何％かを国に納める）

(2) | 間接税は，🔴税を納める者と税を負担する者が異なる税。

[❽消費税]や酒税，たばこ税，揮発油税（ガソリン税），関税などです。

消費税を，国（税務署）に払ったことがありますか？
買い物をしたあなたは，税を払わなければなりません。
でも，直接，国に消費税を支払うのではなく，
店の人があなたに代わって払います。
間接的に支払っているので"間接税"といいます。

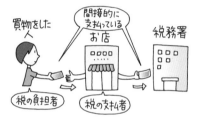

(3) | 【❾累進課税制度】：収入が多いほど所得税の税率が高くなるしくみ。

たくさんの収入がある人ほど（相続税は遺産額に応じて），多くの税を納めることで，
所得（収入）の不平等を減らすことができます。これを"**所得の再分配（機能）**"といいます。
ただ，がんばればがんばるほど，多くの税を払わなければならないことに疑問を持つ人がいてもいいと思いますけどね。

(4) 直間比率：税収にしめる直接税と間接税の割合。

直接税と間接税の比率をどうするか…よく国会で議論されてきました。
日本は世界的にみると，直接税のしめる割合が高いほうなのですが，
間接税に比べると，直接税は景気変動に左右されやすく
（不景気になると給料や会社の利潤が減りますからね），
財源の安定確保のためには，これを見直して，
間接税の割合，早い話が，消費税率を上げようという論議です。

▼国税の内訳（2019年度）
（総務省資料）

印紙収入1.0
酒税2.0　その他9.2　所得税30.8％
揮発油税4.1
総額62.18兆円
間接税等54.2%　直接税
消費税29.5
法人税17.4
その他2.3　相続税3.7

しかし，**消費税の税率が上がると**，生活必需品にかかる割合が大きくなります。すると，
🔴**所得の少ない家計ほど，負担が大きくなってしまいます。**

年収の少ない世帯には，高齢者世帯の割合も大きく，
消費税率を引き上げると，生活がますます苦しくなると考えられます。
しかし，歳出の削減にも限界があり，かといって，国債ばかり発行するわけにもいきません。
今後も少子高齢化がすすむことを考えると，社会保障関係費も切り詰めなくてはならなくなるかもしれません。
難しいですね。

グラフなど，資料をみて正しい文を選べ，あるいは論述でも出題されることがあります。

144

参考 歳入にしめる公債金の割合の推移

（「日本国勢図会」）

	租税・印紙収入	公債金	専売納付金	その他
1934～36年平均 23億円（戦前）	39.0%	38.9	8.3	13.8
1965年度 3兆7230億円（高度経済成長）	80.8%	5.2	4.8	9.2
2020年度 102兆6580億円	61.9%	31.7		6.4

歳出にしめる国債費の割合の推移

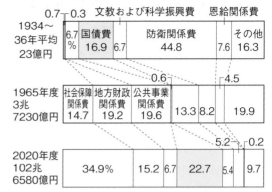

文教および科学振興費　恩給関係費

1934～36年平均 23億円	0.7　0.3　6.7%	国債費 16.9	6.7	防衛関係費 44.8	7.6	その他 16.3

1965年度 3兆7230億円	社会保障関係費 14.7	地方財政関係費 19.2	公共事業関係費 19.6	0.6	13.3	8.2	4.5	19.9

2020年度 102兆6580億円	34.9%	15.2	6.7	22.7	5.4	5.2 0.2	9.7

参考 歳入と歳出のグラフを見比べてください。

歳出にしめる国債費（約23%）よりも，歳入にしめる公債金の割合（約32%）が多い（2020年度）。

返す額よりも，借りる額の方が多いですね。

一般家庭でいえば「お父ちゃん，もう借金やめて～」という状態です。

国家財政と家計を同一視することはできませんが，（不景気の時には財政支出を増やす必要があるので）

健全な状態ではない（プライマリーバランスが悪い）ことは確かです。

2020年末では，国の借金（国債と借入金など）は約1200兆円（国民一人あたり約1000万円）。

資産額が多く（日本は金持ち），多くを国内で買い支えているので，何とかなっていますが，

このままでいいわけはありません。なお，借金は将来，君たちに残されます。

参考 一般的な“保険”のしくみ（次のテーマの予習として）

生命保険やガン保険，自動車保険などのCMを見たことがありますよね。

それらは，一般企業である保険会社が販売している商品です。

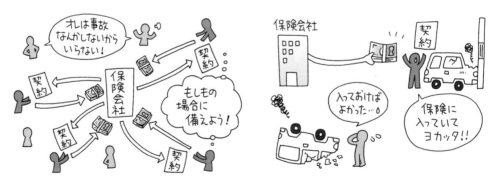

基本的人権のところでも書きましたが,『フランダースの犬』の主人公ネロは,
仕事がなくなり, 収入がなくなって, 行き倒れて死んでしまいました。(→ **p.44**)

実際, 貧困や病気で苦しい生活をしている人がいます。
個人の責任だから, あるいは運命だから, 仕方のないことでしょうか？
また, 今は元気に楽しく暮らしていても, 将来, 失業したり事故に遭ったりするかもしれません。
それも, しょうがないことでしょうか？
誰もが不安をかかえたまま生きていくしかないのでしょうか？
そんな国はイヤですよね。

「みんなで協力してなんとかしましょう」というのが, 社会保障の考え方です。

"人間らしく生きる権利" …覚えていますか？(社会権ですよ→ **p.44**)

▶日本国憲法 [❶ 第 25 条] は【❷ 生存権 】。

① すべて国民は,【❸ 健康 】で【❹ 文化的 】な【❺ 最低限度 】の生活を営む権利を有する。

② 国は, すべての生活部面について,
[❻ 社会福祉],[❼ 社会保障]及び[❽ 公衆衛生]の向上及び増進に努めなければならない。

①は1項, ②は2項です。特に①は重要です。

・社会保障関係費の内訳

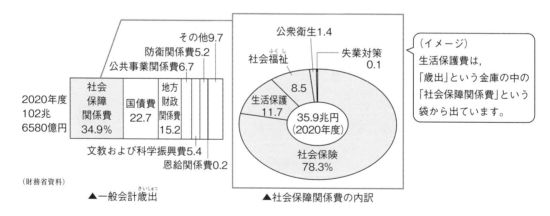

▲一般会計歳出　　　　　　▲社会保障関係費の内訳

▶社会保障は, わたしたちの生活を最終的に保障する, **セーフティネット**のはたらきをします。

1 **❾ 社会保険**

病気・ケガ・失業・老齢など，必要が生じたときに給付を受ける。

▶いざというときに備えて，**あらかじめ一定の保険料を払って，積み立てておきます。**

会社員などサラリーマンは，本人だけでなく会社(事業主，雇用主)も分担して払います。
そして，必要とする人に保険金が給付されます。
なお，足りない分は，税金から支払われます(→社会保障関係費)。

① [**健康保険**]：ケガや病気のとき。**医療保険**ともいう(国民健康保険など)。

保険料を払うと，保険証が交付されます。そう，病院に持っていく保険証です。
あらかじめ保険料を払っている人は，医療費(病院代)の一部を負担するだけで済みます。
一般のサラリーマンの場合，かかった医療費の３割を負担することになります。
保険料を払っていないと，医療費の全額を払わないといけません。
また，元気で病院に行かなかったとしても，支払った保険料で誰かが助かっています。
保険に加入することで，お互いに助け合うこと(相互扶助)になっているのです。

② 【**❿年金保険**】：老後の生活費や，障がいなどのとき。

国民年金は，[**⓫満 20 歳**]になれば，加入が義務化されています。
一般の雇用労働者(サラリーマン)は，土台となる基礎年金(国民年金)に上乗せして
厚生年金に加入できます。また，公務員には共済保険があります。

③ [**⓬雇用保険**]：失業したとき。(**失業保険**ともいう)

会社が倒産，あるいはリストラによって失業してしまった場合，
仕事はなくなるわ，お金はないわ…では，再就職もままなりませんからね。
(ケースバイケースですが，それまでの給料の約 60％×６か月ほどの保険料が支給されます。)

④ [**労災保険**]：仕事上の災害のとき。労働者災害補償保険のこと。

仕事中に大ケガをした場合，「もう仕事はできないね，さようなら」では困ります。
障がいの程度に応じて保険金が給付されます。
その保険料は，雇用者(会社)が全額負担することとなっています。
(仕事の危険度に比例して保険料は高くなります)

⑤ 【**⓭介護保険**】：要介護者や高齢者に対して，行政が介護や支援サービスを提供する。

「うちは老人がいないから関係ないよ」ではなく，
寝たきりなどの要介護者を社会全体で支え合おうというものです。
介護や支援が必要となった人は，費用の一部を負担するだけで，
ヘルパーさんなどを派遣してもらったり，介護施設を利用したりできます。
2000 年から，[**⓮満 40 歳**]以上の人は，保険料を負担することが義務化されました。

❷ ⑮公的扶助

【⑯生活保護】：貧困世帯に対して生活費の支給など。

例えば，事故や病気などで仕事ができなくなり，収入がなくなってしまった場合，
生活保護法に基づいて，生活費が支給される。

多くの資産がある場合や，仕事をすることができるのにしない人はダメですよ。
（年齢や家族構成，収入や財産の状況を総合的に考慮して，月に十数万円ほどが支給されます）

近年，生活保護の受給者が増加し，社会保障関係費の支出にしめる割合が高まっています。

❸ ⑰社会福祉

児童・老人・障がい者など，**社会的弱者の支援と自立をはかる。**

保護者のいない児童や，老人，母子家庭（父子家庭），障がい者など，
社会的に弱い立場の人々の生活を支え，自立をはかるもの。
老人ホームや障がい者福祉施設の建設，ホームヘルパーの派遣をおこなう。

参考 【⑱バリアフリー】：🖐障がいとなる段差などを取り除いていこうとすること。

駅や道路など公共の場では，障がいをもつ人や高齢者などが，
他人の手助けがなくても利用できるように，バリアフリー化がすすめられています。
・交通バリアフリー法が施行され，バスの昇降口の段差をなくした
　ノンステップバスも見かけるようになりました。
・ハートビル法は，デパートやホテルなど，公共性の高い施設は，
　障がい者に優しい設備を設けることを義務化するものです。
・2006年には両者が統合され，バリアフリー新法が成立しました。

▲スロープのある入口

参考 ノーマライゼーション：障がいがあっても普通に暮らせること。

車イスの人が困っていれば，手助けすることは当たり前ですが，
そもそも，車イスの人が困らないような社会にしていこうという考え。

参考 ユニバーサルデザイン：誰もが使いやすいような工夫（または，～工夫されたデザイン）

（または）障がいの有無や年齢，性別や国籍にかかわらず，誰もが使いやすいようにデザインされた製品や施設のこと。

注意 障がい者や高齢者に限りません。

4 ⑲ 公衆衛生

[⑳保健所] の活動・伝染病対策・食品衛生監視・上下水道整備など

注意　保険所となっていませんか？保健所ですよ。
病気になったら社会保険(健康保険)がありますが，
そもそも，病気にならないような環境づくりも大切です。
保健所は，伝染病対策など病気の予防，食品衛生の監視(飲食店の衛生チェックなど)
などを，おこなっています。

おまけ　アンパンマンの世界に保健所があったら，バイキンマンは撲滅され，
ジャムおじさんはパン工場にイヌを入れないように指導されることでしょう(笑)

■ 社会保障制度の整理 ■ (答え→ p.147 〜 149)

1	：病気・ケガ・失業・老齢など，必要が生じたときに給付を受ける
2	：貧困世帯に対して生活費の支給など(生活保護)
3	：児童・高齢者・障がい者など，社会的弱者の支援と自立をはかる
4	：保健所の活動・伝染病対策・食品衛生監視・上下水道整備

■ 社会保険制度の整理 ■

・【　　　　　保険】…ケガや病気のとき

・【　　　　　保険】…老齢や障がいを負ったとき

・[　　　　　保険]…失業したとき(失業保険ともいう)

・[　　　　　保険]…仕事上の災害のとき

・【　　　　　保険】…介護が必要なとき

参考　年金問題

将来，年金がもらえるのか，額が少なくなるのではないかなど，不安に思う人も多く，
また，年金の種類が何種類もあって，ややこしい上に，支払う保険料と受け取る保険金に違いがあるなど
不公平感があります。年金を一元化しようとする改革がおこなわれるという話もあります。
近年，年金を担当する社会保険庁(厚生労働省の管轄)が，ずさんな管理をしたため，
保険料を払っていたのに，年金が受け取れなくなったり，金額を減らされたりする，
「消えた年金」の問題が表面化しました。

▶ 2010年：年金を管理してきた社会保険庁が廃止され，**日本年金機構**となりました(→ p.111)。

■公民の経済分野で特に覚えておくこと■

（よく出るので，すぐに開いて調べやすい
最後の見開きページにあります）

1【 クーリング・オフ （制度）】：（訪問販売やキャッチセールスで）契約をした日から

【 8 日 】以内なら無条件で取り消せる

（マルチ商法では 20 日以内）

2【 PL 法（製造物責任法）】：【 欠陥 商品 】は会社が責任をもつ

3 需要と供給

需要＝[買いたい （ 欲しい ）]

供給＝[売りたい （ つくる ）]

需要が供給を上回ると商品価格は【 上 がる 】

供給が需要を上回ると商品価格は【 下 がる 】

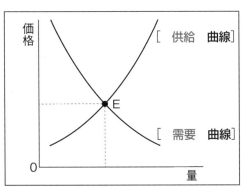

4【 均衡 価格 】：需要と供給が一致したときの価格（E点）

5[独占 価格]：ある商品の市場を独占している大企業が決めた価格

実際は完全独占よりも，少数の企業による【 寡占 】が一般的

▶独占の形態：[カルテル]・トラスト・コンツェルン

🕐独占状態では自由競争がおこなわれず価格や生産量の支配が生じるため消費者に不利益

【 独占禁止 法 】で禁止←【 公正取引委員会 】が監視と法の運用

6【 公共料金 】：国や地方公共団体が決定（許可）する商品やサービスの価格や料金

電車・電気・ガス・水道料金など🕐市民生活に与える影響が大きいから

7 外国為替相場

円安	1ドル＝100円→1ドル＝110円になる…円の価値が[下 がる]＝ドルの価値が[上 がる] 海外旅行に行くと[損]・輸出には[有利]⇔輸入には[不利]
円高	1ドル＝110円→1ドル＝100円になる…円の価値が[上 がる]＝ドルの価値が[下 がる] 海外旅行に行くと[得]・輸出には[不利]⇔輸入には[有利]

8 株式会社

(1) 資金を集めるために【 株式 】を買ってもらう(株式を買うことで会社に出資してもらう)

(2) 株主(株式を買った人)は【 有限 責任 】：会社が大赤字でも株券がパーになるだけ

(3) 株主のメリット：会社に利益があれば出資額に応じて【 配当 】がもらえる

(4) 株式会社は最高機関である【 株主総会 】の決定で運営される

(5) 株主総会では【 持ち株数 】に応じて議決権を持つ(1人1票ではない)

9 日本銀行：【 発券 銀行 】【 銀行 の銀行 】【 政府 の銀行 】

10 【 管理通貨 制度 】：中央銀行が紙幣の発行量を調整する制度(金本位制度に代わる)
世界恐慌以降に各国が採用(日本も)・紙幣と金の交換はできない

11 景気変動

【 インフレーション 】：物価が上がり続けて，通貨の価値が下がる現象

【 デフレーション 】：物価が下がり続けて，通貨の価値が上がる現象

12 【 金融 政策 】：日本銀行がおこなう
　◆不景気の時には【 買い オペレーション 】をおこなう
　◆不景気の時には預金準備率を【 引き 下 げる 】

13 【 財政 政策 】：政府がおこなう
　◆不景気の時には公共事業を【 増や す 】&【 減 税 】

14 直接国税：【 所得 税 】【 法人 税 】【 相続 税 】

15 【 累進課税 制度 】：給料が多いほど所得税の税率が高くなるしくみ(相続税は遺産額)
所得の再分配(所得の不平等をやわらげる)の機能がある

16 社会保障制度の4つの柱
　【 社会保険 】【 公的扶助 】【 社会福祉 】【 公衆衛生 】

5章 地球社会とわたしたち

25 ▶ 国際連合

➡ 書き込み編 p.46

第一次世界大戦の後につくられたのが国際連盟,
第二次世界大戦の後につくられ,現在あるのが国際連合。
当たり前のように区別できていますよね。

1 目的

①世界の平和と安全を守る,②国際協力をすすめる,③人権と自由を守る

2 成立と加盟国数の増加

・[❶1945 年] 4月(終戦の少し前)に開催されたサンフランシスコ会議で,
国際社会の憲法ともいわれる国際連合憲章を採択,終戦後の 10 月に **51 か国**で成立しました。
本部は[❷ニューヨーク]におかれています。

・日本が国連に加盟したのは,[❸1956 年]。
[❹日ソ共同宣言]により,ソ連と国交を回復したことがきっかけです。
「恨み解くころ国連加盟」歴史でもよく出てきます。セットで押さえておきましょう。

重要 地域別加盟国数の推移(新たに独立した国が加盟することで,加盟国数が増えた)

▼国連加盟国数の推移

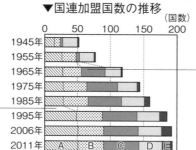

1960 年代:44 か国増加
1960 年は[❺アフリカの年]
といわれる(17 か国が独立)

1990 年代:29 か国増加
1991 年に[❻ソ連解体]

A…ヨーロッパ(旧ソ連含む)
B…アジア　　　C…アフリカ
D…南北アメリカ　E…オセアニア

・2002 年,東ティモールとスイスが加盟。
東ティモール(カトリックが多い)は,インドネシア(イスラム教徒が多い)から独立。
スイスは 19 世紀初めから永世中立を宣言しています。
国の安全を守るために友好国と同盟を結び「攻撃されたら一緒に戦おう」というやり方を集団的
安全保障といいます。NATO などがそうです。

これに対して,永世中立とは,どこの国とも同盟を結ばず,どの戦争にも関与しない姿勢を示す
ものです。他国の戦争には関与しないだけであって,戦争をしないということではありません。
なお,国連加盟の前からスイスには ILO,WHO などの国連機関の本部が置かれています。

・2006 年,モンテネグロが加盟。(ユーゴスラビアという国が分裂し,さらにセルビアと分かれた国)
・2011 年,南スーダンが加盟。(アフリカのスーダンが南北に分裂)

・**2021 年現在の加盟国は**【❼193 か国】(バチカン市国などは非加盟)

参考 国連分担金

国連の運営に必要なお金のことです。日本は多いですね。
でも,常任理事国にはなっていません。(常任理事国→ **p.153**)
ドイツや日本は第二次世界大戦の敗戦国ですからね。

(2019 ~ 21 年)
(国連資料)

▲国連分担金

参考 国際連盟

成　　立：第一次世界大戦後の 1920 年(本部は [**❽ジュネーブ**(**❾スイス**)])

問題点：①全会一致の原則…一国でも反対があると有効な決議ができない

　　　　②大国の不参加…アメリカの不参加・ソ連とドイツは遅れて加盟

　　　　③武力制裁が出来ない…経済制裁だけでは不十分

　　　　　▶結局，第二次世界大戦を防ぐことができなかった。

3 [**❿総会**]：国連の最高機関

ニュースなどでは「国連総会での演説で…」といいますが，

国連の最高機関は？と聞かれた場合，"総会"だけでもいい。

(1)　各国 1 票の議決権を持つ。

(2)　多数決制を採用。(新たな加盟国の承認などの，重要事項は出席投票国の 3 分の 2 以上の多数決)

4 【**⓫安全保障理事会**】：世界の平和を守るための主要機関

(1)　常任理事国＋非常任理事国＝計 15 か国で構成。

平和に対する脅威や侵略行為に対して，経済制裁や国交断絶などを加盟国に呼びかける。

また，**国連軍による武力制裁を実施することもできる。**

国連平和維持活動(PKO)として，紛争地域に国連平和維持軍(PKF)を派遣する。

(2)　【**⓬常任理事国**】：【**⓭米・英・仏・ロ・中**】の5か国。

五大国ともいう。簡単にいうと世界の番長です。核兵器をもっている強い国です。

なお，現在はロシアですが，1991 年まではソ連でした。

覚え方 それぞれの頭文字をとって「アイちゃんフロの中」(あるいは「アフロ注意」) **地理でも出ます**

・一般事項は 15 か国のうち，9 か国以上の賛成で議決されます。しかし，

重要事項の議決において，**五大国は【⓮拒否権】を持っています。**

たとえすべての理事国が賛成しても，

五大国のうち 1 つでも反対すれば，なかったことになります。(五大国一致の原則)

「そんなのずるい，平等じゃない」と思うかもしれませんが，

核をもつ強国が反対しているのに，決めてしまうのは現実的ではありません。

第三次世界大戦になれば，人類は滅亡してしまうかもしれないですからね。

(3)　**非常任理事国**：[**⓯10 か国**]で構成されます。

任期は [**⓰2 年**] で，毎年半数が改選されます。

日本は常連ですが，続けて選ばれることはできないことになっています。

5 事務局

国連の各機関の運営などをおこなう。

トップは事務総長。任期は5年で再選も可能。

2007年から韓国のパン＝ギムン(潘基文)，2017年からポルトガルのグテーレス。(2020年現在)

6 国際司法裁判所

国際法上の問題の解決をめざすもので，[⑰ハーグ(⑱オランダ)]にあります。

難関私立の地理でも出ることがあります

細かいことをいえば，戦争や紛争を裁くのは，当事者双方(戦っている両方)から，求められた場合だけです。
積極的に裁判にかけて判決を下すことはありません。また，判決に強制力はありません。

7 経済社会理事会

国際的な経済的・社会的問題の調整や解決をめざす。

現在も，世界各地で紛争が続いています。

特に，植民地時代の国境に分断され，複雑な民族構成となったアフリカや中東(西アジア)，

旧ソ連を構成していた国や地域などでは，紛争が絶えません。

(ソ連は，独立運動をさせないように，わざと民族を分断するように国境などを定めていたこともありました。)

紛争の解決をはかるため，PKO(国連平和維持活動)があります。

平和執行部隊，停戦監視団，復興支援部隊などを派遣し，ときには戦車や戦闘機など武力を使うこともあります。日本も，PKO協力法(国連平和維持活動協力法)に基づいて，カンボジアやシリアなどに自衛隊を派遣しています。(日本は武力介入ではなく，選挙監視や復興支援が任務です。)

しかし，PKOが成功しないこともありました。

大国は自国の利益にならないことには消極的で，自国の犠牲者が出ると，途中で手を引いてしまうこともあり，かえって混乱をまねいたこともありました。(ソマリアなど)

武力で停戦させただけでは，紛争の根源となった問題は解決されません。

例えるなら，ケンカしている子どもをぶん殴って気絶させて，静かにさせたようなものです。

紛争の原因はさまざまですが，宗教や民族が違うから，ということだけが原因ではなく，

多くの場合，紛争の根底には，経済的不平等，貧困などの問題があります。

もし，言葉や習慣といった違いが殺し合う理由なら，動物，いや昆虫以下です。

宗教や民族が異なっても，人々は共存してきたのですから。

家族や子どものことを思うあまり，不満や不安は，怒りや憎しみとなってしまいます。

そこで現在は，人々の不満や不安を取り除く活動が注目されるようになっています。

参考 「戦争は人の心の中で生まれるものであるから，人の心の中に平和の砦を築かなければならない」

(ユネスコ憲章前文)

食料や医療の援助，教育の普及や技術協力，復興や経済支援，貿易問題の仲裁など，

さまざまな分野にわたっています。

受験生は少なくとも，その名称とアルファベット略称を覚えておきましょう。(→ p.155)

26 ▶ アルファベット略称

➡書き込み編 p.47

1 国連関連

★は特に大事！

❶ ・UN	国際連合

United(連合), Nations(国家)

これ自体が出題されることはめったにないが, UN は国連, これ世界の常識。

2020 年現在の加盟国は 193 か国。

❷ ★PKO	国連平和維持活動

Peace(平和), Keeping(維持), Operations(活動・作業・作戦)

停戦監視・選挙監視・復興支援など, 平和の創造のための軍事行動。

日本は 1992 年, PKO 協力法を制定, 自衛隊がカンボジアへ派遣した。

❸ ★UNICEF	国連児童基金

もとは, UN, International(国際的な), Children's(子どもらの),
Emergency(緊急), Fund(基金・資金・財源)

その後, 正式名称は United Nations Children's Fund になったが,

UNICEF の略称はそのまま使うことになっている。(小文字で unicef と書くこともあります)

「飢えた子にミルクを」発展途上国や戦災・災害を受けた子どもたちの援助をおこなう。

黒柳徹子氏が親善大使(在任 1984 年～)。

テストではユニセフとカタカナで答えてもいい場合も多い。

❹ ★UNESCO	国連教育科学文化機関

UN, Educational(教育), Scientific(科学), and Cultural(文化の), Organization(機構)

世界遺産を決めている。

教育・科学・文化に関する協力をすすめ, 世界の平和と安全に貢献する機関。

「戦争は人の心の中で生まれるものであるから, 人の心の中に平和の砦を築かなければならない」

テストではユネスコとカタカナで答えてもいい場合も多い。

❺ ★WTO	世界貿易機関

World(世界), Trade(貿易), Organization(機関・組織)

貿易に関することを話し合う機関。対立や紛争の解決, 交渉の場。

1995 年, GATT(関税と貿易に関する一般協定)がパワーアップして発足。

❻ ★WHO	世界保健機関

World(世界), Health(保健・健康), Organization(機関・組織)

人々が健康に暮らせるように活動。新型コロナウイルスなどの感染症や, 伝染病対策も。

❼ ・IAEA	国際原子力機関

International(国際), Atomic Energy(原子力), Agency(機関・代理人)

核の国際的監視と管理，開発をおこなう機関。北朝鮮の核開発のニュースで出てくる。

❽ ・ILO	国際労働機関

International(国際), Labor(労働), Organization(機関・組織)

労働条件の改善をおこなう機関。女性の社会進出に関する出題とも関連することがある。

❾ ・IMF	国際通貨基金

International(国際), Monetary(お金の・通貨の), Fund(資金・基金)

国際金融を支える機関。通貨の安定などに必要な資金を融資する。(融資：資金を都合すること)

❿ ・IBRD	国際復興開発銀行(世界銀行)

International(国際), Bank(銀行), for Reconstruction(復興・再建), and Development(開発)

発展途上国などの復興と開発のための資金を融資する組織。

IMF とともに戦後の国際金融を支えてきた。

日本も敗戦後，東名高速道路や愛知用水の建設などで融資を受けた。

⓫ ・UNEP	国連環境計画

United, Nations, Environment(環境), Programme(計画)。

環境を守るための国際協力の中心となる機関。

⓬ ・WFP	世界食糧計画

(United, Nations,)World(世界), Food(食糧), Programme(計画)

学校給食の支援など，食糧欠乏国や天災などの被災国に対して援助をおこなう機関。

世界の 7 人に 1 人は飢えているといわれ，現在でも世界の死因の 1 位は，餓死(飢え死)です。

⓭ ・UNCTAD	国連貿易開発会議

United, Nations, Conference(会議), on Trade(貿易), and Development(開発)

発展途上国の貿易の推進をはかる。

⓮ ★UNHCR	国連難民高等弁務官事務所

Office of the UN, High-Commissioner(高等弁務官), for Refugees(難民)

難民の保護や援助をおこなう。(平和的な帰還や移住を助ける)

国連難民高等弁務官だった緒方貞子氏(在任 1991 ～ 2000 年)が載っている公民の教科書がある。

⓯ ★SDGs	国連加盟国が 2030 年までに達成するために掲げた目標

Sustainable Development Goals(持続可能な開発目標)→ SDGs(エス・ディー・ジーズ) と読む

極度の貧困や飢餓の撲滅，教育の普及，人や国の不平等の解消，地球環境を守ることなど，

17 のゴールと 169 のターゲットがある。2015 年，国連サミットで採択された。

2 地域統合など

⑯ ★EU	ヨーロッパ連合(欧州連合)

European(ヨーロッパの), Union(連合)。※欧州とはヨーロッパ州のことですよ。

⑰ ★ASEAN	東南アジア諸国連合

Association(連合), of South(南)－East(東), Asian(アジアの), Nations(国々)

東南アジアの国々が, 経済や貿易などで協力しましょうという組織。

現在, **10か国**(フィリピン・ベトナム・タイ・マレーシア・ブルネイ(ブルネイ＝ダルサラーム)・シンガポール・
インドネシア・ミャンマー・ラオス・カンボジアが加盟)…東ティモール以外のすべて。

⑱ ★NATO	北大西洋条約機構

North(北), Atlantic(大西洋), Treaty(条約), Organization(機構)。

西側資本主義諸国による軍事同盟。(アメリカやイギリス, フランスなど)

冷戦時代は, 社会主義諸国の軍事同盟である「ワルシャワ条約機構」と対峙していた。

⑲ ★APEC	アジア太平洋経済協力会議

Asia(アジア), Pacific(太平洋), Economic(経済), Cooperation(協力)

アジアと太平洋をとりまく国々の協力体制。経済やテロ, 伝染病の対策など。

⑳ ★OPEC	石油輸出国機構

Organization(組織・機構), of the Petroleum(石油), Exporting(輸出), Countries(国々)

世界の石油市場を支配していたアメリカなどの大企業に対抗するために,

石油を輸出している国が「一緒に値段を決めようぜ」という組織。

石油の生産量を管理し, 価格決定の主導権をにぎり, 世界経済を左右するようになった。

1973年の石油危機は, 歴史でも出てくる。

㉑ ★NIES	新興工業経済地域

Newly(新しい), Industrializing(工業), Economies(経済)。Sは複数形

「最近, 工業や経済が成長している国または地域」のこと。

NIEsとも書くことがありますが, NISEと書いてはいけません。NISEはニセですよ。

ブラジルやメキシコなど世界各地でNIESといわれている国がありますが,

特にアジアの成長国(韓国・台湾・香港・シンガポール)を「アジアNIES」という。

㉒ ★BRICS	21世紀の成長国

人口や資源埋蔵量などから, 21世紀に経済成長するであろう国々。

B＝ブラジル, R＝ロシア, I＝インド, C＝チャイナ(中国), S＝南アフリカ共和国

㉓ ★TPP	環太平洋経済連携協定(環太平洋パートナーシップ協定とも)

Trans, Pacific(環太平洋), Partnership(Trans-Pacific Strategic Economic Partnership Agreementとも)

太平洋沿岸の国々が経済協力をすすめ，例外なき関税の撤廃をめざすもの。

2010年，菅政権が参加を検討すると表明した。日本にとって関税の撤廃は，工業製品などの輸出には好都合といわれるが，農業など深刻な打撃をうけると予想される分野もあるため，賛否が分かれていた。日本は2017年に締結。協定は2018年12月に発効した。

アメリカ脱退前の2016年の協定と区別して，**TPP11(TPP11協定)**ともいう。

参考

㉔ ★USMCA	米国・メキシコ・カナダ協定

US・M・CのAgreement(協定)。2020年7月に発効。

それまでの**NAFTA**(北アメリカ自由貿易協定)にかわる，自由貿易協定。

「**新NAFTA**」ともいわれた。

㉕ ・CIS	独立国家共同体

旧ソ連を構成していた国々のゆるやかなまとまり。1991年，ソ連の解体後に成立。

多くの国が核兵器を持ったまま独立したので，その管理をロシアにまかせた。

3 その他

㉖ ★NGO	非政府組織

Non(否定のノー)，Governmental(政府の)，Organization(組織)

国際的なボランティア団体のこと。赤十字や国境なき医師団など。

㉗ ★NPO	非営利組織(民間非営利組織，非営利法人)

Non(否定のノー)，Profit(利益)，Organization(組織・機構・団体)

民間のボランティア団体のこと。NGOが国際的なのに対して，地域社会で活躍する組織。

㉘ ★ODA	政府開発援助

Official(公式な・政府の)，Development(開発)，Assistance(援助)

アシストやアシスタントは，助ける・補佐すること。

先進国が発展途上国に対しておこなう経済援助のこと。もちろん税金を使っておこなわれる。

贈与(あげること)・無利子でお金を貸す・利子をとってお金を貸す・技術協力などがある。

㉙ ・JICA	国際協力機構

Japan International(国際)，Cooperation(協力)，Agency(機関・代理人)

ODAの一環として，**青年海外協力隊の派遣などをおこなっている組織。**

㉚ ・GNP	国民総生産

Gross(全体の・総)，National(国民の・国家の)，Product(生産)

国の経済規模を示す数値。一国における1年間の最終生産物の合計額(材料費などを引く)。

どれだけモノを作ったかを数値化し，国の経済力(豊かさ，貧しさ)の指標とするもの。

日本は1968年にGNPが世界2位となった。

最近は使わなくなった。(GDPを使うようになったので)

㉛ ★GDP	国内総生産

Gross(全体の・総)，Domestic(国内の・家庭の)，Product(生産)

国の経済規模を示す数値。近年GNPに代わって使われている。

GNPから海外での生産物の額を引いたもの。

あくまで経済規模であって，国民が幸せかは別問題ですよ。

(2019年，1位アメリカ，2位は中国，3位日本，4位ドイツ)

㉜ ・GNI	国民総所得

Gross(全体の・総)，National(国民の・国家の)，Income(収入・所得)

国内総生産に海外からの利子や配当などの所得を加えたもの。国民総生産と同じようなもの。

日本の一人当たりのGNIは30位くらい。

㉝ ・OECD	経済協力開発機構

Organization(機構)，for Economic(経済)，Co-operation(協力)and Development(開発)

経済の安定成長と貿易拡大をはかり，また，発展途上国に援助や支援の調整をおこなう。

子どもたちの学力調査，貧困率の調査などもおこなっている。

㉞ ・IPCC	気候変動に関する政府間パネル

Intergovernmental(政府間)，Panel(研究班・専門家会議)，on Climate Change(気候変動)

温暖化に取り組み，2007年，ゴア(元アメリカ副大統領)とIPCCがノーベル平和賞を受賞。

㉟ ・PPP	汚染者負担の原則 (ピーピーピー，トリプルピーと読む)

Polluter(汚染者)，Pays(支払う)，Principle(原則・主義)

公害や産業廃棄物で汚した者(会社)が，損害賠償や環境整備の費用を支払う原則。

㊱ ・NPT	核拡散防止条約 (核不拡散条約とも)

Nuclear(核)，Non-Proliferation(不拡散)，Treaty(条約)。

アメリカ，ロシア，イギリス，フランス，中国，以外の核兵器の保有を禁止する条約。

核兵器を保有するインドとパキスタンなど「不平等だ」といって未加盟，

核保有を疑われているイスラエルも未加盟。北朝鮮は核開発をめぐる査察要求に反発して

1993年に一時脱退を表明。現在の加盟国は191か国(2020年)。

㊲ ・INF 全廃条約	中距離核戦力全廃条約

Intermediate-Range Nuclear Forces Treaty

アメリカとソ連の軍縮条約。1987年，締結。2019年，失効。

難関私立で出題されたが，米ソだけの条約であることと，当時はソ連であったことがポイント。

㊳ ・CTBT	包括的核実験禁止条約

Comprehensive(包括的)，Nuclear-Test-Ban(核実験)，Treaty(条約)

あらゆる空間(宇宙空間，大気圏内，水中，地下)での爆発をともなう核実験を禁止する条約。

部分的核実験禁止条約を発展させたもの。1996年に締結されたが，現在も発効していない。

㊴ ★PL法	製造物責任法

Product(生産・製造)，Liability(責任を負う)，Law(法・法律)。

製品の欠陥によって消費者が被害を受けた場合，会社がその責任を負う。

「製品の欠陥」がキーワード。(消費者保護→**p.123**)

㊵ ・ISO	国際標準化機構 (アイエスオー，アイソ，イソなどと読む)

International(国際)，Organization(組織)，for Standardization(基準化・規格化)

国際的なスタンダード(基準)を定め，認証を与えている組織。

誰かが「これはいい」といっても，別の人にはそう思えないことがあります。

でも，「あのISOが認めた」となれば，国際的に通用しますよね。

ISO9000～は高品質を，ISO14000～は環境保全を保障する。

工場の入口やトラックなどに「ISO14000を取得」と書いてあるものを見かける。

もちろん公民の教科書でも見かける。

㊶ ・IT	情報通信技術 (ICTともいうことがある。CはCommunication)

Information(情報)，Technology(技術)。インターネットのテクニックではありません。

㊷ ・POSシステム	販売時点情報管理システム

Point of sale system

コンビニやスーパーなどのレジで「ピッ」と計算しているときに，いつ，何が，いくつ売れたか，

(購入者の年齢層，性別，当日の天気なども)といったデータが集計されるシステム。

経営者やコンビニの本部は，「この時間帯は○○が売れるなあ」といったことがわかり，

商品の開発や在庫の管理，発注に役立つ。

㊸ ・EEZ	排他的経済水域 (経済水域とも)

Exclusive(排他的)，Economic(経済)，Zone(範囲・水域)。

自国の沿岸から200海里以内(領海をのぞく)の範囲。**水産資源や鉱物資源を独占することができる。**

■アルファベット略称一覧■

1 国連関連

❶ ・UN	国際連合	❷ ★PKO	国連平和維持活動
❸ ★UNICEF	国連児童基金	❹ ★UNESCO	国連教育科学文化機関
❺ ★WTO	世界貿易機関	❻ ★WHO	世界保健機関
❼ ・IAEA	国際原子力機関	❽ ・ILO	国際労働機関
❾ ・IMF	国際通貨基金	❿ ・IBRD	国際復興開発銀行
⓫ ・UNEP	国連環境計画	⓬ ・WFP	世界食糧計画
⓭ ・UNCTAD	国連貿易開発会議	⓮ ★UNHCR	国連難民高等弁務官事務所
⓯ ★SDGs	国連加盟国が達成すべき目標	追加が あれば	

2 地域統合など

⓰ ★EU	ヨーロッパ連合	⓱ ★ASEAN	東南アジア諸国連合
⓲ ★NATO	北大西洋条約機構	⓳ ★APEC	アジア太平洋経済協力会議
⓴ ★OPEC	石油輸出国機構	㉑ ★NIES	新興工業経済地域*①
㉒ ★BRICS	21世紀の成長国*②	㉓ ★TPP	環太平洋経済連携協定
㉔ ★USMCA	米国(アメリカ)・メキシコ・カナダ協定(新NAFTA)		
㉕ ・CIS	独立国家共同体　旧ソ連諸国	追加が あれば	

*① (アジアNIES　特に韓国・台湾・香港・シンガポールのこと) , *② (ブラジル・ロシア・インド・中国・南アフリカ)

3 その他

㉖ ★NGO	非政府組織	㉗ ★NPO	非営利組織
㉘ ★ODA	政府開発援助	㉙ ・JICA	国際協力機構　青年海外協力隊派遣
㉚ ・GNP	国民総生産	㉛ ★GDP	国内総生産
㉜ ・GNI	国民総所得	㉝ ・OECD	経済協力開発機構
㉞ ・IPCC	気候変動に関する政府間パネル	㉟ ・PPP	汚染者負担の原則
㊱ ・NPT	核拡散防止条約	㊲ ・INF全廃条約	中距離核戦力全廃条約
㊳ ・CTBT	包括的核実験禁止条約	㊴ ★PL法	製造物責任法
㊵ ・ISO	国際標準化機構	9000シリーズは高品質を保障 14000シリーズは環境保全を保障	
㊶ ・IT(ICT)	情報通信技術	㊷ ・POSシステム	販売時点情報管理システム
㊸ ・EEZ	排他的経済水域	追加が あれば	

	国際連合（2020 年現在 193 か国）
	国連平和維持活動（日本も自衛隊海外派遣）
	国連児童基金（「飢えた子にミルクを」・親善大使に黒柳徹子氏）
	国連教育科学文化機関（世界遺産を決める）
	世界貿易機関（GATT が発展して発足・貿易問題の調整と解決）
	世界保健機関（新型コロナウイルスなど伝染病対策や麻薬取締まり）
	国内総生産（GNP から海外生産の額を引いたもの・近年 GNP より重視）
	ヨーロッパ連合（欧州連合）（2020 年現在 27 か国）
	北大西洋条約機構（冷戦時代～西側諸国の軍事同盟）
	米国（アメリカ）・メキシコ・カナダ協定（NAFTA に代わる協定・新 NAFTA とも）
	東南アジア諸国連合（東南アジア 10 か国の経済協力）
	石油輸出国機構（産油国の利益を守る・1973 年，石油危機を引きおこす）
	新興工業経済地域（アジアでは韓国・台湾・香港・シンガポール）
	アジア太平洋経済協力会議（アジア，太平洋地域の国々が参加）
	環太平洋経済連携協定（環太平洋パートナーシップ協定とも）
	政府開発援助（発展途上国への公的な援助）
	非政府組織（国際的なボランティア組織）（赤十字社や国境なき医師団など）
	非営利組織（民間ボランティア組織）
	情報通信技術（インフォメーション・テクノロジー。ICT ということもある）
法	製造物責任法（製品の欠陥があれば企業が責任を持つ）
	国連加盟国が掲げた目標

ユニセフ(UNICEF)　IT　ODA　OPEC　NIES　ASEAN　SDGs
ユネスコ(UNESCO)　TPP　WHO　GDP　NPO　APEC
UN　PKO　NGO　WTO　NATO　USMCA　PL　EU

・このページのものは特に大事なものです。
　アルファベット略称の問題の多くが，ここから出ています。

■ アルファベット略称トレーニング ■（これだけは）

UN	
PKO	
UNICEF	
UNESCO	
WTO	
WHO	
GDP	
EU	
NATO	
USMCA	
ASEAN	
OPEC	
NIES	
APEC	
TPP	
ODA	
NGO	
NPO	
IT(ICT)	
PL法	
SDGs	

・テストでは記号で選択肢式の問題が多いのですが，日本語で書きなさいというものもあります。

・論述問題です。冷戦とはどのようなものか，説明しなさい。

ポイント ①何と何が対立していたのか。(主語がないと文章として変ですよ)
②実弾が飛び交う「熱戦」とは違うということが伝わること。

✏️ ❶米ソの二大超大国を軸に，資本主義諸国と社会主義諸国が，
直接戦火を交えず，経済面・軍事面で対立しあっていた状態。

(あるいは)

米ソを中心とする資本主義諸国と社会主義諸国が，
直接戦争をすることなく，にらみあっていた状態。

(もっと簡単に書けば)

アメリカとソ連を中心とする，直接戦火を交えない対立。

冷戦状態を「鉄のカーテンがある」と表現されたこともありました。
また，核兵器開発だけでなく，宇宙開発競争などもその一例です。
人類初の有人宇宙飛行を成功させたソ連に対し，
アメリカはアポロ11号で人類を月へと送りました。
人間を宇宙に送ることができるということは，核ミサイルだって
衛星軌道で他国まで飛ばす能力があるということを，
世界に見せつけることにもなりますからね。
また，同じ経済体制の国を増やして勢力を拡大しようと，
競って発展途上国の支援をしました。

西側の【❷資本主義】陣営は，【❸アメリカ】を中心とする西欧諸国です。

西側・東側といいますが，地理的な意味での東西ではありません。
強いていえば，戦後，分裂した東ドイツと西ドイツを境に東西ということです。
日本は極東に位置するといっても，それはヨーロッパから見ての東の端ですからね。
冷戦に関していえば[❹日本]は西側の資本主義側になります。

自由主義陣営ということもありますが，テストでは資本主義陣営のほうがいいでしょう。
また，資本主義経済を自由経済や自由主義経済ということもあります。

西側諸国の軍事同盟を【❺北大西洋条約機構(NATO)】といいます。

NATOは「ナトー」と発音します。**日本は西側ですが，加盟していませんよ。**

もし，同盟国への攻撃があれば，自国への攻撃とみなして共同で戦います。
例えばフランスが攻撃を受けた場合，イギリスやアメリカも一緒に反撃をおこないます。
こうすることで自国の安全を守る「集団的安全保障」といいます。

・社会主義と資本主義は前述しましたので，「あれ？」という人は(→ p.124)

東側の【⁶社会主義】陣営は，【⁷ソ連】を中心とする東欧諸国などです。

社会主義経済を計画経済ということもあります。

東側も NATO に対抗する軍事同盟として【⁸ワルシャワ条約機構】をつくりました。

なおソ連の解体とともに 1991 年に解散しました。

・米ソは核兵器を保有して対峙していました。
　もしミサイルを発射すれば，飛んでくるまでの時間で確実に反撃します。
　次は，そのような緊張した状況の下での話です。

(1) ドイツ

ドイツは第二次世界大戦に負けて米英仏ソによって分割占領されました。
1949 年，東西に分裂し，「西ドイツは資本主義の国」（ドイツ連邦共和国）
　　　　　　　　　　　　　「東ドイツは社会主義の国」（ドイツ民主共和国）となりました。

1961 年には，冷戦の象徴といわれる【⁹ベルリンの壁】が建設されました。

しかし，社会主義そのものが崩壊すると，
1989 年に壁は撤去され，1990 年，東西ドイツは統一しました。

▲ベルリンの壁の崩壊

(2) 中国

戦後，内戦がおこりました。いや，おこったというより再開ですね。
戦時中は「抗日民族統一戦線」を結んで協力していた，

[¹⁰国民党（中国国民党）] と [¹¹共産党（中国共産党）] が再び対立を始めました。

1949 年　[¹²蔣介石] が率いる国民党政府は【¹³台湾】に逃れ，

蔣

1949 年　共産党の【¹⁴毛沢東】が中華人民共和国を建国しました。

台湾は資本主義，中華人民共和国は社会主義と，
違う経済体制をとり，異なる政府が存在する別の国のようですが，
中華人民共和国政府が台湾を国土の一部であると主張しており，
国際社会の認識も，ほぼそのようになっています。
国連は台湾に国歌も国旗もあることを認識しつつも，国家としての加盟を認めていません。
オリンピック委員会はチャイニーズ・タイペイという名称で，中国と別枠での参加を認めています。
現在，日本は中華人民共和国政府を中国唯一の正式な政府として承認しています。
でも台湾とも（国ではないので国交とはいいませんが），友好的な関係が続いています。

5章

地球社会とわたしたち

(3) 朝鮮半島

朝鮮半島は日本の植民地支配の終了後，1948年[❶北緯38度線]を境に，

> 北に[❶ソ連]の援助で［朝鮮民主主義人民共和国(北朝鮮)]，
>
> 注意 北朝鮮とも呼ばれますが朝鮮とはいいません。国名として朝鮮と書いてはダメですよ。
>
> 南に[❶アメリカ]の支援で［大韓民国(韓国)]が建国されました。
>
> そして【❶1950年】【朝鮮戦争】がおこりました。

「隣で戦争ひどく困る」(ことはなかったけど)
中国義勇軍が北朝鮮を，アメリカを中心とする国連軍が韓国を支援するなど長期化し，
1953年に休戦協定が結ばれました。現在も休戦中で，国交は回復していません。
軍事境界線の位置する[❶板門店]などで，南北会談が続けられています。
板門店は，何かの店ではありませんよ，地名です。

参考 朝鮮戦争の経過

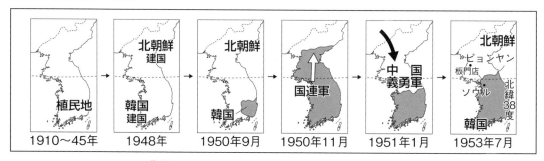

注意 朝鮮戦争によって，分裂したのではありませんよ。
すでに分かれていた2つの国が戦ったのです。

(4) ベトナム

> ベトナムは[❷フランス]から独立を宣言しました。(1945年)

戦時中，インドシナ半島は日本が支配していましたが，フランスの植民地です。
独立を宣言すると，独立を認めないフランスとの戦争となりました。(インドシナ戦争)
フランスが撤退した後，「北ベトナムの社会主義政権」(ベトナムの北部は社会主義の中国と接しています)
と「南ベトナムの資本主義政権」に分かれて戦いが続きました。

> 1965年 【❷アメリカ】が軍事介入し，いわゆる【❷ベトナム戦争】となりました。

アメリカは，社会主義勢力の拡大を阻止しようと軍事介入したのです。
ドロ沼の戦闘の結果，1973年，アメリカ軍が撤兵，
1976年には南北ベトナムは統一され，「ベトナム社会主義共和国」となりました。

なお，朝鮮戦争やベトナム戦争などは，"米ソの代理戦争"といわれています。

(5) **キューバ**

1962 年，社会主義国となったキューバに，ソ連製ミサイルの配備計画が持ち上がると，
「核戦争突入か？！」という緊迫した事態がおこりました。
これが[^㉓**キューバ危機**]です。
キューバの位置は，アメリカのすぐ近くです。
アメリカは怒って海上を封鎖，米ソ全面核戦争かという緊急事態となりましたが，
結局，首脳会談（ケネディーとフルシチョフ）でミサイル計画は白紙撤回となりました。
以後，両国は核兵器削減の道をさぐることとなりました。

(6) **アジア・アフリカ**

【^㉔**1955 年**】【^㉕**アジア・アフリカ会議** 】が【^㉖**バンドン**（^㉗**インドネシア**） 】で**開催**。

「行くぜGOGOバンドンへ」ＡＡ会議，バンドン会議ということもあります。
アジア・アフリカの国々が植民地支配の反対と[平和 10 原則]を発表，
これにより独立の気運が高まり，各地で独立が達成されました。

・多くの国が独立したアジア・アフリカ・ラテンアメリカ諸国は
 [^㉘**第三世界**（**第三勢力**）]と呼ばれました。
 社会主義・資本主義のどちらでもない勢力という意味です。国連加盟国の半数を超えました。

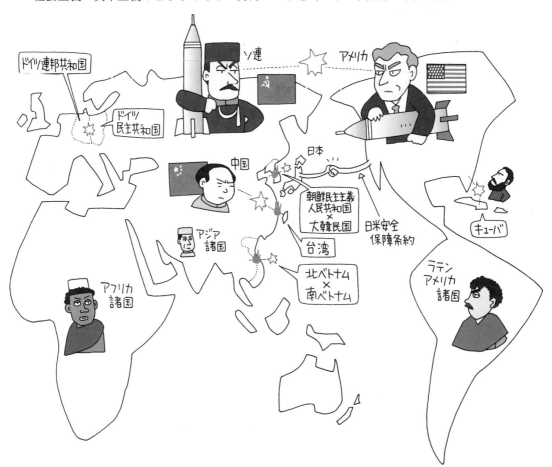

28 ▶ 軍縮・冷戦終結

➡書き込み編 *p.49*

1 軍縮のあゆみ(1950年代〜)

冷戦を背景に，米ソはより強力な核兵器の開発をめざして，実験を繰り返していました。

1954年，アメリカが南太平洋のビキニ環礁で水爆実験を実施，

この時，日本のマグロ漁船[❶第五福竜丸]が放射能を含む「死の灰」をあびて23名が被曝，

うち1名が死亡するという事件がおこりました。

これを受けて翌1955年，**第1回原水爆禁止世界大会が**[❷広島]で開催されました。

世界に原水爆の禁止を訴えるもので，今も毎年開かれています。

1962年，前述の**キューバ危機**を契機に，米ソが歩み寄りをみせるようになりました。

あわや核戦争かという危機を経験しましたからね。

> 1963年，米英ソは[部分的核実験停止条約(PTBT)]を結びました。

しかし，核保有国のフランスと中国は不参加で，地下実験は可という中途半端な約束でした。

> 1968年，【❸核拡散防止条約（NPT）】が結ばれました。(→ p.161)

これ以上核兵器の保有国を増やさないためのものです。「核不拡散条約」ともいいます。

現在，世界のほとんどの国が加盟しています。

> 1968年，[佐藤栄作内閣]は【❹非核三原則】を表明しました。

「持たず，つくらず，持ちこませず」を日本の核兵器に対する基本方針としました。

なお，佐藤首相はノーベル平和賞を受賞しました。

1972年 [SALT Ⅰ(米ソ戦略兵器制限交渉)]

1979年 [SALT Ⅱ(米ソ戦略兵器制限交渉)]

これは，米ソが戦力のバランスを保とうとするもので，(軍備を管理し戦略的安定性の強化を目的とするもの)

軍縮自体が目的ではないといわれますが，米ソが交渉によって歩み寄りをみせ，緊張緩和がすすんだといえます。

▶ **1970年代の米ソの緊張緩和を**[❺デタント]といいます。

2 冷戦の終結と現代の世界(1980年代〜)

二大超大国のソ連ですが，その社会主義体制は内部崩壊してしまいました。

簡単にいうと「がんばってもがんばらなくても平等なら…」ということになり，

経済が停滞してしまったのです。ノルマだけでは，人はやる気がでなかったのです。

みんな同じ成績なら，がんばって勉強しようとは思いませんよね。それと同じです。

・そこで，経済を立て直すため，

　1985年，ソ連の[❻ゴルバチョフ]が[❼ペレストロイカ](ロシア語で改革)をおこないました。

　しかし，後に失敗に終わりました。

> 1987年，米ソは【❽中距離核戦力全廃条約（INF全廃条約）】を結びました。(→ p.160)

先ほどのNPT(核拡散防止条約)は世界のほとんどの国が加盟していますね。

INF，つまり中距離核戦力を所有していない国までもが全廃というのも変ですね。

INFを所有している**米ソの条約**であることを押さえておきましょう。

1989 年【⁹ マルタ会談 】で，アメリカとソ連は冷戦の終結を宣言しました。

ブッシュ(父)とゴルバチョフによる会談です。
マルタは地中海の島国で，EU 加盟国です。

1989 年　冷戦の象徴[¹⁰ ベルリンの壁]が取り壊され，翌年東西ドイツは統一しました。

1991 年[戦略兵器削減条約(START Ⅰ)]が結ばれました。
　　　米ソ間の条約です。戦略兵器 3 割削減が決められました。

[¹¹ バルト三国](エストニア・ラトビア・リトアニア)がソ連から分離独立，ついに
[¹² 1991 年][¹³ ソ連解体]となりました。

「悔いが残るぜソ連邦」
現在はロシア連邦を中心とする [¹⁴ CIS（独立国家共同体）]という，
ゆるやかな結びつきになりました。ソ連時代に各地に配備した核兵器を管理する必要があるからです。
連邦を構成していた国々が，核兵器をもったまま独立してしまっては，新たな脅威になりかねませんからね。

1993 年[戦略兵器削減条約(START Ⅱ)]が結ばれました。
　　　米ロ間の条約です。戦略兵器の保有量を $\frac{1}{3}$ まで削減することが決められました。

参考　このページの軍縮条約は，テストでは難問の部類です。とりあえず，
　　　"米ソの条約""米ロの条約""世界中の多くの国の条約"かの区別はしましょう。

1996 年【¹⁵ 包括的核実験禁止条約(CTBT) 】が結ばれました。(→ p.161)

地下実験も含めてすべての爆発をともなう核実験を禁止するというものです。
しかし，条約は発効していません。(有効なものとして拘束力をもつにいたっていない)
核開発に成功したインドとパキスタン，また北朝鮮などが批准していないからです。

ただし，実験を禁止しても，コンピューターシミュレーションが出来る国による，核戦力の独占が続くことになります。
また,アメリカなどは核を持っているが,その他の国が持ってはいけないという理屈に納得できないという話もあります。

1999 年　[対人地雷全面禁止条約]が発効しました。世界中の多くの国が加盟しています。

2009 年　アメリカの【¹⁶ オバマ大統領 】がノーベル平和賞を受賞しました。
　　　　チェコのプラハでの演説など，核兵器のない世界をめざす姿勢が評価されました。

2017 年　[¹⁷ 核兵器禁止条約]が国連で採択。(2021 年 1 月に発効)
　　　　ICAN(核兵器廃絶国際キャンペーン)がノーベル平和賞を受賞。
　　　　なお，多くの核保有国と日本はこの条約に反対している。
　　　　(日本が反対するのはアメリカの核に守られていることが理由)

おまけ　「核抑止力論」という考え方があります。
　　　　相手より強力な核兵器を持つことで戦争を防ぐことができるというものです。
　　　　米ソは戦争をしませんでしたので，核によって平和が実現したということもできます。
　　　　核兵器が平和をもたらした…？でも，なんだかどこかが根本的に違うような気もします。
　　　　皮肉をこめて「恐怖の下の平和」「核の傘に守られる」などといわれることもあります。

➡書き込み編 *p.50*

1 日本の主な発電所

若狭湾

【❶原子力発電所】

・臨海部(沿岸部)に分布(原子炉の冷却水が必要)

・都市部から離れた，臨海部に立地している。

　注目 福井県の【❷若狭湾】沿岸。
　　　新潟県(柏崎刈羽)・宮城県(女川)・福島県など。

・発電時に CO_2 が出ない。

・放射能もれや，放射性廃棄物の危険性の問題がある。
　ディズニーランドの隣に原発…って，ありえない。

※東日本大震災で福島第一原子力発電所の重大事故が起こる。

【❸水力発電所】

・山間部に分布。

・発電時に CO_2 が出ない。

・設置は地形に制限される。
　落差のあるダムが必要で，平野部での設置は難しい。
　また，都市部への送電設備なども含め，建設費用が高い。
　なお，電気は送電中に減ってしまうそうです。

・発電量が不安定
　降水量の変化に左右される(夏の水不足など)。

・第二次世界大戦前は，日本の発電の中心だった。

【❹火力発電所】

・臨海部(沿岸部)に分布

🔧 **【❺燃料の輸入に便利】だからです。**
　原油などの燃料は海外からの輸入に依存している。

・工業地帯(工業地域)や都市部などに設置。
　電力消費の多い地域に近く，効率よく送電できる。

・発電時に CO_2 が出る。
　地球温暖化の一因であるといった問題がある。

・発電量が安定している(天候などに左右されない)。

・しかし，原油や天然ガスのほぼ100%を輸入している。

2 日本の発電割合の変化

ポイントを押さえておきましょう。
空欄にあてはまるのは何発電か？という問題や
後述の外国と比べる問題が出てきます。

・戦前は主力だった水力発電の割合が減少。
・火力発電がメイン。
・クリーンエネルギーは，近年増加している。
　（太陽光発電や風力発電など→右図のその他参照）

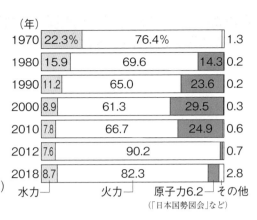

(年)				
1970	22.3%	76.4%		1.3
1980	15.9	69.6	14.3	0.2
1990	11.2	65.0	23.6	0.2
2000	8.9	61.3	29.5	0.3
2010	7.8	66.7	24.9	0.6
2012	7.6	90.2		0.7
2018	8.7	82.3		2.8

水力┘　　　火力┘　原子力6.2┘└その他
（「日本国勢図会」など）

参考　**クリーンエネルギー（再生可能エネルギー）**

自然の力を利用してつくられ，二酸化炭素など，環境に負担をかけないエネルギー。
太陽光発電，風力発電，波力発電，潮力発電，地熱発電，バイオマス発電などのこと

参考　**バイオマスエネルギー**

バイオ＝生物体に含まれる有機物を利用して得られるエネルギー。
おもに，家畜ふん尿，おがくずや木材加工で出る端材，稲わらなどを，
微生物を使って発酵させて得られたガスやエタノールなど。
またそれを使っておこなう発電を**バイオマス発電**という。

重要　2011年3月11日，**東日本大震災**による，福島第一発電所の事故以降，
以降全国の原発が順次停止された（2012年5月，一時的に原発はゼロになった）。
再稼動するか，廃炉か，今後の電力政策の動向が注目される。

3 世界の発電のポイント

複数のグラフから，どれが日本か？あるいはどこの国か？
を選ぶ問題がよく出ます。特に「フランスが原子力」がよく出ます。

水力発電が多い国	❻ カナダ	❼ ブラジル	ノルウェー

原子力が約70%の国	❽ フランス

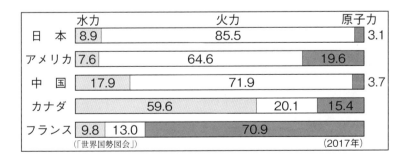

	水力	火力	原子力	
日　　本	8.9	85.5		3.1
アメリカ	7.6	64.6	19.6	
中　　国	17.9	71.9		3.7
カ ナ ダ	59.6	20.1	15.4	
フランス	9.8	13.0	70.9	

「世界国勢図会」　　　　　　　　　　（2017年）

30 ▶ 地球環境問題

➡書き込み編 p.51

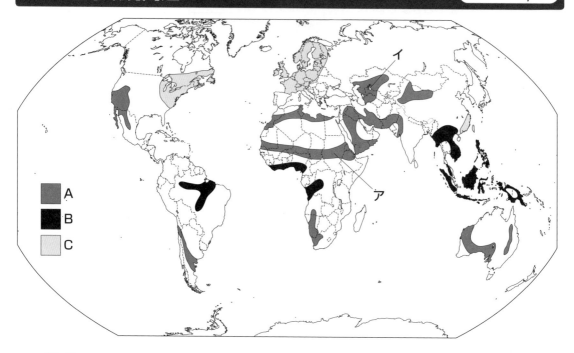

1 | A **❶砂漠化がすすむ地域**

諸説ありますが，毎年約6万km²(九州＋四国)が不毛の地になっているとの報告もあります。
場所を確認しておこう。当然ですが，**砂漠の周辺でおこります**。砂漠が拡大するのです。

原因は，<u>干ばつ(日照り)・家畜の過放牧・過剰な穀物栽培・燃料用薪の伐採のしすぎ</u>など。

ア：サハラ砂漠南部の【**❷サヘル地域** 】**・チャド湖の面積が縮小。**
イ：アラル海は，近い将来地図から消えるかもしれないといわれた。場所は**カスピ海の隣**。

2 | B **❸熱帯林の破壊がすすむ地域**

場所を確認しておこう。**熱帯林は**[**❹赤道**]**付近に分布しています。**

原因は，<u>先進国の木材輸入のための伐採・熱帯林地域の開発・過剰な焼畑農業</u>など。

ブラジルでは【**❺アマゾン川** 】**流域の，セルバと呼ばれる熱帯林の破壊がすすむ。**
鉱山開発や，バイオエタノールの生産のためにサトウキビ畑をつくっている。

東南アジアの国々では，森林の伐採で山肌がむき出しになったところに，
スコールが降るので，土砂が海に流れ出て海洋汚染もおこっている。

3 C **❻酸性雨の被害が激しい地域**

原因は，工場や自動車などから排出される硫黄酸化物や窒素酸化物など。
つまり，[**❼工業**]が盛んな地域や人口の多い地域でおこります。

[**❽偏西風**]によって汚染物質が国境を越えて広がっています。

ヨーロッパ最大の工業国といえば，ドイツですね。ルール工業地域，覚えていますか？
ドイツで出た煙が，隣国のポーランドの森林にも被害を及ぼしています。
また，中国から出た煙が流れてきて，世界遺産の屋久島の木々にも被害が出ています。

4 地球温暖化

原因：石油や石炭などの[**❾化石燃料**]の大量消費によって排出された
二酸化炭素などの【**❿温室効果ガス**】の増加。

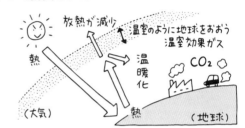

石油や石炭は，大昔のプランクトンや植物が変化した
ものなので，化石燃料という。

海面の上昇で，ツバル(太平洋の島国)や，
ポルダー(オランダの干拓地)が水没する
といった話は聞いたことがあると思います。
それだけでなく，地球規模の気候変動の原因となるといわれます。

5 **⓫オゾン層の破壊**

南極大陸上空にできたオゾンホールの写真が地図帳などに載っています。

原因は，【**⓬フロンガス**】。
人体には無害ですが，大気圏上空のオゾン層を破壊します。
IC製品などの洗浄・エアコンや冷蔵庫の触媒・ヘアースプレーにも使用されていました。
最近では，フロンガスを使用しない「ノンフロン」の製品が増えました。
ただ使用を止めても，すでに排出されたものが数年かけてゆっくりとオゾン層を破壊します。

オゾン層が破壊されると，太陽光線に含まれる有害な紫外線の量が増加します。
皮膚ガンの増加など生物に悪影響を及ぼします。また，CO_2以上の温室効果があります。

31 ▶ 環境問題への取り組み

➡書き込み編 *p.52*

1967 年【❶公害対策基本法 】制定。

1960 年代の日本は [❷高度経済成長] の時代で，環境よりも開発が優先されることがありました。
また，公害問題に対応するため，1971 年に [❸環境庁] が発足しました。
ところで，四大公害病は完全暗記していますか？

1971 年【❹ラムサール条約 】は [❺水鳥] の生息地として重要な [❻湿地] を守るもの。

水鳥が生きられないようでは，いずれは人間の生活にも悪影響が出ます。
なお，以前は釧路湿原や琵琶湖といった登録地が出題されましたが，
今は数が増えたので，登録地はあまり出ない。"水鳥" と "湿地" がキーワードです。
ちなみに，ラムサールはイランの都市です。

1972 年 [国連人間環境会議] が [❼ストックホルム（❽スウェーデン）] で開催。
「かけがえのない地球」をテーマに人間環境宣言を採択，環境の重要性を発信しました。

1972 年 [❾国連環境計画（UNEP）] 設立。
環境を守るための国際協力の中心となる機関。(→ **p.156**)

1972 年 [世界遺産条約] が，国連の【❿ユネスコ総会 】で採択されました。(ユネスコ→ **p.155**)

1985 年 [ヘルシンキ議定書]：酸性雨原因物質削減にかかわる取り決め。
1985 年 [ウィーン条約]：オゾン層保護にかかわる取り決め。
1986 年 [⓫チェルノブイリ原発] が爆発事故(旧ソ連の原子力発電所・現ウクライナ)。
1987 年 [モントリオール議定書]：フロンなどオゾン層破壊物質にかかわる取り決め。
1989 年 [バーゼル条約]：産業廃棄物の国外移動を規制(ゴミは自国で処理せよ)
　　　　　　　　　　　　　自国のゴミを輸出という形で他国に処分させることを禁止。

注意　チェルノブイリ原発事故はよく知られています。
　　　ヘルシンキ議定書～バーゼル条約は，載っている教科書もあり，
　　　実際に私立入試で出題されたこともあります。でも，超難問の部類です。
　　　相当，余裕があるなら覚えてみましょう。

1992 年【⓬地球サミット 】が【⓭リオデジャネイロ（⓮ブラジル） 】で開催されました。

正式には国連環境開発会議という。約 180 か国が参加。
「持続可能な開発」をめざす [⓯リオ宣言]（環境と開発に関するリオ宣言）を採択。
また，温室効果ガスの排出量の削減をめざす，気候変動枠組条約(地球温暖化防止条約)
が結ばれました。これを具体化したのが 1997 年の京都議定書。(→ **p.175**)
具体的な環境保全の行動計画を列挙した「アジェンダ 21」もつくられました。

1993 年【⑯環境基本法】：公害対策基本法をパワーアップ。

公害にとどまらず総合的な環境対策のための基本法。

1997 年【⑰地球温暖化防止京都会議】→【⑱京都議定書】採択（2005 年発効）。

具体的な CO_2 排出削減の数値目標を設定しました。日本は－6％です（1990 年に比べて）。

1997 年［ 容器包装リサイクル法 ］
　　　　消費者に分別，行政に回収，企業に再利用を義務付けるもの。
　　　　リサイクルしやすいように，容器にリサイクルマークが表示されている。（→ p.176）

1999 年【⑲環境アセスメント法（環境影響評価法）】

ダムや高速道路などの大規模工事をする前に，
自然環境に与える影響をあらかじめ調査（評価）することを義務付けるものです。
建設してから「希少動物が絶滅した～」「騒音の被害が出た～」では遅いですからね。

2000 年［⑳循環型社会形成推進基本法 ］（2001 年施行）…長いですね。（公民の重要用語で1番長い）

循環型社会をめざすために国，企業，国民の果たすべき役割についての目標を定めるものです。

循環型社会とは，🔁**廃棄物を減らしリサイクルをすすめ，資源を繰り返し使う社会。**
あるいは，　　🔁リサイクルをすすめ廃棄物ゼロをめざし，環境への負担を減らす社会。

2001 年［ 環境庁 ］が【㉑環境省】に格上げされました。
　　　　省になると大臣がおかれ，予算面などで有利になります。

2001 年［ 家電リサイクル法 ］・2005 年：［ 自動車リサイクル法]（→ p.123）
　　　　テレビ，冷蔵庫，パソコンなど家電製品や，車の処分費用を負担することを定める。
　　　　ただ，残念なことですが，「お金がかかるなら，こっそりどこかに捨ててしまおう」
　　　　と考える人もいて，不法投棄の問題もおこりました。

2015 年【㉒ SDGs 】が国連サミットで採択された（エス・ディー・ジーズ）と読む。
　　　　国連加盟各国が 2030 年までに達成するために掲げた目標。
　　　　極度の貧困や飢餓の撲滅，教育の普及，人や国の不平等の解消，
　　　　地球環境を守ることなど，17 のゴールと 169 のターゲットがある。

2016 年【㉓パリ協定】が発効（COP21 で決定）（→ COP は下に記述）
　　　　先進国，発展途上国に関わらず，すべての国に温室効果ガスの削減目標を作成し，
　　　　先進国は発展途上国を資金的に助けるなど，具体的な行動計画を示すもの。
　　　　1997 年の京都議定書以来の新たな気候変動（環境問題）に関する国際的な枠組み。

毎年　　［㉔COP（＋数字）］（国連気候変動枠組条約締約国会議）が開催されている。
　　　　第○回目の Conference of the Parties（会議，関係国）のこと。
　　　　国連気候変動枠組条約締約国会議は「COP ＋数字（回数）」。
　　　　なお第3回（COP 3）は 1997 年の地球温暖化防止京都会議。

(1)	【❶ エコマーク 】	(2)	【❷ リサイクルマーク 】

(3)	【❸ 循環型社会 】：廃棄物を減らしリサイクルをすすめ、資源を繰り返し使う社会。 (環境への負担を減らすため、リサイクルをすすめる社会)（→ p.175）

(4)	ゴミを減らす３R：［Reduce ＝削減・Reuse ＝再使用・Recycle ＝❹ リサイクル(再生利用)］

廃棄物を有効活用し、社会全体の廃棄物をゼロにするとりくみをゼロエミッションといいます。

(5) 【❺ 脱炭素社会 】：二酸化炭素(CO_2)の排出量が限りなく少ない社会(低炭素社会)

(6) 【❻ カーボンニュートラル 】：排出される CO_2 と吸収される CO_2 が同じという考えのこと

(7) ［❼ カーボンオフセット ］：排出した CO_2 などを植林などで吸収し±０にしようとすること。

排出した CO_2(カーボン≒二酸化炭素)をオフセット(相殺≒プラスマイナスゼロ)すること。
植林や森林保護、クリーンエネルギー開発、発展途上国への技術支援など。

(8) ［❽ バイオエタノール ］：植物を原料とするアルコール燃料。(バイオ燃料とも)

さとうきび や とうもろこし などの穀物を原料とする燃料で、ガソリンに混ぜて使われます。
植物は二酸化炭素を吸収して成長するので、燃焼して二酸化炭素を排出しても、
プラスマイナスゼロ(±０)になるというものです。
「地球に優しい燃料」として注目されています。

しかし、大豆畑や とうもろこし畑にするために、
熱帯林が伐採されている地域があるといわれています。
また、燃料生産のために穀物が品不足となり、
価格が高くなってしまうということもおこっています。
そうすると、発展途上国にまで食料がゆきわたらなくなってしまうことになります。

バイオ燃料の生産が増える→穀物が不足する→発展途上国の食料事情が悪化する
ということも一部で起こっています。

(9) ［❾ 排出権取引 ］：削減目標を達成した CO_2 などの排出量を、他の国や企業に売買すること。

決められた排出目標を達成した国は、「うちで余った分を売りますよ」と、
オーバーした国に CO_2 の排出枠を売ることができるしくみ。(**排出枠取引**とも)
そんなことまで商売にしようとしているのか、という批判もありますが、
ビジネスが成立することで、削減のための努力を引き出す効率的な手段であるともいえます。

(10) ［❿ 都市鉱山 ］：廃棄された家電製品に有用な資源が含まれていることのたとえ

(11) [⑪フード・マイレージ]：食料輸送にかかるエネルギーを数値化したもの。(食料の重さ×運んだ距離)

数値化することで，輸送にかかったエネルギーについて考えるきっかけにしようというもの。
商品を運ぶには，ガソリンなどのエネルギーを消費し，CO_2 を排出しますからね。
食料自給率のとても低い日本は，海外から多くの食料を輸入しています。
たくさんマイレージがたまっていますよ。世界でトップクラスです。うれしくないですね。

> 参考　生産地で消費することを，"地産地消" といいます。
> 高知県で作った なす を高知県(やその周辺)で食べるといった場合です。
> でも，高知県産の なす の多くは，フェリーやトラックなどで，
> 大阪などの大消費地へと運ばれています。(輸送園芸農業といいます)

(12) [⑫ナショナルトラスト運動]：開発から自然を守るため土地を買い上げる住民運動。

多くの市民が，少しずつ土地を買うことで，開発業者が土地を買収しにくくし，
美しい自然や環境を守り伝えていこうとすること。
このように，ほんの少しの面積の土地を買って参加している人々を一坪地主といいます。

(13) [⑬ヒートアイランド現象]：舗装がすすんだ都市部でおこる夏場の異常高温現象。

都市部は，アスファルトやコンクリートばかりで，緑地が少ないですからね。
だからといって冷房をつけると，室外機の熱でもっと暑くなってしまいます。

(14) [⑭クールビズ]：冷房温度を上げるため，薄着をすること。(ノーネクタイなど)

(15) [⑮パークアンドライド]：都市部に自家用自動車を乗り入れないように，
　　　　　　　　　　　　　　　　郊外に駐車して，公共交通機関を利用するようにするしくみ。

(16) [⑯マングローブ]：熱帯地方の海岸に育つ木。

東南アジアでは，えび養殖などのため伐採がすすんでいるところもあります。

(17) [⑰エルニーニョ現象]：[⑱ペルー沖]の海水温度が異常上昇する現象。

数年周期でおこり，世界的な異常気象の原因という説もある。
逆に，異常低温になる現象をラニーニャ現象という。

(18) 【 ⑲ワンガリ＝マータイ氏 】：環境保護活動家・ノーベル平和賞

ケニア人の女性。「モッタイナイ」という日本語を広めたことでも知られる。(2011年死去)

33 ▶ カタカナ語　　　➡書き込み編 p.54〜57

1 政治

(1)	【**❶マニフェスト**】≒政権公約。（※特に具体的数値などを提示したもの）（→ **p.66**）
(2)	[**❷ドント式**]：衆議院，参議院の比例代表制の選挙で， 得票数に比例させて議席を配分する時の計算方法。（→ **p.75**） （各党の得票数を 1・2・3 と整数で割っていき，その商の大きい順に当選者を決める）
(3)	[**❸シビリアン・コントロール**]：**文民統制**（職業軍人ではない人が軍の指揮権を持つこと）（→ **p.95**） ▶内閣総理大臣および国務大臣は**文民**でなければならない。（憲法第66条2項）

2 地方自治（→ **p.54**）

(1)	【**❹オンブズマン**(制度)】：**行政監察官**(制度)・**行政監視人**・**苦情処理人** 行政の活動を監視し，住民の苦情を受け付けて， 改善をうながす人(制度)。 オンブズパーソンともいう。日本での導入はごく一部。 民間のボランティア団体としての市民オンブズマンもある。
(2)	【**❺リコール**】：**解職請求**（直接請求権の 1 つ，首長や議員を辞めさせようとする）
(3)	[**❻イニシアティブ**]：住民発議のこと。（条例の制定・改廃について，住民側から要求することができる）
(4)	[**❼レファレンダム**]：住民投票のこと。

(3)(4)はたまに出ます（難関私立）

3 情報化社会

(1)	[**❽マスメディア**]：新聞・テレビ・ラジオなど。（不特定多数の人々に大量の情報を伝える**もの**） マス・コミュニケーション（マスコミ）：不特定多数の人々に大量の情報を 伝えること。
(2)	【**❾メディアリテラシー**】：情報をさまざまな角度から適切に読み取る力。 また，デジタルネットワーク社会に適応できる能力を **情報リテラシー**という。
(3)	[**❿デジタルディバイド**]：情報格差。パソコンなどが使えない人と使える人の間で 情報に接する機会の格差が広がること。
(4)	[**⓫情報モラル**]：情報通信技術を，より良く使う考え方や態度。

なお，**インターネット**：コンピューターネットワークを使った双方向コミュニケーション手段。
ソーシャルネットワーキングサービス：いわゆる **SNS** のこと。

4 景気 (→ p.136)

(1)	【⑫ インフレーション 】	：物価が上がり続けて通貨価値が下がる現象。（インフレ）
(2)	【⑬ デフレーション 】	：物価が下がり続けて通貨価値が上がる現象。（デフレ）
(3)	［⑭ スタグフレーション ］	：不景気なのに物価が上がる現象。
(4)	［⑮ デフレスパイラル ］	：景気の悪循環のこと。

景気の悪化→物が売れない→値下げをする→企業収益が減る→賃金引き下げ→
買い物を減らす→ますます物が売れない→さらに企業収益の悪化…という悪循環。

5 人権

(1)	【⑯ 臓器提供意思表示カード 】	：死亡（脳死含む）の場合，臓器を提供**するかしないか**の意思を表示したカード。（自己決定権）（→ p.51）
(2)	［⑰ インフォームド・コンセント ］	：医者が患者にどんな医療をするか十分に説明し，患者がその内容に同意すること。（自己決定権）（→ p.51）
(3)	［⑱ ノーマライゼーション ］	：障がいがあっても普通に暮らせる社会をめざす考え。（→ p.148）
(4)	【⑲ バリアフリー 】	：🔧障害となる段差などを取り除いていこうとすること。（→ p.148） 交通バリアフリー法・ハートビル法など。
(5)	【⑳ ユニバーサルデザイン 】	：🔧誰もが安全に簡単に利用できるような工夫（商品）。（→ p.148） バリアフリー概念の発展型。（※障がい者に限らない）

5章 地球社会とわたしたち

6 資源

(1)	【㉑ レアメタル 】	：**希少金属**。（精密機器に不可欠なコバルトやイリジウムなど） 近年，都市で捨てられた家電製品から積極的にそれらを 再利用しようという考えから，使用済みスマホなどを 資源とみなして**都市鉱山**ということがある。
(2)	［㉒ メタンハイドレート ］	：海底の地中に大量に埋蔵されているメタンなどの シャーベット状の化石燃料。
(3)	［㉓ シェールガス ］	：地下深くの頁岩層（シェール層）に含まれる， メタンなどのガス状の化石燃料。
(4)	［㉔ シェールオイル ］	：地下深くの頁岩層（シェール層）に含まれる原油。
(5)	【㉕ バイオエタノール 】	：植物からつくられる燃料，ガソリンの代用品となる。

7 都市問題

(1)	【㉖ドーナツ化現象】：都市中心部の人口が減少し，周辺部の人口が増加する現象。
(2)	［㉗コンパクトシティ］：生活に必要な諸機能が中心市街地に集約された効率的な都市。 郊外への都市拡大を抑制し，車がなくても買い物などが出来る都市。
(3)	［㉘インナーシティ問題］：周辺と隔絶された低所得者世帯が密集する住宅地域が 都市内部にあるという問題。
(4)	［㉙ストロー現象(効果)］：高速道路や橋などが整備されて人々の移動がさかんになり， 都市が発展したり，逆に衰退したりすること。 橋が開通したため，人々が"ストローで吸われる"ように 買い物や通勤のために別の町へ行ってしまうということ。

参考 **中心市街地の空洞化**
　　郊外に大型ショッピングセンター，幹線道路沿いに (ファミレスなど) が出店する
　　一方で，旧市街地は車社会への対応が不十分で，古くからの商店街が
　　シャッター通りとなる(倒産等で営業していない店が多い)こともある。

8 企業

(1)	【㉚カルテル】：企業連合(価格や生産量などの協定を結ぶ)←**独占禁止法違反**(→ p.133)
(2)	【㉛ベンチャー企業】：**新興企業。**まだ未開発の分野を切り開いていこうとする比較的小さな企業(→ p.128) (パソコン関連やサービス業などに多い) 楽天やソフトバンクなども，もともとはベンチャーから始まっている。
(3)	［㉜ノウハウ］：**知的資源・**生産に必要な技術や知識。(特許や著作権，商標なども) (→ p.126)
(4)	［㉝イノベーション］：企業努力のこと。(新製品開発・社内改革・生産性向上・新規開拓など)
(5)	［㉞コンプライアンス］：**法令順守**(法令遵守)。(利益のためにズルイことをしてはダメですね)
(6)	［㉟メセナ］：**企業が文化的・社会的意義のある活動に対しておこなう支援・貢献。**(→ p.127) (障がい者の雇用を守る・環境保護・美術館の援助など文化振興への貢献など) 企業が本業とは直接関係のないことに協力するようになったのは， 👈企業の［㊱**社会的責任**]が重視されるようになっているから(です)。
(7)	［㊲アグリビジネス］：研究開発〜製造〜加工〜販売などを含めた農業関連産業 地理で，アメリカは"企業的な農業"というのがありましたね。 アメリカの農業関連企業は，強い政治力を持っています。

9 労働

(1)	【³⁸ストライキ】：労働者が団結して仕事を停止し，雇用者（こようしゃ）に主張を通そうとすること。 ただ単に，みんなでサボることではありませんよ。（それはサボタージュ）
(2)	[³⁹リストラクチャリング]：企業が事業の再編成のためにおこなう，事業所の統合や閉鎖（へいさ）， 人員の整理や削減のこと。（一般に**リストラ**という）
(3)	[⁴⁰ハローワーク]：公共職業安定所（こうきょうしょくぎょうあんていじょ）。（略して職安） たいていの地方自治体にあり，仕事の紹介（しょうかい）をおこなっている。
(4)	[⁴¹フレックスタイム]：労働者が自分で出社・退社時間を決めて働くことが出来る雇用形態。 早く出社して早く帰ることや，遅（おそ）く出社して遅く帰ることを認め， 働きやすいようにするもの。 多くの場合，1日8時間は出社し，中心となる時間帯（コアタイム）には 出勤していなければならないという前提がある。
(5)	[⁴²ワークシェアリング]：雇用機会を増やすため，仕事を多くの人に振（ふ）り分（わ）けること。 ワークは仕事，シェアは分けること。 8時間働く契約（けいやく）で3人の労働者を雇（やと）うより，4時間働く人を6人雇うことで， より多くの人を雇うことができる。失業者を減らすことにつながる。
(6)	[⁴³インターンシップ]：学生が在学中から企業や役所などで職業体験をする制度。 仕事というものに慣れることで離職（りしょく）を防ぐこともねらい。
(7)	【⁴⁴ワークライフバランス】：仕事や家庭生活，地域活動を両立できるようにすること ワーク（仕事）とライフ（生活）のバランスを保つこと。 近年の「**働き方改革**」の流れの中で注目されている。
(8)	[⁴⁵セーフティーネット]：生活保護や職業訓練など，失業しても困らないように 整備する安全網。非正規雇用者の増加対策でもある。
(9)	[⁴⁶ベーシックインカム]：すべての人に生活に必要な最低限のお金を給付する考え。 （働いていない人にも毎月一定額の収入を保障する考え） 社会保障の究極的な形と考えられているが， 多くの財源が必要となることや，働かなくても国からお金がもらえ ると，仕事をする気をなくさないか？といった問題もあり， 実現への道のりは遠い。

参考 フリーター：定職に就（つ）かずアルバイトやパートで収入を得ている若者。

ニート：仕事もせず，仕事に就くための教育も訓練も受けない人々。

これらは労働問題のグラフなどでの出題もあります。

5章

地球社会とわたしたち

10 貧困問題

(1) [⁴⁷ ミレニアム開発目標]：2000 年の国連ミレニアムサミットでの宣言をまとめたもの。 貧困と飢餓の撲滅，初等教育の普及，乳児死亡率低下など。 2015 年，SDGs としてまとめられる。(→ p.156)	
(2) [⁴⁸ フェアトレード]：公正貿易。 途上国の原料や製品を適正な価格で継続的に購入することで， 途上国の生産者の経済的な自立をめざす運動のこと。 例えば，ガーナのカカオ豆生産者に「もっと安くしないと 別の仕入れ先にするぞ」などと言って，安く買い上げて 現地の生産者の生活を脅かすことになりかねませんからね。	
(3) [⁴⁹ マイクロクレジット]：少額融資。 貧しい人に事業を始めるための少額のお金を貸し出すこと。 例えば，貧困地域の女性にミシンを買うための 少額の費用を貸し出すことで，仕事が出来るようになり， 現金収入を得て，自立する機会につながるなどの成果が期待される。	
(4) [⁵⁰ ストリートチルドレン]：親を亡くすなどして路上での暮らしを強いられている子どもたち。 劣悪な環境での労働，紛争地域では少年兵に。	

11 消費生活

(1) 【⁵¹ クーリング・オフ 】：一定期間内であれば，無条件に契約を取り消すことを 業者に要求できる制度。 訪問販売などによって消費者が意に沿わない契約をしてしまった場合， 8 日以内ならば書面で取り消すことができる。(→ p.123)	
(2) [⁵² プリペイドカード]：先にお金を払って購入するカード。(図書カードなど)	
(3) [⁵³ クレジットカード]：信用払い(代金後払い)ができるカード。(使いすぎると後で大変)	
(4) [⁵⁴ エンゲル係数]：消費支出にしめる食料費の割合(%)。(→ p.121) エンゲル係数が高い場合，家計が苦しいということが分かる。	

参考 ペイオフ：銀行などが倒産した場合，預けていたお金のうち，1000 万円(&その利息)
だけは預金保険機構(銀行組合みたいなの)が代わって払い戻す制度。
(もし 1 億円預けていても残りの 9000 万円はパーになる…自己責任になった)

🔢 その他

(1)	【🟤⁵⁵セーフガード】：輸入抑制のための緊急措置。 特定の産物の輸入が，国内の産業を圧迫した場合に発動される。 (2003 年，中国産のい草・しいたけ・ねぎに対して実施されたことがある)
(2)	[🟤⁵⁶トレーサビリティ]：農作物の生産から消費までの流通が明確にわかるしくみ。 生産者が誰か分かるので，消費者は安心して買うことができる。
(3)	[🟤⁵⁷ハザードマップ]：自然災害による被害を予測し，その被害範囲を地図化したもの。 予測される災害の発生地点，被害の拡大範囲および被害程度， 避難経路，避難場所などの情報を地図上にあらわしたもの。
(4)	[🟤⁵⁸ジオパーク]：世界的に貴重な地質・地形を認定し，自然に親しむための公園。 世界ジオパークには洞爺湖や有珠山，糸魚川，島原半島，山陰海岸，室戸がある。 日本ジオパークは，阿蘇山，隠岐諸島など多数。
(5)	[🟤⁵⁹インバウンド]：海外から日本へ外国人が訪れてくる旅行(観光客)を指す外来語。 2015 年の流行語大賞が「爆買い」→**インバウンド需要**が増加。
(6)	[🟤⁶⁰インフラ]：道路や鉄道，学校，港湾施設などの【🟤⁶¹社会資本】のこと。 インフラストラクチャーの略だが，一般にインフラといわれる。 (みんなの財産となる公共財・**公共事業**でつくられるものが多い)

5章

地球社会とわたしたち

参考 介護関係

(1)	[**グループホーム**]：精神障がい者，知的障がい者，高齢者などが数人で生活する住居。
(2)	[**ケアハウス**]：高齢者(単身・夫婦)が，自立した生活を送ることができる共同住居。
(3)	[**ショートステイ**]：短期入所生活介護サービス。一時的に寝たきり老人を預かる。
(4)	[**デイケア**]：日帰りで行うリハビリや介護などのサービスをうける。
(5)	[**デイサービス**]：通所介護。宿泊せず日帰りで入浴や食事などサービスをうける。
(6)	[**ホームヘルパー**]：訪問介護員。寝たきりなど要介護者の生活支援をおこなう。
(7)	[**ケアマネージャー**]：介護支援専門員。介護計画を立てる。

34 ▶ 数字

クーリング・オフ：【 8日 】以内なら書面により無条件に契約を解約できる（マルチ商法は 20 日）
高齢者とは[満 65 歳]以上の人々
国民年金は[満 20 歳]になったら加入（支払い）義務
介護保険は[満 40 歳]になったら加入（支払い）義務

第一回衆議院議員の選挙権は直接国税【 15 円 】以上を納める【 満 25 歳 】以上の男子
現在の選挙権は【 満 18 歳 】以上の男女

被選挙権	知事と参議院は【 満 30 歳 】
	上記以外すべて【 満 25 歳 】（衆議院議員も県議会議員も市長も）

首長の任期は[4年]・**地方議会議員**は[4年]・**衆議院議員**【 4年 】・**参議院議員**【 6年 】

直接請求権	**条例**の制定 or 改廃に必要な署名数は有権者の【 $\frac{1}{50}$ 】以上→首長へ提出 20 日以内に議会を招集して採決
	監査の請求に必要な署名数は有権者の【 $\frac{1}{50}$ 】以上→監査委員へ提出
	議会の解散・首長・議員の解職（**リコール**）に必要な署名数は 有権者の【 $\frac{1}{3}$ 】以上→選挙管理委員会へ提出→住民投票で過半数→失職

首長は議会の議決に不満があれば【 10 日 】以内に再議を要求できる
しかし出席議員の[$\frac{2}{3}$]以上で再議決したら拒否できない

議会が首長の不信任を議決（総議員の $\frac{2}{3}$ 以上が出席する議会で $\frac{3}{4}$ 以上の賛成で可決）した場合，
首長は【 10 日 】以内に議会を解散 or 辞職しなければならない

	衆議院	参議院
議員定数	【 465 人 】	【 245 人 】[*]
任期	【 4 年 】 解散あり	【 6 年 】 [3 年]ごとに半数ずつ改選
選挙権	[満 18 歳]以上	[満 18 歳]以上
被選挙権	【 満 25 歳 】以上	【 満 30 歳 】以上
選挙区	小選挙区制で[289 人]	都道府県の選挙区制で[147 人]
	全国を[11]ブロックに分けた 比例代表制で[176 人]	全国から（特にブロック分けしない） 比例代表制で[98 人]

＊ 2022 年の選挙から，議員定数が 3 人（選挙区 1 人・比例代表 2 人）増える。（2021 年 4 月現在）

憲法改正の発議は，各議院の総議員の【 $\frac{2}{3}$ 】以上の賛成→国民投票で【 過半数 】			

定定数，本会議では［ $\frac{1}{3}$ ］・委員会では［ $\frac{1}{2}$ ］

通常国会の会期は［ 150 日 ］（延長は 1 回まで）

国務大臣の［ 過半数 ］は国会議員でなければならない

衆議院の優越	法律案 の議決	衆議院で可決し参議院が否決 （両院協議会を開くこともある） 参議院が【 60 日 】以内に議決しない場合は否決とみなす	衆議院で 出席議員の 【 $\frac{2}{3}$ 】以上で 再可決→成立
	予算 の議決	衆議院で可決し参議院が否決→両院協議会で不一致 参議院が【 30 日 】以内に議決しない時	衆議院の議決が 国会の議決 となる
	条約 の承認	衆議院で可決し参議院が否決→両院協議会で不一致 参議院が【 30 日 】以内に議決しない時	
	首相 の指名	衆議院で可決し参議院が否決→両院協議会で不一致 参議院が【 10 日 】以内に議決しない時	

衆議院が**内閣不信任**を議決した場合
内閣は【 10 日 】以内に衆議院を解散させるか，内閣が総辞職

衆議院が解散された時は，解散の日から【 40 日 】以内に衆議院議員の総選挙をおこない，
その選挙の日から【 30 日 】以内に特別会を召集しなければならない
（特別会が召集された時点で，内閣は総辞職し，首相の指名がおこなわれる）

大日本帝国憲法の発布【 1889 年 】2 月 11 日

広島に原爆投下【 1945 年 8 月 6 日 】，長崎は【 8 月 9 日 】，終戦記念日は【 8 月 15 日 】

日本国憲法の公布【 1946 年 11 月 3 日 】・**施行**【 1947 年 5 月 3 日 】

日本国憲法【 第 9 条 】：**平和主義**(戦争放棄)

日本国憲法【 第 25 条 】：**生存権**(健康で文化的な最低限度の生活を営む権利)

労働基準法：労働時間は 1 日【 8 時間 】，週に【 40 時間 】が原則

EU 加盟国数は【 27 か国 】$\binom{2020 年現在}{イギリス離脱後}$	**国連加盟国**は［ 193 か国 ］（2020 年）
国連の安全保障理事会の常任理事国は［ 5 か国 ］（米英仏ロ中）	
国連の安全保障理事会の非常任理事国は［ 10 か国 ］，任期は［ 2 年 ］	

さくいん

著者紹介

知床峠

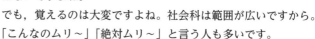

●中村充博（なかむら みつひろ）
奈良県で塾講師をしています。

社会科は暗記科目です。ひらめいて答えが出ることはありません。

「なんにも知らないけどできた」…そんなことはないですよね。

でも，覚えるのは大変ですよね。社会科は範囲が広いですから。

「こんなのムリ～」「絶対ムリ～」と言う人も多いです。

それは，1回で覚えようとするからではないでしょうか。何度もくりかえして，やっと覚えられるものです。できない理由を考えるより，できる方法を考えよう。

本の長所は自分のペースですすめられること。

欠点は，自分で始めなければ何も変わらないこと。

さあ，君の学力補完計画を遂行しましょう。

□ 編集協力　竹尾真由美　岩﨑伸亮　富田啓佑

□ 本文デザイン　㈱ウエイド　土屋裕子

□ DTP　㈱ユニックス

□ 図版作成　㈱ユニックス

□ 写真提供　アフロ（毎日新聞社　読売新聞　AP　Mary Evans Picture Library　Reuters）　（公社）日本臓器移植ネットワーク
国立国会図書館　PIXTA（熊澤充　Q'ju Creative）

□ イラスト　ふるはしひろみ

シグマベスト
高校入試
実力メキメキ合格ノート
中学公民

本書の内容を無断で複写（コピー）・複製・転載することを禁じます。また，私的使用であっても，第三者に依頼して電子的に複製すること（スキャンやデジタル化等）は，著作権法上，認められていません。

Ⓒ 中村充博　2021　　　Printed in Japan

編　者　中村充博

発行者　益井英郎

印刷所　株式会社加藤文明社

発行所　株式会社文英堂

　〒601-8121　京都市南区上鳥羽大物町28
　〒162-0832　東京都新宿区岩戸町17
　（代表）03-3269-4231

●落丁・乱丁はおとりかえします。

高校入試

\実力メキメキ/

合格ノート

中学公民

書き込み編

文英堂

Σ BEST
シグマベスト

合格ノート
中学公民
書き込み編

書き込み編の特長と使い方

❶ 空らんに答えを書いて覚える

単元ごとにはっきりと分かれている**整理ノート**です。定期テストや模擬試験の前などに，試験範囲の空らんを，自分で書いて完成させましょう。

自分で書いてみると，しっかり覚えることができます。

空らんの答えは，**解説編**にすべてのっています。❶，❷などの番号で対照させることができます。

空らんの答え以外にも，自分用のメモとして，気になることを書いておくことができます。

❷ 自分専用のまとめノートにする

この**書き込み編**は，**解説編**を整理したまとめとなります。

赤色フィルターで消える色のペンで書いておけば，定期テストや模擬試験，入試のときには，自分専用のノートとして直前チェックに役立つはずです。

もくじ ▶書き込み編

1章 わたしたちの生活と現代社会

1 ▶ 戦後の日本

→解説編 p.4〜9

1 終戦〜独立

(1) 【❶　　　年】　終戦

(2) 【❷　　　年】【❸　　　　戦争】がおこる→日本は［❹　　　　景気］→高度経済成長へ

(3) 【❺　　　年】【❻　　　　　　　条約】→日本の独立

　　　　　　　　　　　　　　　&

　　　　　　　【❼　　　　　　　　条約】

2 【❽　　　　　　　　　】：1955 年ころ〜 1973 年

(1) 　　1950 年代　耐久消費財の普及

　　　　　　　　　▶［❾　　　　　　　］：［❿　　　　・　　　　・　　　　］

(2) 【⓫　　　年】【⓬　　　　　　　】→【⓭ 国際連　　　】加盟

(3) ［⓮　　　年］　日米新安全保障条約（新安保・改定安保・60 年安保）

(4) 　　1960 年　　［⓯　　　　　計画（政策）］

(5) 【⓰　　　年】［⓱　　　　新幹線］・［⓲　　　　オリンピック］・首都高速道路開通

(6) 【⓳　　　年】【⓴　　　　　条約】（韓国と国交回復）

　　　　　　　　　▶経済発展にともなう公害の発生
　　　　　　　　　　　　　　↓

(7) 　　1967 年　　【㉑　　　　　　法】：企業の責任を明確化

　　　　　　　　　　　　　　（1971 年［㉒環境　　　］発足）

(8) 　　1968 年　　［㉓　　　（国民総生産）］世界２位に（最近は GDP を使う）

(9) 　　1970 年　　大阪で万国博覧会開催（大阪万博）

(10) 　　1971 年　　［㉔　　　　　　］←金とドル交換停止 by ニクソン

　　　　　　　　　１ドル＝ 360 円の固定為替相場終了→変動為替相場へ

(11) ［㉕　　　年］【㉖　　　　　】が日本に復帰（1968 年，小笠原諸島返還）

(12) 【㉗　　　年】【㉘　　　　　　　　】（中国と国交正常化）

(13) 【㉙　　　年】【㉚　　　　　（第１次）】←［㉛第　　　次中東戦争］で

　　　　　　　　　　　　↓　　　　　　　　［㉜　　　　　　　］が石油戦略発動

　　　　　　　高度経済成長が終わる

❸ 安定成長期と貿易問題

(1)　　　　1970 年代　　耐久消費財▶[③③　　　　]：[③④　　　　・　　　　・　　　　]

　　　🔷 電化製品の普及→家事負担を減らし，余暇が増える

　　　└→女性の社会進出を促す一因。化粧品産業や外食産業なども発達

(2)　　　　1975 年　　**第1回先進国首脳会議**(③⑤　　　　)開催(現在は**主要国首脳会議**という)

　　　▶現在は7か国＝[③⑥　　　・　　・　　・　　・　　・　　]＝**G7**

(3)【③⑦　　　年】【③⑧　　　　　　　条約】(中国と結ぶ)

(4) このころ【③⑨　　　　　】が高まる

　　　1986 年　　[④⓪　　　　]のウルグアイ・ラウンドでの合意→**日本に市場開放を要求**

　　　1991 年　　【④①　　　　】・【④②　　　　　】の輸入自由化

　　　1993 年　　【④③　　　　】部分開放

```
●産業構造の変化　▶【④④　　　　貿易】から製品輸入の増加へ

安い人件費などを求めて企業の海外進出(機械類の逆輸入が増える)

複数の国に拠点をもつ【④⑤　　　　企業】の増加…国内では【④⑥　　　　】
```

❹ 貿易摩擦の高まりを受けて

```
【④⑦　　　　経済】：株価や地価の高騰

【④⑧　　　年代末】から【④⑨　　　年代初め】ころ崩壊(以降不況が続いた)
```

❺ その他，年表でまとめる

(1) 1986 年　日本の防衛費が[⑤⓪　　　　(国民総生産)]の1％を突破

(2) 1989 年　[⑤①　　　]終結([⑤②　　　会談]・デタント＝緊張緩和)

　　　[⑤③　　　の壁]崩壊→翌年，東西ドイツ統一

(3) 1989 年　昭和→平成・【⑤④　　　税(⑤⑤　　%)】導入(2014年から8％，2019年10月から10％)

(4) 1991 年　【⑤⑥　　　】解体

(5) 1992 年　【⑤⑦　　　協力法(国連平和維持活動協力法)】→[⑤⑧　　　]へ自衛隊派遣

(6) 1993 年　【⑤⑨　　　法】(公害対策基本法の廃止→さらに総合的な環境政策を)

　　　2001 年　環境庁→【⑥⓪環境　　　】

2 ▶ 現代の日本のキーワード

➡解説編 p.10〜15

1 少子高齢化

(1) 原因 🔖 医療の充実などによる死亡率の低下と，出生率の低下など。

高齢化社会：総人口にしめる[❶　　歳]以上の高齢者の割合が 7％以上
高 齢 社 会：総人口にしめる[❷　　歳]以上の高齢者の割合が 14%以上

▶日本は世界一の長寿国・高齢社会(2010 年に 23.0%→ 2020 年は 28.7%→ 2030 年には 31.2%！)

🔖[❸　　　人口](15 歳〜64 歳)が減少し，若者の負担が増加する。

(2) 対策

・1999 年[❹　　　　法]：育児や介護のため，男女問わず一定期間休業できる
・2000 年[❺　　保険(制度)]：要介護者や高齢者に対して，介護や支援サービスを提供
・少子化担当大臣もおかれるようになった。

2 女性の地位向上

(1) 1945 年 普通選挙法改正：[❻満　　歳]以上のすべての[❼　　　　　]に選挙権
(2) 1947 年 日本国憲法施行・民法改正(男女同権)・教育基本法：男女共学

(3) | 1986 年[❽　　　　　　法]：職場における男女差別を禁止 |

(4) | 1999 年[❾　　　　　　　法] |

↑

🔖[❿　　　　　　　　　　　　　をめざすもの]

3 耐久消費財の普及

▶出現した時期と，普及率(%)に注目
・白黒テレビに代わって[⓫　　テレビ]が普及
・洗濯機，冷蔵庫，カラーテレビは[⓬ほぼ　　%]
・エアコン，[⓭　　　　]，パソコンは 100%でない
・パソコン，携帯電話は出現時期が遅い

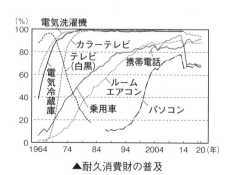
▲耐久消費財の普及

4 情報社会

💧 情報社会とは，情報が価値をもつ社会(情報が大きな影響力をもつ社会)

(1) [⑭　　　　　　　　　]：新聞・テレビ・ラジオなど(不特定多数の人々に大量の情報を伝える**もの**)

(2) [⑮　　　　　　　　　]：マスメディアによって不特定多数の人々に大量の情報を伝える**こと**
(マス・コミュニケーション)

(3) 情報通信技術革命＝[⑯　　　**革命**]：インターネットなどによって社会が大きく変わること

(4) 【⑰　　　　　　　　**法**】：**知る権利**に応じる…2001年施行(成立は1999年)

▶[⑱　　　**機関**]の保有する情報の公開を求める

参考　[⑲情報公開　　　　　]は各地方公共団体単位で(1982年～)

●なぜ国民が政治についての情報を知る必要があるのか？

✏️⑳(
　　　　　　　　　　　　　　　　　　　　　　　　　　　　　　　　　)

(5) 【㉑　　　　　　　　　**法**】：**プライバシーを守る**…2005年施行(成立は2003年)

(6) 情報社会において注意すべきこと

・情報の受け手は

✏️㉒(
　　　　　　　　　　　　　　　　　　　　　　　　　　　　　　　　　)

・情報の発信者として

✏️㉓(
　　　　　　　　　　　　　　　　　　　　　　　　　　　　　　　　　)

(7) [㉔　　　　　　　　　]：情報を活用する能力

(8) [㉕　　　　　　　　　]：情報格差(情報機器を使いこなせるかどうかで有利不利が生じる)

5 産業の分類

第1次産業	農業・牧畜・水産・林業など(自然に働きかける)
第2次産業	工業・鉱業・建設業など(鉱産物の生産と加工・第1次産業の製品の加工)
第3次産業	サービス業・商業・運輸業・通信業・金融業など

・先進国で多いのは[㉖第　次産業]　⇔　発展途上国で多いのは[㉗第　次産業]

▶日本では戦後[㉘第　次産業]人口が減少し，【㉙第　次産業】人口の割合が増加

6 【 ⁽³⁰⁾   化 】：国境を越えて，人，モノ，資本(お金)が容易に

　　　　　　　　　　　　　移動できるようになり，世界の一体化がすすんでいること

・**国際競争**がすすむ：どちらがより良く安い商品を提供できるかという，国と国の競争

・**国際分業**がすすむ：苦手分野や競争力のないものは輸入するといった，国と国の協力

・**国際協力**がすすむ：金融や経済，平和構築や復興，伝染病対策などの，国と国の協力

・[⁽³¹⁾   社会]：外国人が増え，さまざまな文化をもつ人々と共生する社会

　◉ それぞれの文化の違いを尊重しあい，共生していくこと(が求められる)

7 現在の貿易

日本の輸出品(2019年)　76.9兆円

機械類 36.8%	自動車 15.6	その他 38.9

自動車部品4.7　└鉄鋼 4.0

「日本国勢図会」

日本の輸入品(2019年)　78.6兆円

機械類 24.9%	石油 12.1	6.2	その他 48.8

　　　　　　　└医薬品 3.9
液化ガス　　└衣類 4.1

▶近年は日本企業の海外生産もあって，**機械類の**[⁽³²⁾   ]も多い

日本の輸出先(2019年)　76.9兆円

アメリカ 19.8%	中国 19.1	台湾 6.1	その他 43.6

韓国6.6　└(香港)4.8

「日本国勢図会」

日本の輸入先(2019年)　78.6兆円

中国 23.5%	アメリカ 11.0	6.3	その他 44.0

オーストラリア　　　　└アラブ首長国連邦 3.6
　　韓国 4.1　　　(台湾)3.7
　　　　　　　└サウジアラビア 3.8

▶日本は【 ⁽³³⁾貿易   字 】(総輸入額＜総輸出額)が基調(2011年以降，貿易赤字の傾向)

▶輸出入相手国は【 ⁽³⁴⁾   】が1位(アメリカを抜く)

8 世界同時不況

・2008年　[⁽³⁵⁾   ]：**世界同時不況**(世界金融危機)となる

・2011年　[⁽³⁶⁾   ]：ギリシャ危機から，EUだけでなく世界中に不安が広まった

・2020年　新型コロナウイルスの世界的流行

9 労働環境の変化

(1) [⁽³⁷⁾   (制度)]：労働者を定年まで雇い続けるしくみ
　　　　　↓
リストラや，**非正規雇用労働者**(不安定雇用労働者)の増加(パートや派遣労働者など)

(2) [⁽³⁸⁾   (制)]：勤続年数に比例して賃金が高くなるしくみ
　　　↓
成果主義や能力給・年俸制の導入もみられる

10 その他

・[⁽³⁹⁾   ]：政府による経済活動の規制をゆるめていこうとすること
　　　　　　　　　　(例医薬品の一部をコンビニなどで販売・ガソリンスタンドのセルフサービスなど)

・**行政改革**：国の仕事が増え過ぎる＝[⁽⁴⁰⁾   ]→民営化などでスリムに

　　　　また，無駄を省き，簡素で効率的な行政＝[⁽⁴¹⁾   ]をめざす改革も

3 ▶ 家族

➡解説編 p.16～18

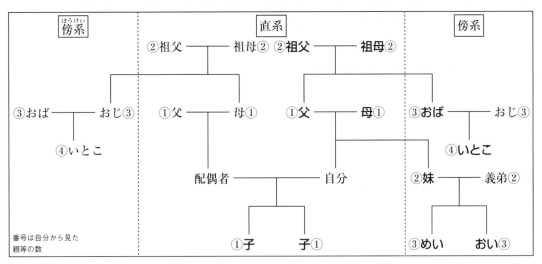

| 傍系 | 直系 | 傍系 |

②祖父——祖母② ②祖父——祖母②

③おば——おじ③　①父——母①　①父——母①　③おば——おじ③

④いとこ　　　　　　　　　　　　　　　④いとこ

配偶者——自分　②妹——義弟②

番号は自分から見た
親等の数

①子　子①　③めい　おい③

※**太字**は血族（姻族＝血族の配偶者・配偶者の血族）

1 親族の範囲：[❶　　親等内の　　]・[❷　　　　　　]・[❸　　親等内の　　　　]

2 結婚：婚姻は[❹　　　　　　　]のみに基づいて成立

▶婚姻可能年齢…男女とも満18歳以上（2022年4月1日から）

3 【❺　　　　　　　】：夫婦のみ，または夫婦と未婚の子どもからなる家族

4 【❻　　　　　　】：家族について定めた法律（市民関係について定めた法律）

▶**旧民法**（明治～）：**家制度中心**・**家父長制**・**長男が家督を相続**・**男尊女卑**

▶**新民法**（戦後～）：【❼　　　　　　　　】と【❽　　　　　　　　　　】が原則

参考　夫婦別姓…議論はされている（正式には認められていない）

5 【❾　　　　　　　（制）】：遺産は配偶者が2分の1，残りを子どもが等しく分ける
　　　　　　　　　　　　　　　（現在の民法における遺産相続の原則・遺言がない場合）

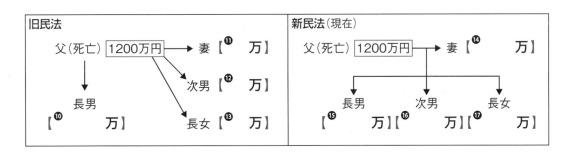

旧民法

父（死亡）1200万円 ➡ 妻【⓫　万】

↓ ↘

次男【⓬　万】

長男

【⓾　万】 長女【⓭　万】

新民法（現在）

父（死亡）1200万円 ➡ 妻【⓮　万】

↓ ↓ ↓

長男　次男　長女

【⓯　万】【⓰　万】【⓱　万】

4 ▶ 日本国憲法　　　　　　　　　　　　　　➡解説編 p.24〜31

1 憲法は【**❶**国の　　　　　　　　　】：憲法に違反する法律や命令は違反となる（第98条）

違反かどうかは裁判所が判断する

2 憲法は［**❷**国の　　　　法］：国のあり方や人権の尊重などの根本原則を定めている

3 成立

ポツダム宣言受諾（終戦［1945年8月15日］）

↓

［　GHQ　（連合国軍最高司令官総司令部）］による占領と日本改造…日本政府を通じて実施

↓

マッカーサー草案をもとにした憲法改正草案，帝国議会（衆議院と貴族院）で審議・修正

公布【**❸**　　年　　月　　日】⎫
　　　　　　　　　　　　　　　　⎬公示期間［**❺**　　か月］
施行【**❹**　　年　　月　　日】⎭

4 憲法改正（第96条）（簡単にコロコロ変えたりは出来ないが，絶対変えられないというのも不都合）

① 【**❻**　　　　　】の【**❼**　　　　　】の【**❽**　　　】以上の賛成で【**❾**　　　　】が発議

② 【**❿**　　　　　　　】で【**⓫**　　　　　　】の賛成によって承認される

③ ［**⓬**　　　］が国民の名において［**⓭**　　　］する

5 国民の義務

子女に【**⓮**　　　を受けさせる義務】	【**⓯**　　　の義務】	【**⓰**　　　の義務】

6 天皇

▶日本国と日本国民統合の【**⓱**　　　】（第1条）

【**⓲**　　　　　】のみをおこない国政に関する権能を持たず（第4条）

↑

【**⓳**　　　】の［**⓴**　　　と　　　］が必要（第3，7条）

(1)	憲法改正・法律・政令・条約を［**㉑**　　　］する
(2)	［**㉒**　　議院］の解散・国政選挙の公示・国会の召集・栄典の授与・恩赦の認証をおこなう
(3)	【**㉓**　　　】の［**㉔**　　　］に基づいて内閣総理大臣を［**㉕**　　　］する
(4)	【**㉖**　　　】の［**㉗**　　　］に基づいて最高裁判所長官を［**㉘**　　　］する

● 日本国憲法の三大基本原則

国民主権

◆「㉙   」という考え

・ここに主権が [㉚   ] に**存**することを宣言し…(前文)

・日本国民は，正当に選挙された [㉛   ] における代表者を通じて行動し…(前文)
　　　　　　　　　　　　　　　　　　　　　　↳**間接民主制**(→ p.20)

・天皇は，日本国の象徴であり…[㉜   ] の**存する**日本国民の総意に基づく(第1条)

基本的人権の尊重

・人が生まれながらにもっている，**侵すことのできない** [㉝   ] の権利(第11，97条)

　だが [㉞   ] してはならず，【㉟   】のために利用する責任を負う(第12条)

平和主義(戦争放棄)

・再び**戦争の惨禍**が起ることのないやうにすることを決意し…(前文)

・日本国民は，**恒久の平和**を念願し…(前文)

・【㊱第　　条】〈**戦争の放棄・戦力及び交戦権の否認**〉

---

①日本国民は，正義と秩序を基調とする国際平和を誠実に希求し，
　国権の発動たる戦争と，武力による威嚇又は武力の行使は，
　国際紛争を解決する手段としては，永久にこれを放棄する。
②前項の目的を達するため，陸海空軍その他の戦力は，これを保持しない。
　国の交戦権は，これを認めない。

参考 【㊲   】：日本の核兵器に対する姿勢

「㊳**核兵器を，　　　，　　　　　，**」by 佐藤栄作首相

参考 **自衛隊**…軍隊ではないか？→いや，自衛力であり戦力にあたらない(政府見解)

[㊴　　年][㊵　　戦争】勃発 → GHQ の指令で【㊶　　　隊】創設

　　　→ 1952 年[㊷　　隊] → 1954 年[　自衛隊　]

1992 年【㊸　　協力法(国連平和維持活動協力法)】→同年[㊹　　　]へ派遣

災害の救援(物資の輸送など)や，復興支援，難民の救援などの任務をおこなっている

日本国憲法前文

　日本国民は，正当に選挙された[**45**　　　　]における代表者を通じて行動し，われらとわれらの子孫のために，諸国民との協和による成果と，わが国全土にわたつて自由のもたらす恵沢を確保し，政府の行為によつて再び[**46**　　　　]の惨禍が起ることのないやうにすることを決意し，ここに[**47**　　　　]が国民に存することを宣言し，この憲法を確定する。
　そもそも国政は，国民の厳粛な信託によるものであつて，その権威は[**48**　　　　]に由来し，その権力は[**49**　　　　]の代表者がこれを行使し，その福利は[**50**　　　　]がこれを享受する。
　これは人類普遍の原理であり，この憲法は，かかる原理に基づくものである。
　われらは，これに反する一切の憲法，法令及び詔勅を排除する。

　日本国民は，恒久の[**51**　　　　]を念願し，人間相互の関係を支配する崇高な理想を深く自覚するのであつて，平和を愛する諸国民の公正と信義に信頼して，われらの安全と生存を保持しようと決意した。われらは，平和を維持し，専制と隷従，圧迫と偏狭を地上から永遠に除去しようと努めてゐる国際社会において，名誉ある地位を占めたいと思ふ。われらは，全世界の国民が，ひとしく恐怖と欠乏から免かれ，平和のうちに生存する権利を有することを確認する。
　われらは，いづれの国家も，自国のことのみに専念して他国を無視してはならないのであつて，政治道徳の法則は，普遍的なものであり，この法則に従ふことは，自国の主権を維持し，他国と対等関係に立たうとする各国の責務であると信ずる。
　日本国民は，国家の名誉にかけ，全力をあげてこの崇高な理想と目的を達成することを誓ふ。

参考 いろいろな国家体制

	君主政 （くんしゅせい）	貴族政 （きぞくせい）	共和政 （きょうわせい）
国家体制 （主権の所在）	君主主権	少数者主催 （しゅさい）	国民主権 （人民主権）
政治形態 （主権の運用）	専制君主政 （せんせいくんしゅせい） 立憲君主政	少数寡頭制 （かとうせい）	共和政 （人民共和政）

※共和政などの「政」は「制」でもいい

■ 大日本帝国憲法と日本国憲法 ■

	大日本帝国憲法	日本国憲法
成立	[㊺　　　年　　月　　日] 発布	[㊽　　　年　　月　　日] 公布 [㊾　　　年　　月　　日] 施行
性格	[㊿　　　憲法] 天皇が下し与える形式で発布	[民定憲法] 国民によって制定される形式で制定
主権	[㊼　　　主権]	【 ㊽　　　主権 】
人権	【 ㊾　　　】の範囲内での保障 （法律を作れば制限することができた）	侵すことのできない [㊿　　　] の権利 （公共の福祉に反しない限り尊重）
戦争	天皇が軍の [㊻　　　] を持つ 臣民には [㊼　　　] の義務	平和主義（戦争放棄）＝【 ㊽第　　条 】
天皇	[㊽　　　] [神聖不可侵]	日本国および国民統合の 【 ㊿　　　】 （天皇に政治的な権能は一切ありません）
議会	【 ㊾　　　議院 】と【 ㊿　　　院 】 天皇の協賛機関 天皇の立法権を補佐する 貴族院は選挙なし（天皇が任命）	【 ㊽　　　議院 】と【 ㊾　　　議院 】 国会は国の唯一の立法機関 国会は国権の最高機関 🖊主権者である国民によって選挙された 国会議員で構成される
内閣	天皇の輔弼機関 天皇の行政権を補佐する	[議院内閣制] 🖊国会の信任によって成立し 国会に対して連帯責任を負う
裁判	天皇の名において裁判がおこなわれる	国民の権利を守るためにおこなわれる
地方自治	規定なし。[㊻　　　] だから	規定あり（首長と議員は住民が選挙）
改正	天皇が議会にかける	①各議院の総議員の 　[㊿　　　] 以上の賛成で国会が発議 ②【 ㊽　　　】で [㊾　　　] 　の賛成で承認される

5 ▶ 市民革命と人権思想の発達

➡解説編 p.32〜37

▶**市民革命**：[❶　　　　　　　　]を倒し近代民主政治へ

1 イギリス

(1) [❷　　　年] 【❸　　　　　　　　　（大憲章）】

国王の専制政治に[❹　　　　　]が抗議（国王の権力を制限→イギリス憲法のもと）

1628 年　　[　権利の請願　]（[❺　　　　　]が王の権限を制限しようとした）

↓

しかし国王はこれを無視

> 王でも勝手な命令はするな！

↓

(2) 【❻　　　年 】【❼　　　　　　革命（　　　　　　革命）】

革命のリーダー[❽　　　　　　　　]がすぐに独裁に走る

そこで再び王を立てるが，またもや王が専制政治

(3) 【❾　　　年 】【❿　　　　革命】議会が王を追放し別の王を立てる（流血なしの革命）

↓

1689 年　　【⓫　　　　　　　　】国王に認めさせた文書

「王は[⓬　　　　]の承認なしに法律をかえたりしてはならない」

議会制民主主義の確立（王は君臨すれど統治せず）

2 アメリカ

【⓭　　　年 】【⓮　　　　宣言 】

（[⓯　　　　　]の植民地，東部[⓰　　　州]が独立を宣言）

「我々は次の真理を自明のものと認める。

すべての人は平等につくられ〜」

▶初代大統領は【⓱　　　　　　　】

3 フランス

(1) 【⓲　　　年 】【⓳　　　　宣言 】(by 国民議会←三部会から独立)

「人は生まれながらに【⓴　　　】で【㉑　　　　】な権利を持つ」

ルイ 16 世を処刑（妻のマリー＝アントワネットも）

(2) 革命直後の混乱（周辺の国々の王が革命に干渉（うちでも起こったら大変や））

1804 年　　【㉒　　　　　】登場

> フランス人民の権利は私が守るぞ

→失脚後→再び王政

この後また革命（1830 年，七月革命・1848 年，二月革命）

4 啓蒙思想家

(1) 【^㉓　　　　　　（^㉔　　）】：1690 年『市民政府二論(統治二論)』
　　【^㉕　　　　革命】を理論的に正当化

　　　　　　　　　　　　　　　　　　　　　民衆には抵抗権がある

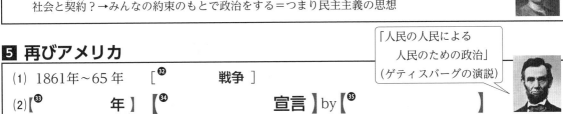

(2) 【^㉖　　　　　　　　　（^㉗　　）】：1748 年『^㉘　　　　　　』

　　　　　　　　　　　　　　　　　　　　　三権分立！

(3) 【^㉙　　　　　　（^㉚　　）】：1762 年『^㉛　　　　　　　』
　　社会と契約？→みんなの約束のもとで政治をする＝つまり民主主義の思想

5 再びアメリカ

「人民の人民による
　人民のための政治」
（ゲティスバーグの演説）

(1) 1861年〜65 年　　［^㉜　　　　戦争］
(2)【^㉝　　　年】【^㉞　　　　　宣言】by【^㉟　　　　　　】

6 ドイツ

(1)　　　　1918 年　第一次世界大戦の敗北
(2)【^㊱　　　年】【^㊲　　　　　　憲法】
　　　　　　　　　【^㊳　　　権】［^㊴満　　歳以上の　　　　　］の普通選挙

7 日本

(1)【^㊵　　　年】【 大日本帝国憲法(明治憲法) 】君主権の強い［^㊶　　　　憲法］を模範
　　　　　　└──→臣民の権利は法律の範囲内で認める…家父長制が強い
(2)【^㊷　　　年】【 普通選挙法 】：【^㊸満　　歳】以上の【^㊹　　　】に選挙権
- -
(3)　　　1945 年　選挙法改正【^㊺満　　歳】以上の【^㊻　　　】に選挙権
(4)【^㊼　　　年】【 日本国憲法 】公布(施行は 1947 年)
　　　　　　　　└──────→基本的人権の尊重…男女平等

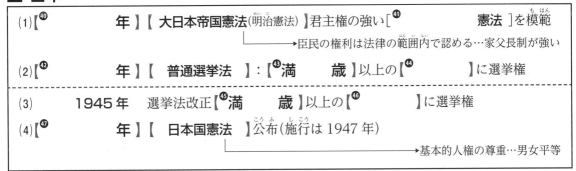

8 世界

(1) 1948 年　【^㊽　　　　　宣言】：国連総会で採択
(2) 1966 年　［^㊾　　　　　　］：世界人権宣言を形あるものに（A規約，B規約）
(3) 1965 年　［^㊿　　差別撤廃条約 ］
(4) 1979 年　［⁵¹　　差別撤廃条約 ］
(5) 1989 年　［⁵²　　の権利に関する条約（　　　　の権利条約）］
(6) 2006 年　［⁵³　　　の権利に関する条約 ］

6 ▶ 基本的人権

➡解説編 p.38〜51

▶人が生まれながらに持っている[❶　　　　　]ことのできない[❷　　　　　]の権利(第11, 97条)

・だが[❸　　　　　]してはならず,【❹　　　　　　　　　　　】のために利用(第12, 13条)

・国民の[❺　　　　　　　]によって保持しなければならない(第12条)

---

１ [❻　　　　　　　権]

(1) 個人の[❼　　　　　　　](第13条)(※公共の福祉に反しない限り)

(2) 【❽　　　　　　　　】に平等(第14条1項)

└[❾　　　・　　　・　　　・　的身分又は　　　　　　　　]により差別されない

(3) 政治上の平等：成年者による[❿　　　　選挙](第15条)…一票の格差をめぐる裁判

(4) 家族生活における, 個人の【⓫　　　　　　】と【⓬　　　　　　】の本質的平等(第24条)

→婚姻は両性の合意に基づく

(5) 人権意識の広まり

① 【⓭　　　　　　　　法】：職場における男女差別の禁止

② 【⓮　　　　　　　　法】：性別にとらわれず個人として能力を発揮することができる社会をめざす

③ 北海道旧土人保護法(1899年)→アイヌ文化振興法(1997年)→アイヌ施策推進法(2019年)

④ 身体障害者補助犬法(2002年)

⑤ 【⓯　　　　　　】：生活上の障がいを, 取り除いていこうとすること

⑥ 【⓰　　　　　　　】：誰もが安全に簡単に使うことができる工夫

---

２ [⓱　　　　　権] →[⓲　　　・　　　]・[⓳　　　]・[⓴　　　活動]の自由

(1) 生命・身体
- 奴隷的拘束・苦役からの自由(第18条)・[㉑　　　　　]の不可侵(第35条)
- [㉒　　　手続き]の保障(第31条)・不当な逮捕・拘禁からの自由(第33〜35条)
- 逮捕(差し押さえ)は裁判所の許可による→[㉓　　　主義](第33, 35条)
- 刑事被告人の権利・拷問や残虐刑の禁止・[㉔　　　権](第36〜39条)

(2) 精神
- [㉕　　・　　　]の自由(第19条)・【㉖　　　　】の自由(第20条)
- [集会・結社・言論・出版]など【㉗　　　　】の自由(第21条1項)
- [㉘　　　]の禁止・通信の秘密の保護(第21条2項)・[㉙　　　　]の自由(第23条)

(3) 経済活動
- [㉚　　・　　　]の自由・国籍離脱の自由(第22条)
- [㉛　　選択]の自由(第22条)・[㉜　　　権]の不可侵(第29条)

3 [33]【 　　　権 】：【34】　　　　の保障を求める権利 】💰 経済上の不平等を是正

　　　　　　　　▶ 1919年[35]　　　　　　　憲法(独) 】が初…20世紀的人権

(1) 【36【 　　　権 】(37【第　　条)

　　↳【38【 　　　　 】で【39【 　　　　　的 】な【40【 　　　　　　　　 】の生活を営む権利

(2) 【41【 　　　　 】を受ける権利(第26条)

　　↳能力に応じて権利を有する・義務教育は保護者の義務・義務教育は無償

(3) 【42【 　　　　 】の権利(第27条)

　　↳国民の就労の機会を保障(▶勤労は[43【 　　　　 】であり[44【 　　　　 】でもある)

　　①【45【 　　　　　　(労働三権) 】：労働者の権利(第28条)

　　　↳【46【 　　権 】[47【 　　　　　権 】[48【 　　　　権(争議権) 】

　　　　　　　　　　　　　　　　　　　　　　　　↳ストライキ

　　②【49【 　　　　　　　 】：労働者の権利を守る法

　　　↳【50【労働　　法 】[51【労働　　　　法 】[52【労働　　　法 】

　　　　　　　　　　　　　　　↳(斡旋 / 調停 / 仲裁)

---

4 【 基本的人権を守るための権利 】

(1) 【53【 　　　権 】

　①選挙権(第15, 44, 93条)・被選挙権(第44条)

　②最高裁判所裁判官の[54【 　　　　権 】(第79条), 憲法改正の[55【 　　　　権 】(第96条)

　③地方自治体における[56【 　　　権 】や, 特別法の住民投票(第95条)

(2) 【57【 　　　権 】

　①[58【 　　　請求権 】(第32, 37条)・②損害賠償請求権(第17条)・③[59【 　　　補償請求権 】(第40条)

(3) [60【 　　権 】(第16条)…請求権の一種(参政権ともいえる)

---

5 【 新しい人権 】(特に条文に規定はないのだが, 幸福追求権(第13条)・生存権(第25条)などを根拠に認められるようになった)

(1) 【61【 　　　権 】…(例[62【 　　権 】・嫌煙権 など)

　　　　　　　　　　　　　　参考 [63【 　　　　　　法(環境影響評価法) 】

(2) 【64【 　　　権利 】→【65【 　　　　法 】や情報公開条例

　　↕

(3) 【66【 　　　　の権利 】→【67【 　　　　　法 】(2005年)　参考 肖像権

(4) [68【 　　権 】(例臓器提供意思表示カード, インフォームド・コンセント, 尊厳死)

7 ▶ 地方自治   ➡解説編 p.54〜63

(1) 都道府県や市町村＝【❶　　　　　　　　　　】＝【❷　　　　　　　　　】

(2) 最近は【❸　　　　　　　　】がすすんでいる ⇔ [❹　　　　　　　　] (1871年, 廃藩置県)

(3) 地方自治は【❺　　　　　　　の　　　】   住民が, 身近な地域社会の政治に参加し, 民主政治のあり方を学ぶことができるから

(4) 地方自治について定めた【❻　　　　　　　　法 】・地方自治は憲法で保障(第92〜95条)

---

1 執行機関(その長＝【❼　　　　　】は住民の[❽　　　　選挙]で選ばれ, 任期は[❾　　年])

・都道府県の首長：【❿　　　　　　】 ・市町村の首長：[**市町村長**]

---

2 被選挙権	知事＝【⓫満　　歳】から(知事と参議院議員は【⓬満　　歳】)
	市長＝【⓭満　　歳】から(上記以外のすべて満25歳)市議会議員, 衆議院議員も (町村長)

---

3 議会の仕事(議会の議員は, **住民の直接選挙**で選ばれ, 任期は[⓮　　年])

(1) 【⓯　　　　　】の制定・改廃… [⓰　　　　　]の範囲内で制定・その地方自治体でのみ適用

(2) [⓱　　　　]の議決・[⓲　　　　]の承認

(3) 首長の【⓳　　　　決議 】ができる(総議員の $\frac{2}{3}$ が出席する議会で $\frac{3}{4}$ 以上の賛成で可決)
      ↓
首長は[⓴　　日]以内に【㉑　　を　　】or【㉒　　　　　]

4 首長の拒否権

首長は, 議会の議決に異議があれば[㉓　　日]以内に [㉔　　　　　] を要求できる

(しかし出席議員の3分の2以上で再可決したら首長は拒否できない)

> 気にいらん！
> もう1回話し合え

5 地方公共団体の仕事

自治事務：学校・老人ホーム・保健所・ごみ処理・水道・公共事業・警察・消防など

国から委託された仕事：戸籍・住民登録・国会議員選挙・生活保護など

参考 住民基本台帳ネットワークシステム：個人情報をコンピュータで管理

6 地方自治制度の改革

(1) 【㉕　　　　　　】：財政の立て直し・行政サービスの向上をめざす

(2) [㉖　　　　法]：国と地方は対等・地方の仕事を独自でおこなえるように(2000年)
(仕事と財源の委譲・地方自治法も改正)

(3) [㉗　　　の改革]：国庫支出金の削減＆地方への税源移譲＆地方交付税の見直し
地方公共団体が自由に使えるお金を増やして地域政治をおこないやすくする

(4) [㉘　　　　　]：ある地域に限って法律や規制を緩和(地域の活性化など)

7 地方の財源

▶[^㉙　　　財源　]：**地方税など**(地方公共団体が自由に使える)

▶[^㉚　　　財源　]

(1) 【^㉛　　　　　　　　　　　　】：使い道を指定されない

　◉ 地方公共団体間の[^㉜　　　　　　　　　　]するために交付

(2) 【^㉝　　　　　　　　　　】：使い道が国から指定される

　・国からの委託された仕事に使う(義務教育や道路整備など)

(3) [^㉞　　　　　　]：地方公共団体の**借金**(使い道を決めて発行される)

▼地方の歳入(2019年度)

その他 18.3
地方債 10.5
国庫支出金 15.3
地方交付税交付金 16.5
地方税 39.4%
101.3兆円

(総務省資料)

重要【^㉟　　　　　　　】：希望する自治体に地方税の一部を寄付することができるしくみ

8 【^㊱　　　　権】 [^㊲　　　　]の

請求の種類	署名数	請求先	とりあつかい
【^㊳　　　　】の制定・改廃	^㊴ 以上	^㊵	20日以内に議会を招集し採決
[^㊶　　　　]の請求	^㊷ 以上	^㊸	監査を実施し公表
[^㊹　　　　]の解散	^㊺ 以上	^㊻	住民投票→過半数で解散
[^㊼　・　　　]の解職	^㊽ 以上	^㊾	住民投票→過半数で解職
主要な職員の解職 (副知事や監査委員など)	^㊿ 以上	⁵¹	3分の2以上が出席した議会で4分の3以上の賛成で解職

重要 $\frac{1}{50}$ と $\frac{1}{3}$ の区別→人を辞めさせることを要求する方が【⁵²　　　】(多い方)

選挙で選ばれた人を辞めさせる場合の請求先は[⁵³　　　　　　　]

9 用語

(1) 【⁵⁴　　　　　　　】：首長や議員の解職請求

(2) 【⁵⁵　　　(制度)】：行政監察官(制度)。行政を監視し，苦情を処理する。

(3) [⁵⁶　　　　　　　]：条例の制定・改廃の住民発議

(4) [⁵⁷　　　　　]：住民投票のこと(特別法制定・リコールなど)

〔練習〕

問1　A市(人口15万人・有権者12万人)で条例の改正請求に必要な署名数は[⁵⁸　　　人]以上

問2　K市(人口12万人・有権者10万人)で議員のリコールに必要な署名数は[⁵⁹　　　人]以上

8 ▶ 政治参加と選挙

➡解説編 p.64〜68

1 政治への参加

(1) [　　　選　挙　　　]：投票により代表者を選ぶこと(選挙権)・または選ばれること(被選挙権)

(2) [　　住民運動　　]：地域の問題について住民が何とかしようという運動(公害問題など)

(3) [❶　　　　　　　]：目的達成のために政治に働きかける各種団体(宗教団体や労働組合など)

(4) [❷　　　　　　　]：国民が政治に対して抱いている意見(政治を左右することもある)

2 参加の形態

(1) [❸　　　　　民主制]：すべての国民が政治に参加する…でも人口が多いと不可能

▶現在の日本では
- 憲法改正の [❹　　　　　　　　]
- 最高裁判所裁判官の [❺　　　　　　　　]
- 地方自治における**直接請求権**

(2) [❻　　　　　民主制]：国民が選んだ代表者が議会を開き，国民に代わって政治をおこなう

= [❼　　　　制民主制(主義)] [❽　　　　　民主制(主義)] [　代議制　]ともいう

3 選挙制度

▶選挙について定めた法律は [❾　　　　　　法]

▶被選挙権	知事と参議院議員は [❿満　　　歳]から ▶「知事サンは 30 歳」
	上記以外のすべては [⓫満　　　歳]から　市議会議員,県議会議員,衆議院議員も

▶選挙の原則

(1) [⓬　　　　選挙]：性別・納税額・宗教・教育などで差別されない　⇔制限選挙
（※ 1925 年には満 25 歳以上の男子による普通選挙が実現）

(2) [⓭　　　　選挙]：1 人 1 票(社長も平社員も同じ)

(3) [⓮　　　　選挙]：無記名で投票する(誰に入れたか？などと後でゴチャゴチャいわれない)

(4) [⓯　　　　選挙]：候補者に直接投票する(アメリカ大統領選挙は間接選挙)

4 多数決の原理

民主主義の根本となる原理(過半数が基本だが，問題の重要性によって 3 分の 2 以上といった差をつける)

▶注意すること✎ [⓰　　　　　　　]を尊重しなければならない。

5【❶⁷　　　　　】：政治についての考え方・政治方針が同じ人々によって組織される団体

　　　選挙などで[❶⁸　　　　　]をかかげて国民の支持を訴える

　　　　　　└→具体的数値などを示した公約：【❶⁹　　　　　　　　　　】

　　　　　　　　　　　　　　　　　　　　　　　　　　　　（政権公約）

(1)【❷⁰　　　　　】：議会で多数派をしめ，政権を担当する党（首相を出し内閣を構成する）

(2)【❷¹　　　　　】：政権を担当しない党（政府の行き過ぎや失敗を監視したり批判したりする）

　　　　　　　　　　　　　　　（もちろん政権担当をねらっている・政権交代だってある）

(3)【❷²　　　政権】：2つ以上の政党が協力して政権を担当すること（連立内閣）

　　　　　　　　　　（1つの政党で過半数の議席をとれなかった場合など）

　　[時事問題] 現在の与党は [❷³　　　　　　　　　　　　　　　　　]

(4)**政党内閣**：多数をしめた政党によって成立する内閣

　　　　　（現在では当たり前に思うが，前憲法下では当たり前じゃなかった・元老や軍部が決めたから）

　　参考 初の本格的政党内閣は原敬首相(1918年)(立憲政友会)～犬養毅首相暗殺まで(五・一五事件1932年)

(5)[❷⁴　　　　　　　（政党助成金）]：税金から政党へ活動資金を出す（クリーンな政治のために）

(6)[❷⁵　　　　　法]：政治資金の使い方を透明化し政治腐敗を防ぐ

6 選挙の問題点

(1)【❷⁶　　　　　　　　　　】：議員1人あたりの有権者数が著しく不均衡になっていること

　　　　　　　⑲東京都は約200万人から1人選出 ⇔ 島根県は約31万人から1人(6.48倍の格差)

　　　基本的人権の[❷⁷　　　権]の侵害→「一票の重みが違う！」と違憲判決も

(2)**買収**：有権者に金品を配る→選挙違反です（有権者が求めてもダメです）

　　　　　　　　　　　　　　　　参考 [❷⁸　　　制]：関係者が違反→当選無効

(3)**棄権**：政治的無関心…「選挙なんか興味ないし」

　・[❷⁹　　　　　]：支持政党がない人

　・[❸⁰　　　　　]：支持政党が一定していない有権者の票

　　参考 **期日前投票**：投票日に都合が合わない人が，事前に投票できるしくみ。

　　　　　不在者投票：住所地にいなくても，出張先や入院の病院，老人ホームでも投票できる。

1 国会議員の選挙のしくみ

(1) 選挙について定めた法は 【❶　　　　　　　　　　法】

(2) 【❷　　　**選挙区制**】：1つの選挙区から1人を選出するもの(面積の大小ではない)

長所
① 候補者が身近で，どんな人物だかよくわかって投票できる
② 候補者の乱立を防ぎ，選挙費用が抑えられる
　　　　　(候補者が身近なだけに，どこの誰だかわからない人は立候補しにくいから)
③ [❸　　　　　　　制] が実現しやすい
　　　　　(論点や政治的課題(Yes か No)がはっきりしてわかりやすい)

短所
① 候補者が身近なだけに，買収などの選挙違反(不正行為)が増える
② 国全体の政治よりも，選挙区の個別的な利益を優先することがある
　　　　　(地元のことばかり考えて，国全体の視野に立った政治がおこなわれにくい)
③ 【❹　　　　　　　】が多い＝政治に反映されない票が多い(ムダになってしまう票が多い)

(3) 【❺　　　**選挙区制**】：1つの選挙区から2人以上を選出するもの

長所
① 少数者の代表も当選しやすく，弱者の意思も政治に反映しやすくなる
② 新人も当選しやすい(1位のA氏だけじゃなく次のB氏・C氏・D氏・E氏も当選する)
③ 死票が比較的少なくなる

短所
① 小党分立で政局が不安定(意見が多くてまとまりのない政治になる)
② 選挙費用がかさむ

　　　　　参考 **中選挙区制**：1つの選挙区から 3 〜 5 人を選ぶ(大選挙区制の一種)

(4) 【❻　　　　　　制】：政党などに投票し，得票率に比例して議席を配分する制度

	衆議院	**参議院**
選挙区	【❼　　　　　】選挙で 289 人	選挙区制選挙で 147 人
	＋	＋
	【❽　　　　　】選挙で 176 人	【❾　　　　　】選挙で 98 人
議員定数	＝	＝
	合計で【❿　　　人】	合計で【⓫　　　人】

(2021 年 4 月現在)

② 投票所にて

▶衆議院・参議院議員選挙では〔❷　　枚〕の投票用紙が渡される

---

(1) **衆議院議員の選挙は**〔❸　　　　　　　　　　　　　　　　　　〕

　①小選挙区制：〔❹　　　　　　　〕を書いて投票する

　②比例代表制：〔❺　　　　　　　〕を書いて投票する(拘束名簿式)

　参考　拘束名簿式：あらかじめ各政党が候補者に順位を決めた名簿を作成し
　　　　　　　　　　　　その名簿の順に当選者を決める(当選順位が名簿の順位に拘束される)

---

(2) 参議院議員の選挙は，都道府県(合区を含む)を選挙区とする選挙区制と比例代表制

　①小選挙区制：〔❻　　　　　　　〕を書いて投票する

　②比例代表制：〔❼　　　　　〕か〔❽　　　　　　　〕を書いて投票する(非拘束名簿式)

　参考　非拘束名簿式：各政党は順位をつけない候補者名簿を提出し
　　　　　　　　　　　　各党の得票数＋その党の候補者の得票数をもとに各党の当選者を配分
　　　　　　　　　　　　当選者は各候補の得票の多い順に決まる(党が決めた順位ではなく得票順で決まる)

---

③ 〔❾　　　　式〕：比例代表制における当選順位と人数の決め方
　　　　‖
　　各党の得票数を 1，2，3，4，・・・と整数で割っていき，商の大きい順に当選を決める

例題1 南○○ブロックの場合(定数13人)

	A党(36000票)	B党(24000票)	C党(12000票)	D党(6000票)
1で割る	36000	24000	12000	6000
2で割る	18000	12000	6000	3000
3で割る	12000	8000	4000	2000
4で割る	9000	6000	3000	1500
5で割る	7200	4800	2400	1200
6で割る	6000	4000	2000	1000
7で割る	5140	3429	1714	857
当選者数	人	人	人	人

例題2 西△△ブロックの場合(定数7人)

	A党(3000票)	B党(1800票)	C党(1440票)
1で割る			
2で割る			
3で割る			
4で割る			
当選者数	人	人	人

10 ▶ 有権者数の推移

→解説編 p.79

数字は全人口に対する有権者の比率(%)					83.6%
				48.7%	
			19.8%		
1.1%	2.2%	5.5%			
選挙法改正年 (実施年)	1889 (1890)	1900 (1902)	1919 (1920)	1925 (1928)	1945 (1946)	2015 (2016)
選挙権	❶ 満　歳 以上の	同左	同左	❷ 満　歳 以上の	❸ 満　歳 以上の	満18歳 以上の 男女
直接国税	❹　円以上	10円以上	3円以上	❺	同左	同左

---

1 【❻　年】：第1回帝国議会【❼　議院議員】選挙（▶貴族院に選挙はない）

　　有権者は，直接国税【❽　円】以上を納める【❾満　歳】以上の【❿　　　】

　　　　　　　　　　　　　　　※わずか［⓫　%］（←納税額による制限選挙）

---

2 【⓬　年】：普通選挙法制定

　　有権者は，【⓭満　歳】以上の【⓮　　　】

　　◉ 納税額による制限がなくなる　　　　　　参考 同時に治安維持法制定

---

3 ［戦後］：普通選挙法改正

　　有権者は，【⓯満　歳】以上の【⓰　　　】

　　◉【⓱　　　】に参政権が認められ，［⓲　　　　　　］が引き下げられた

---

4 ［現在］：有権者数がナント約8割！

　　◉ 1946年と比べて【⓳　　　　　　】がすすんでいることが読み取れる

参考

1885年：内閣制度　　　　　①まず，リーダーが決まり（首相）

1889年：大日本帝国憲法発布　②ルールを決めて　　　（憲法）

1890年：第1回帝国議会　　　③それから話し合い　　（議会）

民主的な手順ではないのだ

参考 # アメリカ大統領選挙

(1) | アメリカは，民主党と共和党の二大政党制

ジョー＝バイデン大統領（第46代）は民主党です。

(2) | アメリカ大統領選挙は，4年ごとにおこなわれる。（夏のオリンピック・パラリンピックと同じ年）

①国民が州ごとに大統領選挙人を選出する。

大統領選挙人は，州の人口に比例して人数が決められている（全部で538人）。

あらかじめ，共和党か民主党支持か明らかにし，勝った方がその州の選挙人を総取りする。

②大統領選挙人による形式的な投票がおこなわれる … 間接選挙

（事実上は直接選挙と変わらない＝大統領は国民から選ばれると考えていい）

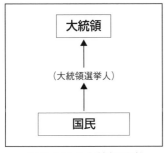
▲アメリカ大統領選挙

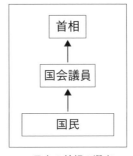
▲日本の首相の選出

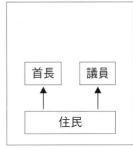
▲日本の地方公共団体の選挙

(3) 任期は4年で，再選により2期目まで可能（**最長で8年**）。

独裁や癒着を防ぐため，3選は禁止されている。

・大統領が欠けた場合は残りの任期は副大統領が代行し，選挙はおこなわれない。

大統領が任命した副大統領にまかせる。（大統領の意思が尊重される）

(4) 大統領と議会は，それぞれ独立した機関であり，権力の分立が徹底されている。

| 議会に大統領不信任決議権がない ⇔ 大統領に議会の解散権がない

政策で失敗しても，議会から不信任されることがない（犯罪や憲法違反の場合は弾劾される[1]）
↓
大統領は強力なリーダーシップを発揮できる

戦争をすることも（核兵器の使用でさえも），大統領の決断にゆだねられる。
よって，無能な大統領を選んでしまった場合は，4年間はお手上げになる。
せめて，世界を巻き込まないでほしいものだが…

※1　下院で弾劾の訴追をし，上院の3分の2以上の賛成で解任される。

11 ▶ 国会

1 国会は【❶　　　　　】　**2** 国の【❸　　　　　　】

● 主権者である［❷　　　　］が選んだ代表者で構成されるから。

3 二院制

	衆議院	参議院
議員定数	【❹　　人】	【❺　　人】
任期	【❻　年】 【❽　がある】	【❼　年】 ［❾　年］ごとに半数ずつ改選
被選挙権	【❿満　歳】以上	【⓫満　歳】以上

▶二院制のメリット：● (性格の違う議院があることで) ［⓬　　　　］な議論ができる。

4 国会の仕事

(1) 【⓭　　　　　】の制定(国会は国の唯一の立法機関である)

(2) 【⓮　　　】の審議・議決：来年度の国のお金の使い方を決める(［⓯　　国会］で)

(3) ［⓰　　　】の承認：ちゃんとお金を使ったかチェックする

(4) ［⓱　　　】の承認：［⓲　　　　］が外国と結んだ条約を承認する

(5) ［⓳　　　】を発議する(各議院の総議員の$\frac{2}{3}$以上の賛成で発議)

(6) 内閣総理大臣の【⓴　　　】：国会議員の中から国会が選ぶ→［㉑　　　　］が任命する

(7) 【㉒　　　】の決議：「総理大臣やめろ〜」←［㉓　　議院］のみ

(8) 【㉔　　　】：国の政治について明らかにするため　証人を呼んだり記録などの提出を求めたりできる

(9) 【㉕　　　】を開く　←裁判官を［㉖　　　］するか決める

▶もし衆議院と参議院の意見が違ったら？(［㉗　　国会］：衆参で多数派が異なる状態)

【㉘　　　　　】が定められている(上の(1)(2)(4)(6)(7))

なぜ強いのか？(● 衆議院には【㉙　　　　　　　　】ので,

より国民の意見を反映すると考えられるから。

5 法律の成立

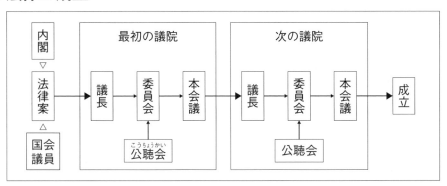

①法律案は[③⑩　　　　　]か[③①　　　　　　　　]が作成（提出）する

> 衆議院議員 or 参議院議員は
> それぞれの議院に
> 提出すればいい

▶法律案は衆議院・参議院の[③②　　　　　　　　　　　　　　　　　]

②法律案は議長から【③③　　　　　　】に送られ，審議が始まる（いきなり全員で会議をするのではない）

▶委員会には[③④　　　　委員会]と[③⑤　　　　委員会]がある

▶重要法案については【③⑥　　　　　　】が開かれる（関係者や学者さんなど専門家の意見を聞く）

・予算委員会では必ず開かれる（国会議員は何かしらの委員会に属している）

③委員会審議を経て【③⑦　　　　　　】へ送られ，最終的には過半数の賛成で決する

▶[③⑧　　　　　　　]：最低これだけは出席していないとダメという人数
　　＝
　本会議は総議員の[③⑨　　　]以上・委員会は[④⓪　　　]以上

④最初の議院を通過すると次の議院に送られ②〜③を再びおこなう

⑤両院で可決すれば法律が成立→[④①　　　]が[④②　　　　]の名において公布する

▶衆議院で可決し，参議院で否決した場合

衆議院が[④③　　　　議員]の[④④　　　]以上で再可決→法律が成立する（衆議院の優越）

参考　国民が法律の作成を望む場合　議員に請願 or マスメディアを通じて世論を形成する

おまけ　議員提出よりも内閣提出の法案が多い（といっても大部分は各省庁の公務員（官僚）が作成している）

参考　いろいろな「きまり」（法律は国会が制定するきまり）

　　　[④⑤　　　　]は内閣・[④⑥　　　　]は裁判所・【④⑦　　　　　　】は地方公共団体が制定

6 衆議院と参議院

	衆議院	参議院
議員定数	【48　　　人】	【49　　　人】
任期	【50　　　年】 解散あり	【51　　　年】 [52　　　年]ごとに半数ずつ改選
選挙権	満18歳以上	満18歳以上
被選挙権	【53 満　　歳】以上	【54 満　　歳】以上
選挙区	小選挙区制選挙で[55　　　人] 全国を[57　　　]ブロックに分けた 比例代表制選挙で[58　　　人] (拘束名簿式比例代表制)	選挙区制選挙で[56　　　人] 全国から(特にブロック分けしない) 比例代表制選挙で[59　　　人] (非拘束名簿式比例代表制)

(1) 衆議院の選挙のしくみは【60　　　　　　　　　　　　　　　】

(2) 衆議院議員の選挙のことを[61　　　　　　]という(参議院と違って全部入れ替わるから)

(3) 拘束名簿式:**衆議院**の比例代表選挙は【62　　　　　】を書いて投票する
　　　　あらかじめ各政党が候補者に順位を決めた名簿を作成し
　　　　その名簿の順に当選者を決める(当選順位が名簿の順位に拘束される)

(4) 非拘束名簿式:**参議院**の比例代表選挙は**政党名**か【63　　　　　】を書いて投票する
　　　　各政党は順位をつけない候補者名簿を提出し
　　　　各党の得票数+その党の候補者の得票数をもとに当選者を決める
　　　　当選者は各候補の得票の多い順に決まる(党が決めた順位ではなく人気順で決まる)

7 国会の種類

	召集	主要議題	会期
64 (常会)	毎年1回[65　　　月]	【66　　　】の審議	[67　　　日]
68 (臨時会)	①内閣の要請 ②いずれかの議院の 　総議員の$\frac{1}{4}$以上の要求	緊急の議題の審議	両議院で決める (両議院一致の議決で決定)
69 (特別会)	衆議院解散による 総選挙後【70　　　日】以内	【71　　　　　　】	
72	衆議院解散中に 緊急事態だ〜って時	緊急議題の暫定議決 後に衆議院の同意が必要	不定 (問題解決まで)

▶特別国会が召集された時に内閣は総辞職する(選挙結果によっては再任もある)

8 衆議院の優越 ▶ねじれ国会の場合，衆参が対等だったら結論が出ないことになりかねない

理由🖊 [⁷³

---

(1)⁷⁴ [   ] **の議決**　※**参議院・衆議院のどちらに先に出してもいい**

もちろん両院で可決すれば成立するのだが

衆議院で可決し参議院が否決→衆議院が出席議員の [⁷⁵   ] 以上で【 ⁷⁶   】→成立

　　　　衆議院は [⁷⁷   ] を開くことを求めることができる

また参議院が [⁷⁸   **日以内**] に議決しない時は否決したものとみなして再可決へ

　　　　　　▶**法律案だけが再可決を必要とする・他は再可決なしで衆議院の議決でいく**

---

(2)⁷⁹ [   ] **の先議権**　※**必ず先に衆議院に提出**

---

(3)⁸⁰ [   ] **の議決**

・衆議院で可決し参議院が否決→ [⁸¹   ] 両院協議会を開かなくてはいけない

　　　　　　　　　　　　　　　　　（※法律案は衆議院が求めたら開くことができる）

　　両院協議会で不一致の場合　　　　⎫

　　参議院が [⁸²   **日以内**] に議決しない場合　⎬ **衆議院の議決が国会の議決となる**

　　　　└法律案よりも急がないといけないから

---

(4)⁸³ [   ] **の承認**　※【 ⁸⁴   】**と同じやり方**

---

(5)⁸⁵ **内閣総理大臣の** [   ]

・衆議院で可決し参議院が否決→ [⁸⁶   ] 両院協議会を開かなくてはいけない

　　　　　　　　　　　　　　　　　（※予算・条約・首相は必ず開く）

　　両院協議会で不一致の場合　　　　⎫

　　参議院が [⁸⁷   **日以内**] に議決しない場合　⎬ **衆議院の議決が国会の議決となる**

　　　　└とにかく急ぐ必要があるから

---

(6)⁸⁸ [   ] **の決議**　※**衆議院だけ（参議院はできない）**

決議された場合，内閣は [⁸⁹   **日以内**] に**衆議院を解散**させるか，内閣が**総辞職**

→衆議院が解散されたときは，解散の日から【 ⁹⁰   **日** 】以内に衆議院議員の総選挙を実施，

　その選挙の日から【 ⁹¹   **日** 】以内に国会＝ [⁹²   ] を召集しなければならない

12 ▶ 内閣

1 行政と内閣

(1) 内閣は【❶　　　　権】を持つ

(2) 内閣は内閣総理大臣(首相)と，その他の[❷　　　　　　　　　　　](閣僚)で組織される
（外務大臣や国土交通大臣など）

(3) **内閣総理大臣は国務大臣を**[❸　　　　　]**する**（国務大臣を選んで内閣をつくることを**組閣**という）

　　誰を選んでもいいが[❹　　　　　]は[❺　　　　　　　　]でなければならない

　　また軍人はダメ…[❻　　　　　]でなければならない

　　　　　　　　　　　　　　参考　[❼　　　　　　　　　　](文民統制)

(4) 内閣総理大臣と全国務大臣が会議＝[❽　　　　　]を開いて政治の方針を決める
（非公開・全会一致で決定）

(5) 衆議院が内閣不信任を決議した場合（「総理大臣やめろ〜！」と衆議院が決めた場合）

　　首相は[❾　　日]以内に ｛ [❿　　　　　　　]する(自分が辞める)
　　　　　　　　　　　　　　　衆議院を[⓫　　　　　　]する(選挙で国民の意思を問う) ｝ どちらか選ぶ

(6) 【⓬　　　　　　　　　　】
　　　　‖
　　国会(衆議院)は首相を辞めさせることが出来る　⇔　首相は国会(衆議院)を解散させることができる
　　内閣と国会は別物ではなく，お互いに選んだり辞めさせたりすることが出来るという密接な関係

　　🖋 [⓭　　　　　　　　　　　　　　　　　　　　　　　　　　　　　　　　]

2 内閣の仕事

(1) 法律と予算に基づいて**政治をおこない**(行政権を行使)，各行政機関を指揮・監督する
(2) [⓮　　案]・[⓯　　案]を作成し[⓰　　　　]に提出する
(3) [⓱　　　　]関係を処理する，外国との約束＝【⓲　　　　】を締結する
(4) **最高裁判所長官を**【⓳　　　　】**し，その他の裁判官を**【⓴　　　　】**する**
(5) 天皇の【㉑　　　　　】に対して[㉒　　と　　]を与える
(6) [㉓　　　　]の制定(法律を施行するために定められるきまり)
(7) 国会の召集や衆議院の解散を決定する(実際に召集・解散させるのは天皇の国事行為)
(8) 恩赦を決定する(刑を免除したり軽くしたりする・皇族の結婚や年号がかわるなど特別な時だけ)

❸ 議院内閣制

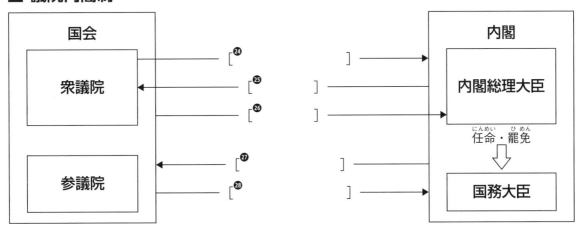

❹ 行政組織

(2021年4月現在)

内閣

- 人事院
- 内閣法制局
- 安全保障会議
- 会計検査院

- 内閣官房
- 内閣府

- 復興庁

省庁（内閣の下）：
- 文部科学省
  - スポーツ庁
  - 文化庁
- 厚生労働省
  - 日本年金機構
- 環境省
  - 原子力規制委員会
- 経済産業省
- 国土交通省
  - 国土地理院
  - 気象庁
  - 観光庁
- 農林水産省
- 財務省
  - 国税庁
- 外務省
- 法務省
  - 出入国在留管理庁
- 総務省
  - 消防庁
- 防衛省
  - 防衛装備庁

内閣府：
- 国家公安委員会
  - 公正取引委員会
- 消費者庁
- 宮内庁
- 金融庁

13 ▶ 裁判所

➡解説編 p.99〜105

1 司法と裁判所

(1) 裁判所は【❶　　　　権　】を持つ

(2) 裁判の種類

【❷　　　　裁判　】：殺人・傷害・窃盗・詐欺などの犯罪を裁く

【❸　　　　裁判　】：金銭トラブル・損害賠償・離婚などの裁判(個人間の権利・義務の対立を解決)

[　行　政　裁　判　]：国や地方自治体を訴える。公害問題など

(3) 裁判所の種類(※最高裁判所以外の裁判所を**下級裁判所**という)

最高裁判所→[❹　　　　裁判所　]→[❻　　　　裁判所　]→[❼　　　　裁判所　]→**簡易裁判所**

　　　　　　　　　[❺　　　　‖　　　　・　　　　・**東京・名古屋・大阪**・　　　　・**福岡**　]

(4) 裁判は[❽　　　　　]でおこなわれるのが原則(誰でも傍聴できるが，特別な場合や家庭問題は非公開)

(5) 裁判は[❾　　回　]受けることができる＝【❿　　　　　　　　】

第一審判決に不服→【⓫　　　　　　】→第二審判決→それでも不服→【⓬　　　　　　】→第三審

(6) 裁判官は自分の**良心**と[⓭　　　　　　]および**法律**にのみしたがって独立して裁判をおこなう

司法権の【⓮　　　　　　】(たとえ総理大臣であっても判決についてゴチャゴチャいってはいけない)

(7) 裁判官を辞めさせる(罷免させられる)場合(もしクビにならないと，権力の独占につながる)

・【⓯　　　　裁判所　】で判断された場合 ←[⓰　　　　　　]が裁判官を裁判する

・【⓱　　　　　　　　】：最高裁判所裁判官(15名)は国民が投票によって罷免することができる

(8) すべての裁判所には法律や行政処分が憲法に違反していないかどうか審査する権限がある

(訴えのあった具体的事件を通じて判断する)

【⓲　　　　　　　(　　　　審査権・法令審査権)　】を持つ

▶ 最高裁判所は【⓳　　　　の　　　　】と呼ばれる(最終的な判断を下す)

(9) 【⓴　　　　制度　】：国民が裁判に参加(2009年から実施)

　㉑[

　　]

・重要な【㉒　　　　裁判　】の【㉓第　審】でのみおこなわれる。(審理，評議，評決)

・選挙人名簿から抽選で選ばれた**裁判員6人**と**裁判官3人**からなる。

・多数決で評決する場合は，必ず**裁判官・裁判員の両方**が含まれていなければならない。

❷ 民事裁判

(1) 訴えた人＝【❷⁴　　　　　】⇔【❷⁵　　　　　　　】＝訴えられた人

(2) 裁判所で審理→判決（または［❷⁶　　　　　］・家庭裁判所では調停も）
訴訟費用が払えない場合は法律扶助制度（訴訟扶助制度）がある

❸ 刑事裁判

(1) ［❷⁷　　　　　（容疑者）］：事件を起こした疑いがある人

(2) 【❷⁸　　　　　　】が被疑者を【❷⁹　　　　　　　】するかどうか判断する
（証拠不十分などで訴えないことを不起訴という）

(3) 【❸⁰　　　　　】：起訴された被疑者。（【❸¹　　　　　　】が裁判所に訴えて裁判）

(4) 【❸²　　　　　　】：被疑者・被告人の利益を守る人（弁護人は**弁護士**でなければならない）

必ず弁護人をつけなければならない→**費用がない場合は**［❸³　　　　　　　（起訴後）］

参考 ［❸⁴　　　　　　　（起訴前）］

(5) 裁判所で審理→判決（有罪か無罪か・有罪なら刑が科せられる）

❹ 民事裁判と刑事裁判

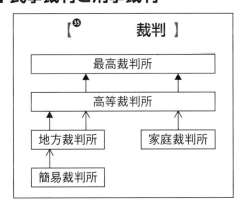

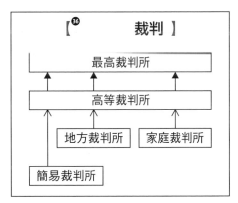

控訴　上告

▶【❸⁷　　　**裁判**】で控訴審判決（第二審判決）を下すのは必ず**高等裁判所**である

最高裁判所が上告審（第三審）になるようにしている（死刑もありうるから）

❺ その他

(1) 刑が確定した後でも新たな証拠や裁判に間違いがあれば［❸⁸　　　　　　］を請求できる

(2) 無実の罪で有罪となることを［❸⁹　　　　　　］という…刑事補償請求権の対象となる

(3) 【❹⁰　　　　　　　】：検察官の決定について，抽選で選ばれた国民が審査するしくみ。
検察官のミスや横暴を防ぎ，国民感情を反映する制度

14 ▶ 三権分立

➡解説編 p.114

▶国の権力を３つに分けると

> 国会 ：【立法権】 法律をつくる
> 内閣 ：【行政権】 政治をおこなう
> 裁判所：【司法権】 裁判をおこなう

▶三権分立（権力分立）とは，

●「❶   」

（あるいは）

●「❷   」

（抑制＝抑えあう）（均衡＝バランスをとる）

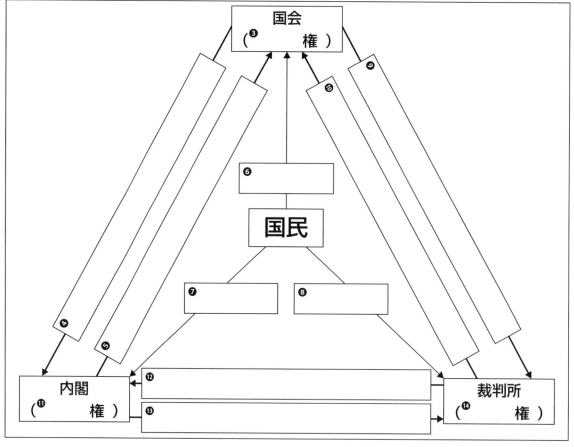

```
                    国会
                  （❸    権）


        ❹              ❻              ❺
                      ❻

                      国民

              ❼              ❽


     内閣                          裁判所
    （⓫  権）    ⓬               （⓮    権）
              ⓭
```

▶三権分立といえば［⓯　　　　　　　（フランス）］の『⓰　　　　　　　』

参考 **調査と発表**

地理では地域調査，歴史では歴史新聞，公民でもレポート作成やプレゼンテーション
といった学習をおこない，調べ方の手順や発表の方法について出題されます。
暗記というより常識(センス)で解答するものが多いので，落ち着いて理解してください。

例えば，次の手順を並べ替えなさいというものもあります。

　〈　A 発表する　B テーマを決める　C 調査する　〉　　　　…簡単ですね(答　B → C → A)

では，次の手順を並べ替えてください。

　〈　A テーマを決める　B 調査　C 考察とまとめ　D 仮説を立てる　E 発表　〉

　　　　　　　　　　　　　　　　　　　　　　　　　　(答　A → D → B → C → E)

1 調査の方法

(1) **文献調査**…図書館や役所などで，資料，統計，パンフレットなどを入手し，調べる

(2) 聞き取り調査…関係者などにインタビューする(お年寄りから話を聞くなど)

(3) 野外観察(**フィールドワーク**)…地形図，デジカメ，ノートなどを持って出かける

(4) インターネットを使った調査…情報の真偽に注意し，引用するときは著作権に留意する

2 発表の方法

(1) レポート提出，壁新聞など

(2) プレゼンテーション(劇，紙芝居，クイズ，ビデオなど)

　・中間発表や，グループ内で意見交換するなど，発表前に考察する

　・調べたこと(事実)と，自分の意見(考えたこと)を分ける

▶ グラフの特長

① **棒グラフ**

　🔘 数や量を比べやすい

▲刑法犯の認知された件数 (法務省資料ほか)

② **折れ線グラフ**

　🔘 変化を表しやすい

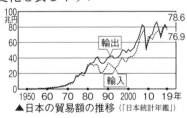

▲日本の貿易額の推移 (「日本統計年鑑」)

③ **円グラフ**

　🔘 割合を表しやすい

◀世界の二酸化炭素
排出量 (「世界国勢図会」)

④ **帯グラフ**

　🔘 割合を表しやすい(その変化も比較しやすい)

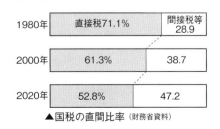

▲国税の直間比率 (財務省資料)

4章 わたしたちのくらしと経済

15 ▶ 消費と家計

→解説編 p.120～123

1 基本語句

(1) [❶　　　　　　　]：生活に必要な財(もの)を生産・流通・消費する活動のこと

(2) [❷　　　　　　　]：商品が生産者から消費者に届くまでの流れのこと

(3) [❸　　　　　　　]：家庭を単位として営まれる経済のこと

(4) [❹　　　　　業]：生産者から商品を大量に仕入れて小売業に売る業者(問屋ともいう)

(5) [❺　　　　　業]：商品を消費者に直接売る業者(いわゆるお店)

(6) [❻　　　　　　　]：形のある商品

(7) [❼　　　　　　　]：形のない商品

(8) [❽　　　　　　　]：多くの商品の価格を総合して平均して数値化したもの

2 お金(貨幣)の役割

(1) [❾　　　　の尺度]：商品などの値打ちを表す(貨幣の分量＝商品の値段＝価格)

(2) [❿　　　　の仲立ち]：商品と交換できる(労働力と商品を交換する仲立ちもする)

(3) [⓫　　　　の手段]：保存し，価値を蓄えることができる

3 家計と消費生活

(1) 家計の収入

①[⓬　　　　　所得(勤労収入)]：働いてかせぐ収入

②[⓭　　　　　所得(事業所得・事業収入)]：経営者の収入

③[⓮　　　　　所得(財産収入)]：利子や家賃などの収入

(2) 家計の支出

①[⓯　　　　支出]：食料費・被服費・住居費・光熱費・交通通信費・娯楽費など

②[　非消費支出]：[⓰　　　　　]や社会保険料など(※節約しようにも出来ないもの)

③[⓱　　　　　　]：銀行預金・郵便貯金・生命保険の掛金・株式や国債への投資など

(3) [⓲　　　　係数]：消費支出にしめる[⓳　　　　　　　]の割合(%)

数値が大きい＝生活は貧しい。小さい＝生活は豊か

(4) クレジットカードの問題点

◉[⓴　　　　払い(信用払い)]のため自分の収入を考えずに買い物してしまう

後で代金が支払えなくなり自己破産も…

4 消費生活と法

(1)　1968 年：消費者保護基本法(2004 年，消費者基本法に改正)

(2)　1994 年【^㉑　　　　法(　　　　　　　　法)】：【^㉒　　　　商品 】は企業が責任を持つ

(3)　1997 年　容器包装リサイクル法：分別回収や再利用を消費者や行政，企業に義務付ける

(4)　2000 年　特定商取引法(改正)

【^㉓　　　　　　　　(制度) 】：(訪問販売やキャッチセールスで)契約をした日から

【^㉔　　　日 】以内なら無条件で取り消せる

(マルチ商法では 20 日以内)

(5)　2000 年　【^㉕　　　社会形成推進基本法 】：リサイクルをすすめ，資源をくり返し使う

(6)　2001 年　消費者契約法：契約上のトラブルから消費者を守る

(7)　2001 年　[^㉖　　　　　　　　法]：捨てる時にリサイクル費用を負担(不法投棄の問題も)

(8)　2004 年　[^㉗　　　　　　　法]：消費者保護基本法を改正

(9)　2005 年　[^㉘　　　　　　　　法]：車を捨てる時にリサイクル費用を負担

　参考　2009 年　【^㉙　　　　庁 】発足：食品表示や特定商取引の問題に対応

5 国民経済と家計

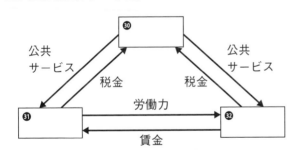

矢印の向きをよく見て！税金と賃金に注目。

・税金を集めているのは
　働く人ですか？会社ですか？国ですか？

・賃金を払うのは
　働く人ですか？それとも会社ですか？

16 ▶ 資本主義と社会主義

→解説編 p.124〜125

1 資本主義経済

【^❶　　　　　　　　　　　　　　　　　　　経済のしくみ。 】

2 社会主義経済

【^❷　　　　　　　　　　　　　　　　　　　経済のしくみ。 】

(計画経済のため企業間の競争がない→倒産も失業もない平等な社会をめざす)

　参考　社会主義思想：[^❸　　　　　　　] が理論を確立(19 世紀，ドイツの思想家)

1 生産

(1) **生産の三要素**　①[❶　　　　　]，②[❷　　　　　]，③[❸　　　　　(財)]

　　四要素という場合はプラス④[❹　　　　　(知的資源)]

(2) **単純再生産**：同じ規模で生産をくり返すこと

(3) **拡大再生産**：利潤の一部を資金(資本)に加えて，生産規模を大きくしていくこと

2 企業の種類

(1) **私企業**：民間の企業…[❺　　　　　]をあげることが目的

　　①個人企業：個人が資金を出して経営する。農家や小規模な商店など

　　②法人企業

　　・組合企業：農業協同組合(農協＝JA)や生活協同組合(生協＝COOP)など

　　・会社企業：**株式会社**が代表的

(2) **公企業**：国や地方公共団体が経営する。**公共の利益**が目的

　　①国営企業：国が経営する(国有林野など)・・・現在は民営化がすすむものもある

　　②地方公営企業：市営バスや都営地下鉄，水道など

(3) **公私合同企業**：JP，JT，NTT など

　　参考 [❻　　　　　]：国や地方公共団体と私企業が出資して設立，経営する企業形態。
　　　　　　　　　　　　鉄道やリゾート施設など
　　　　　　　　　　　　(第一セクター＝地方公共団体・第二セクター＝私企業)

3 株式会社

(1) 資金を集めるために【❼　　　　　(株)】を買ってもらう(株式を買うことで会社に**出資**してもらう)

(2) **株主のメリット**：会社に利益があれば出資額に応じて【❽　　　　　】がもらえる

(3) 株主は【❾　　　　**責任**】会社が大赤字でも株式がパーになるだけ

(4) 株式会社は最高機関である【❿　　　　　】の決定で運営される

(5) 株主総会では【⓫　　　　　】に応じて議決権を持つ(1 人 1 票ではない)

　　参考 [⓬　　　　　]：企業が文化的・社会的意義のある活動に対しておこなう支援・貢献
　　　　　　　　　　　　本業とは直接に関係のない，博物館の協賛や町の清掃活動など
　　　　　　　　　　　　🖋 企業の[⓭　　　　　]が重視されるようになったから。

❹ 大企業と中小企業

(1) 中小企業：資本金が 3 億円以下または従業員数 300 人以下

（製造業の場合）

(2) ［⓮　　　企業 ］のほうが，生産性(＆収益性)が高い

(3) 中小企業問題

　　・労働組合の組織率が低い

　　・大企業の［⓯　　　　　　］や系列企業となっている

　　　　　　↓

　　安定する反面，不況時などは切り捨てられることもある

(4) 【⓰　　　　　企業 】：未開発の分野を切り開いていこうとする比較的小さな企業

（パソコン〈IT〉関連やサービス業などに多い）

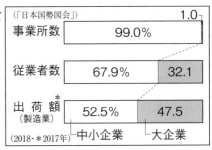

（「日本国勢図会」）		1.0 ⌐
事業所数	99.0%	
従業者数	67.9%	32.1
出荷額*（製造業）	52.5%	47.5

(2018・*2017年)　中小企業　大企業

▲中小企業の日本経済にしめる割合

---

18 ▶ 金融

➡解説編 p.129

(1) 金融機関：銀行や農協，証券会社など，資金の仲立ちをして利益を得ている企業

(2) 銀行の主な仕事

　　①資金の貸し借りの仲立ちをする

　　　企業や家計から預金を預かって利子を払う

　　　企業や家計に資金を貸し付けて利息をとる

　　（ **利子＜利息**…銀行の利益 ）

　　②為替業務：離れたところにお金を送る

```
┌──────┐  政府資金  ┌──────┐
│ 政府 │ ──────→ │日本銀行│
└──────┘          └──────┘
                    ↑   │
                  預金 │貸付
                    │   ↓
┌──────┐  預金・利息 ┌──────┐
│家計・企業│ ──────→ │ 銀行 │
└──────┘  貸付・利子 └──────┘
```

(3) 【❶　　　　　　 】：日本の中央銀行

① 【❷　　　銀行 】：日本銀行券(紙幣)を発行する
② 【❸　　　の銀行 】：一般銀行に貸し付け・預金をおこなう
③ 【❹　　　の銀行 】：国の資金(税金や国債)を扱う

(4) 【❺　　　　　制度 】：**中央銀行が紙幣の発行量を調整する制度**（金本位制度をやめる）

　　　　　　世界恐慌以降に各国が採用(日本も)・紙幣と金の交換は出来ない

　参考　**金本位制度**：国の金保有量に応じて通貨発行量を決める

　　　　　　　　紙幣は金と交換することができる(日本では 1897 年〜(中断あり)〜 1931 年)

19 ▶ 価格

➡解説編 p.130～133

(1) 価格の成り立ち

① [❶   価格]：生産者の経費と利益

② [❷   価格]：①＋卸売業者の経費と利益

③ [❸   価格]：②＋小売業者の経費と利益

▶生産価格＜卸売価格＜小売価格

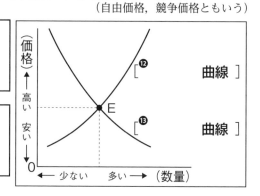

参考 生産者と消費者を直接結ぶ

[❹   ]
                    もみられる
（流通経路の短縮によって）

💰 流通費用が削減できる

(2) [❺   価格]：需要と供給の関係で変化しながら実際に市場で取引される価格

（自由価格，競争価格ともいう）

需要 ＝【 ❻   】（ ❼   ）
供給 ＝【 ❽   】（ ❾   ）

需要が供給を上回ると商品価格は【 ❿   がる 】
供給が需要を上回ると商品価格は【 ⓫   がる 】

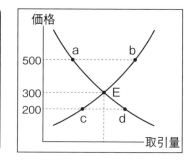

(価格) 高い 安い

[⓬   曲線]

[⓭   曲線]

少ない ← → 多い （数量）

a：買い手は500円のとき，あまり買わない

b：売り手は500円のとき，より多くつくる

すると品物が余るので，価格は [⓮   がって] いく

c：売り手は200円のとき，あまりつくらない

d：買い手は200円のとき，より多く買う

すると品不足となり，価格は [⓯   がって] いく

(3) E点＝【 ⓰   価格 】：需要と供給のバランスがとれたときの価格

例題 グラフが変化するパターン

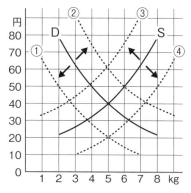

ⓐ 豊作でいっぱい採れた

あるいは，工場規模が拡大して生産量が増えた場合

供給量を表す曲線Sは [⓱   ] へ移行する

ⓑ テレビで話題になり人気が出た場合

需要量を表す曲線Dは [⓲   ] へ移行する

▶Sが④になる（＝供給量が増えると）均衡価格は40円から30円に [⓳   がる]

(4) 【⑳　　　　　価格 】：ある商品の市場を独占している大企業が決めた価格

実際は完全独占よりも，少数の企業による【㉑　　　　　】が一般的

▶独占の形態

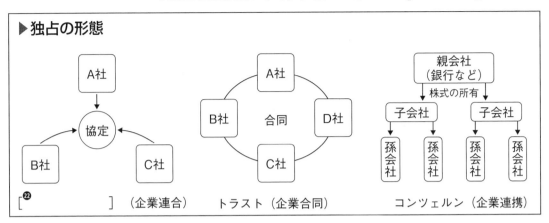

　A社　→　協定　←　B社　C社

[㉒　　　　　　]（企業連合）　　　トラスト（企業合同）　　　コンツェルン（企業連携）

💎 独占状態では自由競争がおこなわれず，価格や生産量の支配が生じるため消費者に不利益
　　　　　　　↓
【㉓　　　　　法 】で禁止←【㉔　　　　　　　　　　】が運用

(5) 【㉕　　　　　　　　　】：国や地方公共団体が決定(許可)する商品やサービスの価格や料金
　　　　　　　　　電車・電気・ガス・水道料金など
　　　　　　　　　💎【㉖　　　　　　　　　　　　　　　　　　　】

20 ▶ 為替相場
➡解説編 p.134

1ドルが100円の時，1ドルのジュースに対して日本円で100円支払ったことになります。

1ドルが110円の時，110円出さないと1ドルのジュースが買えないことになります。

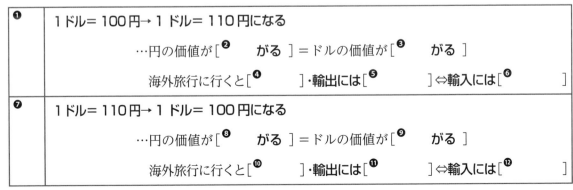

❶	1ドル＝100円→1ドル＝110円になる
	…円の価値が[❷　　がる]＝ドルの価値が[❸　　がる]
	海外旅行に行くと[❹　　]・輸出には[❺　　]⇔輸入には[❻　　]
❼	1ドル＝110円→1ドル＝100円になる
	…円の価値が[❽　　がる]＝ドルの価値が[❾　　がる]
	海外旅行に行くと[❿　　]・輸出には[⓫　　]⇔輸入には[⓬　　]

21 ▶ 景気変動 (景気循環)

➡ 解説編 p.136〜137

▼景気の変動 (景気の循環)

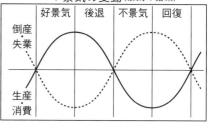

① 資本主義経済では, 好景気と不景気が繰り返される

(1) 好景気 (好況)

企業は生産を増やす

失業者が減る (雇用が増える)

賃金が増える・消費が増える

物価が [❶　　　がり] やすい
↓
[❷　　　　　　　　　] になりやすい

▶ インフレーション とは

● 物価が [❸　　　がり] 続けて

通貨の価値が [❹　　　がる] 現象

⇩

(2) 後退

企業の競争が激しくなる (競って増産を重ねる)

[❺　　　　] が [❻　　　　] を上回る (生産過剰)

商品の売れ行きが悪くなる・企業は生産を減らす

⇩

(3) 不景気 (不況)

倒産する企業が増える

失業者が増える (雇用が減る)

賃金が下がる・消費が減る

物価が [❼　　　がり] やすい
↓
[❽　　　　　　　　　] になりやすい

▶ デフレーション とは

● 物価が [❾　　　がり] 続けて

通貨の価値が [❿　　　がる] 現象

(3)から(4)にならずに

「連鎖的悪循環」になることも
‖
[⓫　　　　　　　　　]

景気悪化→物が売れない→値下げする
→企業の収益が悪化→賃金が下がる→
物が売れない…を繰り返す

⇩

(4) 回復

生産が縮小されているので,

需要が供給を上回り, 企業は生産を増やしていく

景気が回復へと向かっていく→(1)へ

参考 [⓬　　　　　　　　　]：不景気でありながら, 物価が上がる現象

(石油危機の時など)

1 【 **❶** 　　　　　　　　政策 】：日本銀行がおこなう政策（景気や物価を安定させるため）

(1)【 **❷** 　　　　　　　　　　　】（オープン・マーケット・オペレーション）

日本銀行が財産的価値のある有価証券を一般の銀行などに売ったり，買ったりすること

（※財産的価値のある有価証券＝国債など）

◆ 不景気（デフレ）のとき ：日銀は [**❸** 　　　　　　　　　] をおこなう

日銀が銀行のもつ有価証券を買う→お金は銀行へ→市中へ出回る通貨量が [**❹** 　　　　る]

◇ 景気過熱（インフレ）のとき ：日銀は [**❺** 　　　　　　　　　] をおこなう

(2)【 **❻** 　　　　　　　　　　　】（支払準備率操作）

一般の銀行が預かっている預金の一部を中央銀行に預けさせる割合を調整すること

◆ 不景気（デフレ）のとき ：預金準備率を [**❼** 引き　　　げる]

銀行の資金が増える→企業などへの貸付が [**❽** 　　　る]→通貨量が増える

◇ 景気過熱（インフレ）のとき ：預金準備率を [**❾** 引き　　　げる]

2 【 **❿** 　　　　　　　　政策 】：政府がおこなう政策（景気や物価を安定させるため）

(1)【 **⓫** 　　　　　　　　　】：国や地方公共団体がおこなう道路・ダム・学校などを作る事業

◆ 不景気（デフレ）のとき ：公共事業を【 **⓬** 　　　す 】

会社に仕事が [**⓭** 　　　る]＝失業者が [**⓮** 　　　る]→給料を得て買い物する

◇ 景気過熱（インフレ）のとき ：公共事業を【 **⓯** 　　　す 】

(2) 租税政策

◆ 不景気（デフレ）のとき ：【 **⓱** 　　　税 】をする

◇ 景気過熱（インフレ）のとき ：【 **⓲** 　　　税 】をする

参考 [**⓰** 　　　　　　]

公共事業で作る道路やダムなど
産業発展や生活に有用な公共財

（**インフラ**（インフラストラクチャー））

23▶財政

➡解説編 p.142〜145

❶ 国の歳出・歳入

▼一般会計歳出(2020年度　102.7兆円)

社会保障関係費 34.9%	国債費 22.7	地方交付税交付金 15.2	公共事業 6.7	5.4	5.2	その他 9.9

文教・科学振興費
防衛関係費

▼一般会計歳入(2020年度　102.7兆円)

租税・印紙収入 61.9%	公債金 31.7	その他 6.4

(「日本国勢図会」2020/21)

(1) **社会保障関係費**(→ p.45)

近年どんどん支出が増えています。今後,ますます少子高齢化がすすむと予想されており,

❶〔　　　　　　　　　　　　　　　　　　　　　　　　　　　　　　　　〕

(2) **国債費**:借金を返すための費用(**公債金**は国債を発行して借りたお金)

▶【❷　　　　　　】＝国の借金…日本は**国債依存度が高い**。

(3) **地方財政費**:**地方交付税交付金**など

(4) **国土保全開発費**:**公共事業費**など

(5) **教育文化費**:義務教育や国立学校の費用,科学技術の振興など

(6) **防衛関係費**:割合(%)は少ないが,金額では多い(世界の上位に入る)

(7) その他の支出

〔❸　　　　　　　　　〕:国が関係機関や地方公共団体におこなう投資や融資のこと

金額が大きく,暮らしや企業に与える影響が大きいため〔❹　　　　　　〕と呼ばれる。

▼国債依存度の推移

(財務省資料)　国債発行額
国債依存度

❷ 租税の種類

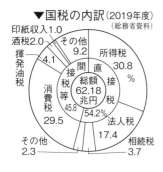

▼国税の内訳(2019年度)(総務省資料)

印紙収入1.0
酒税2.0
揮発油税4.1
その他9.2
所得税30.8%
間接税等45.8
総額62.18兆円
直接税54.2%
消費税29.5
法人税17.4
その他2.3
相続税3.7

(1) **直接税**:【❺　　　税】【❻　　　税】【❼　　　税】

(給料)　　(会社)　　(遺産)

(2) **間接税**:〔❽　　　税〕・酒税・揮発油税など

🔹税を納める者と税を負担する者が異なる税金

(3)【❾　　　制度】:収入が多いほど所得税の税率が高くなるしくみ(相続税は遺産)

所得の再分配(所得の不平等をやわらげる)の機能がある。

(4) **直間比率**:税収にしめる直接税と間接税の割合(日本は直接税のしめる割合が高い)

🔹消費税の税率が上がると,所得の少ない家計ほど,負担が大きくなる。

24 ▶ 社会保障制度　➡解説編 p.146〜149

▶憲法［**❶**第　　条］＝【**❷**　　　　権】

①すべて国民は，【**❸**　　　　】で【**❹**　　　的】な
　【**❺**　　　　　　　】の生活を営む権利を有する。

②国はすべての生活部面について［**❻**　　　　　　］，
　［**❼**　　　　　］及び［**❽**　　　　　］の向上及び
増進に努めなければならない。

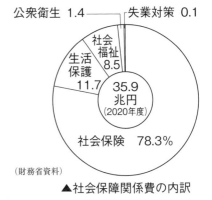

公衆衛生 1.4 ── ┌── 失業対策 0.1

社会福祉 8.5
生活保護 11.7
35.9兆円（2020年度）
社会保険 78.3%

（財務省資料）

▲社会保障関係費の内訳

1　【**❾**　　　　　　　　　】：病気・ケガ・失業・老齢など，必要が生じたときに給付を受ける

▶あらかじめ一定の保険料を積み立てておく（不足は税金で補助）
会社員などは会社（事業主）も負担する（労災保険は事業主が全額負担する）

① [健 康 保 険]：ケガや病気のとき。医療保険ともいう（国民健康保険など）
② 【**❿**　　　　保険】：老後の生活費など。**国民年金**は［**⓫**満　　歳］になったら加入義務。
③ [**⓬**　　　　保険]：失業したとき。**失業保険**ともいう（生活費を支給する）
④ [労 災 保 険]：仕事上の災害のとき。（仕事でケガ→障がいの程度に応じて給付）
⑤ 【**⓭**　　　　保険】：要介護者や高齢者に対して，介護や支援サービスを提供。
　　　　　　　　　2000 年〜［**⓮**満　　歳］以上は保険料の負担義務

2　【**⓯**　　　　　　　　】：【**⓰**　　　　　　　】：貧困世帯への生活費支給など（**生活保護法**）

3　【**⓱**　　　　　　　　】：児童・老人・障がい者・母子家庭など，社会的弱者の保護と自立をはかる
　　　　　　　　　　　　　　　　　　（老人ホームや福祉施設の建設など）

参考 【**⓲**　　　　　　　　】：🌐 障がいとなる段差などを取り除いていこうとすること

4　【**⓳**　　　　　　　　】：［**⓴**　　　　　　　］の活動・伝染病対策・食品衛生監視・上下水道整備

5章 地球社会とわたしたち

25 ▶ 国際連合

→解説編 p.152〜154

1 目的

①世界の平和と安全を守る，②国際協力をすすめる，③人権と自由を守る

2 成立と加盟国数の増加

[❶　　　　年]：第二次世界大戦後，51か国でスタート…本部は[❷　　　　　　　　　]

[❸　　　　年]：日本加盟…[❹　　　　共同宣言]

1960年代：44か国増加←1960年は[❺　　　　　　の年]

1990年代：29か国増加←1991年に[❻　　　　解体]

2021年現在の加盟国は【❼　　　か国】

▼国連加盟国数の推移 (国数)

A…ヨーロッパ(旧ソ連含む)
B…アジア
C…アフリカ
D…南北アメリカ　E…オセアニア

参考　国際連盟

成　立：第一次世界大戦後の1920年

（本部は[❽　　　　　　　　（❾　　　　　　　　）]）

問題点：①全会一致…一国でも反対があると有効な決議が出来ない

②大国の不参加…アメリカの不参加・ソ連とドイツは遅れて加盟←┐第二次世界大戦を
③武力制裁が出来ない…経済制裁だけ　　　　　　　　　　　　　│防げなかった

3 [❿　　　　　]：国連の最高機関(国連総会)

(1) 各国1票　(2) 多数決制を採用(重要事項は出席投票国の3分の2)

4 【⓫　　　　　　　　　】：世界の平和を守るための主要機関

(1) 常任理事国＋非常任理事国＝計15か国で構成

国連軍による武力制裁を決定する(国連平和維持軍(PKF)の派遣)

経済制裁や国交断絶などの制裁を決定する

(2) 【⓬　　　　　　　】：【⓭　・　　・　　・　　・　　】←【⓮　　　権】を持つ

重要事項の議決には，15か国の理事国のうち5常任理事国を含む9か国の賛成が必要

つまり，5常任理事国が1国でも欠けてはダメ(五大国一致の原則)

(3) 非常任理事国：[⓯　か国](任期[⓰　年]で毎年半数が改選)

5 事務局：トップは事務総長(グテーレス〈ポルトガル〉)(2017年〜)

6 国際司法裁判所：国際法上の問題の解決をめざす　in[⓱　　　　（⓲　　　　　　）]

7 経済社会理事会：国際的な経済的・社会的問題の調整や解決をめざす

（もめごとの根底には経済的対立があり，これを取り除かなければ抜本的解決はのぞめない）

26 ▶ アルファベット略称

➡解説編 p.155〜160

1 国連関連

❶ .	国際連合	❷ ★	国連平和維持活動
❸ ★	国連児童基金	❹ ★	国連教育科学文化機関
❺ ★	世界貿易機関	❻ ★	世界保健機関
❼ .	国際原子力機関	❽ .	国際労働機関
❾ .	国際通貨基金	❿ .	国際復興開発銀行
⓫ .	国連環境計画	⓬ .	世界食糧計画
⓭ .	国連貿易開発会議	⓮ ★	国連難民高等弁務官事務所
⓯ ★	国連加盟国が達成すべき目標	追加が あれば	

2 地域統合など

⓰ ★	ヨーロッパ連合	⓱ ★	東南アジア諸国連合
⓲ ★	北大西洋条約機構	⓳ ★	アジア太平洋経済協力会議
⓴ ★	石油輸出国機構	㉑ ★	新興工業経済地域*①
㉒ ★	21 世紀の成長国*②	㉓ ★	環太平洋経済連携協定
㉔ ★	米国・メキシコ・カナダ協定(新 NAFTA) (アメリカ)		
㉕ .	独立国家共同体　旧ソ連 　　　　　　　　諸　国	追加が あれば	

$*①\left(\begin{array}{l}\text{アジア NIES}\quad\text{特に韓国・台湾・香港・}\\\text{シンガポールのこと}\end{array}\right)$, $*②\left(\begin{array}{l}\text{ブラジル・ロシア・}\\\text{インド・中国・南アフリカ}\end{array}\right)$

3 その他

㉖ ★	非政府組織	㉗ ★	非営利組織
㉘ ★	政府開発援助	㉙ .	国際協力機構　青年海外協 　　　　　　　　力隊派遣
㉚ .	国民総生産	㉛ ★	国内総生産
㉜ .	国民総所得	㉝ .	経済協力開発機構
㉞ .	気候変動に関する政府間パネル	㉟ .	汚染者負担の原則
㊱ .	核拡散防止条約	㊲ .　　　全廃条約	中距離核戦力全廃条約
㊳ .	包括的核実験禁止条約	㊴ ★　　　法	製造物責任法
㊵ .	国際標準化機構　9000 シリーズは高品質を保障 　　　　　　　　14000 シリーズは環境保全を保障		
㊶ .	情報通信技術	㊷ .　　システム	販売時点情報管理システム
㊸ .	排他的経済水域	追加が あれば	

◉ [❶   ]

西側	東側
【❷ 主義 】	【❻ 主義 】
資本主義経済(自由経済)	社会主義経済(**計画経済**)
[❸ 】中心(西欧諸国・[❹]も)	[❼ 】中心(東欧諸国など)
[❺ 機構( )】	[❽ 条約機構 】

---

(1) **ドイツ**…第二次世界大戦に負けて米英仏ソによって分割占領された

　　1949 年　東西分裂→ 1961 年:【❾   の壁 】建設(1990 年　東西統一)

---

(2) **中国**　内戦 ⎰ [❿   党(資本主義)] → [⓬   ] が【⓭   】に逃れる

　　　　　　　　　vs

　　　　　　 ⎱ [⓫   党(社会主義)] → 1949 年　【⓮   】が**中華人民共和国**建国

---

(3) **朝鮮半島**

　　1945 年　日本の植民地支配の終了→ [⓯**北緯**   **度線**] を境に南北分断)

　　1948 年 ⎰ 北に [⓰   ] の援助で**朝鮮民主主義人民共和国**成立
　　　　　　⎱ 南に [⓱   ] の支援で**大韓民国**成立

　　【⓲   年 】　**朝鮮戦争**(〜 1953 年, 休戦)…南北会談の場は [⓳   ]

---

(4) **ベトナム**

　　1945 年　[⓴   ] から独立を宣言→南北に分かれてしばらく戦闘続く
　　　　　　　　　　　　　　　　　　(北ベトナムの社会主義政権 vs 南ベトナムの資本主義政権)

　　1965 年　【㉑   】が軍事介入【㉒   戦争 】→ 1973 年, アメリカ軍撤兵

　　1976 年　南北統一(社会主義国となる)

---

(5) **キューバ**　(1902 年〜アメリカの保護国→ 1959 年, 革命→ 1961 年, 社会主義宣言 by カストロ)

　　1962 年　[㉓   ]:ソ連の援助でミサイル配備計画→アメリカが海上封鎖

　　　　　(米ソ全面核戦争?の寸前までいった→ケネディー・フルシチョフ会談でミサイル計画は白紙撤回)

---

(6) アジア・アフリカ

　　[㉔   年 】【㉕   会議 】in【㉖   (㉗   )】

　　[㉘   (**第三勢力**)]:米ソのどちらでもない勢力

28 ▶ 軍縮・冷戦終結

➡解説編 p.168〜169

1 軍縮のあゆみ(1950 年代〜)

1954 年 [❶　　　　　　　] 被曝 in ビキニ環礁(南太平洋)

1955 年 [　第 1 回原水爆禁止世界大会　] in 【❷　　　　　】

1962 年 [　キューバ危機　]

1963 年 [　部分的核実験停止条約(PTBT)　](米英ソ)

1968 年 【❸ 核拡散防止条約(　　　　　　)】(核不拡散条約):現在世界の多くの国が加盟

1968 年 【❹　　　　　　　】:核兵器を「持たず,つくらず,持ちこませず」by 佐藤栄作内閣

1972 年 [　SALT Ⅰ(米ソ戦略兵器制限交渉)　]

1979 年 [　SALT Ⅱ(米ソ戦略兵器制限交渉)　]

　　　　▶ 1970 年代:米ソの歩み寄りがみられる(緊張緩和=[❺　　　　　　])

2 冷戦の終結と現代の世界(1980 年代〜)

1985 年 [❻　　　　　　(ソ連)]の[❼　　　　　　　　　　](後に失敗)

1987 年 【❽ 中距離核戦力全廃条約(　　　　全廃条約)】←米ソ間の条約(レーガンとゴルバチョフ)

1989 年 【❾　　　　　会談】:冷戦終結宣言(ブッシュ(父)とゴルバチョフ)

1989 年 [❿　　　　　の壁]崩壊:1990 年　東西ドイツ統一

1991 年 [　戦略兵器削減条約(START Ⅰ)]←米ソが 3 割削減

1991 年 [⓫　　　　　三国](エストニア・ラトビア・リトアニア)　分離独立

[⓬　　　年][⓭　　　　　解体]→ロシア連邦を中心に[⓮　　　(独立国家共同体)]結成

1993 年 [　戦略兵器削減条約(START Ⅱ)]←米ロが現時点の $\frac{1}{3}$ まで削減

1996 年 【⓯　　　　　　　(CTBT)】:実際の爆発をともなう実験の禁止
　　　　　　　　　　　　　　　　　　　(現在のところ発効していない)

1999 年 [　対人地雷全面禁止条約　]発効

2009 年 【⓰　　　　大統領(米)】がノーベル平和賞:核兵器のない世界をめざす姿勢

2017 年 [⓱　　　　　条約]が国連で採択(2021 年 1 月発効)

1 日本の主な発電所

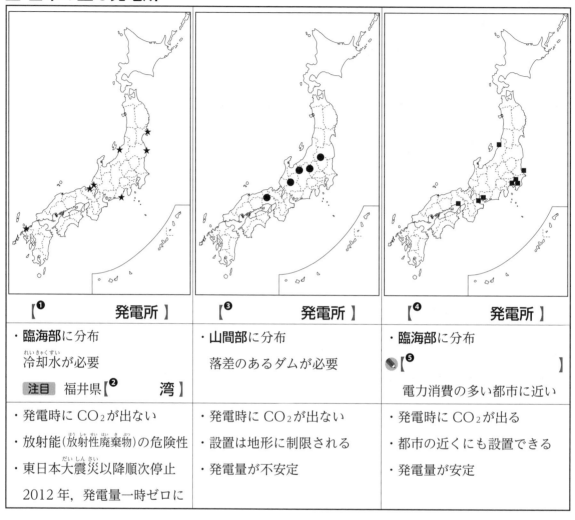

【❶　　　　発電所】	【❸　　　　発電所】	【❹　　　　発電所】
・臨海部に分布 　冷却水が必要 　注目 福井県【❷　　湾】	・山間部に分布 　落差のあるダムが必要	・臨海部に分布 　【❺　　　　　　　】 　電力消費の多い都市に近い
・発電時に CO_2 が出ない ・放射能(放射性廃棄物)の危険性 ・東日本大震災以降順次停止 　2012年,発電量一時ゼロに	・発電時に CO_2 が出ない ・設置は地形に制限される ・発電量が不安定	・発電時に CO_2 が出る ・都市の近くにも設置できる ・発電量が安定

2 日本の発電割合の変化

・水力発電の割合が減少

・火力発電がメイン

・クリーンエネルギーは,近年増加している

・原子力発電は東日本大震災以降停止(2012年一時ゼロに)

(年)　　　　　　　　　　　　　　　　　　　　　　　(「日本国勢図会」など)

年	水力	火力	原子力	その他
1970	22.3%	76.4%		1.3
1980	15.9	69.6	14.3	0.2
1990	11.2	65.0	23.6	0.2
2000	8.9	61.3	29.5	0.3
2010	7.8	66.7	24.9	0.6
2012	7.6	90.2	1.5	0.7
2018	8.7	82.3	6.2	2.8

水力┘　　　　火力┘　　　原子力6.2┘ その他

3 世界の発電のポイント

水力発電が多い国	❻	❼	ノルウェー
原子力が約70%の国	❽		

30 ▶ 地球環境問題

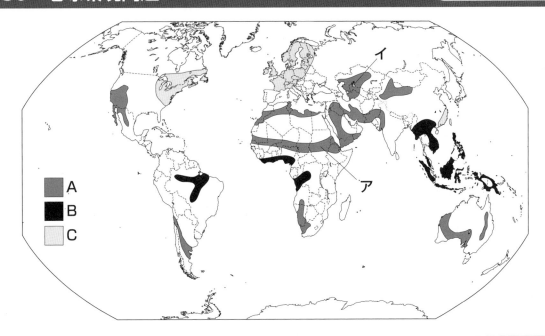

凡例：
A
B
C

1 A❶ 　　　　　がすすむ地域　　　**参考**　毎年約6万km²(九州＋四国)が不毛の地に…

原因：干ばつ(日照り)・家畜の過放牧・過剰な穀物栽培・燃料用薪の伐採のしすぎ

　ア：サハラ砂漠南部の【❷　　　　　地域】　　イ：アラル海の縮小

2 B❸ 　　　　　の破壊がすすむ地域　　▶熱帯林は【❹　　　　】付近に分布

原因：先進国の木材輸入のための森林伐採・熱帯林地域の開発・過剰な焼畑農業

　南アメリカ大陸の【❺　　　　　川】流域・**東南アジアの国々**

3 C❻ 　　　　　の被害が激しい地域　　▶【❼　　　　　】が盛んな地域や人口の多い地域

原因：工場や自動車などから排出される硫黄酸化物や窒素酸化物など

　【❽　　　　　】によって汚染物質が国境を越えて広がる

4 　地球温暖化

原因：石油や石炭などの【❾　　　　　】の大量消費→【❿　　　　　】の増加

5 ❶ 　　　　　の破壊　　▶紫外線の量が増えて皮膚ガンなどの危険性が増す

原因：【⓬　　　　　】…温室効果も高くCO₂以上

31 ▶ 環境問題への取り組み

| 1967 年 | 【❶　　　　　　　　　　　　法 】…背景に [❷　　　　　　　　　　　　] |

| 1971 年 | [❸環境　　　] 発足：公害問題に対応 |

| 1971 年 | 【❹　　　　　　　　条約 】：[❺　　　　　　] の生息地として重要な [❻　　　　　] を守る |

| 1972 年 | [　国連人間環境会議] in [❼　　　　　　　　　　　(❽　　　　　　　　　　　)] |
| | 「かけがえのない地球」がテーマ。人間環境宣言 |

| 1972 年 | [❾　国連環境計画(　　　　)] 設立 |

| 1972 年 | [　世界遺産条約]←国連の【❿　　　　　　　総会 】で採択 |

| 1985 年 | [　ヘルシンキ議定書]：酸性雨原因物質削減にかかわる取り決め |

| 1985 年 | [　ウィーン条約]：オゾン層保護にかかわる取り決め |

| 1986 年 | [⓫　　　　　　原発] が爆発事故(旧ソ連の原子力発電所) |

| 1987 年 | [　モントリオール議定書]：フロンなどオゾン層破壊物質にかかわる取り決め |

| 1989 年 | [　バーゼル条約]：産業廃棄物の国外移動を規制(ゴミは自国で処理せよ) |

1992 年	【⓬　　　　　　　　　】in【⓭　　　　　　　　　(⓮　　　　　　　　)】
	‖　　　　　　　　　　　　　　　↓
	(国連環境開発会議)　　　[⓯　　　　宣言]＝「持続可能な開発」

| 1993 年 | 【⓰　　　　　　　　法 】：公害にとどまらず総合的な環境対策を(公害対策基本法廃止) |

| 1997 年 | 【⓱地球温暖化防止　　　会議 】→【⓲　　　　　　　　】 |
| | (具体的な CO_2 排出削減目標を設定・日本は－6％) |

| 1997 年 | [　容器包装リサイクル法]：アルミ缶やスチール缶, ビンやペットボトルなど, 消費者に分別, 行政に回収, 企業に再利用を義務付ける |

| 1999 年 | 【⓳　　　　　　　　　法(環境影響評価法) 】(建設する前に調査しなさい) |

| 2000 年 | [⓴　　　社会形成推進基本法]：リサイクルをすすめ, 環境への負担を減らす |

| 2001 年 | [　環境庁]→【㉑環境　　　】 |

| 2001 年 | [　家電リサイクル法]・2005 年 [　自動車リサイクル法]：費用負担や不法投棄の問題 |

| 2015 年 | 【㉒　　　　　　】が国連サミットで採択された |

| 2016 年 | 【㉓　　　　　　】が発効(COP21 で決定) |

| 毎年 | 【㉔　　　　　＋数字 】：国連気候変動枠組条約締約国会議 |

32 ▶ 環境問題のキーワード

(1) 【❶　　　　　　　】（地球にやさしい）

(2) 【❷　　　　　　　】（アルミ）

(3) 【❸　　　　　社会】：廃棄物を減らしリサイクルをすすめ、資源を繰り返し使う社会（環境への負担を減らすため、リサイクルをすすめる社会）

(4) ゴミを減らす３Ｒ ［Reduce=削減（リデュース）・Reuse=再使用（リユース）・Recycle=❹　　　　（再生利用）（リサイクル）］

(5) 【❺　　　　　社会】：二酸化炭素（CO_2）の排出量が限りなく少ない社会（低炭素社会）

(6) 【❻　　　　　　　】：排出される CO_2 と吸収される CO_2 が同じという考えのこと

(7) ［❼　　　　　　　］：排出した CO_2 などを植林などで吸収し±0にする考え

(8) ［❽　　　　　　　］：植物を原料とするアルコール燃料（CO_2 を出しても±0）

(9) ［❾　　　　取引］：削減目標を達成した CO_2 排出量を、他の国や企業に売買すること

(10) ［❿　　　　　　　］：廃棄された家電製品に有用な資源が含まれていることのたとえ

(11) ［⓫　　　　　　　］：食料輸送にかかるエネルギーを数値化したもの

(12) ［⓬　　　　運動］：開発から自然を守るため土地を買い上げる住民運動

(13) ［⓭　　　　現象］：舗装がすすんだ都市部で起こる夏場の異常高温現象

(14) ［⓮　　　　　　　］：冷房温度を上げるため、薄着をすること（ノーネクタイなど）

(15) ［⓯　　　　　　　］：都市部に自家用自動車を乗り入れないように、郊外に駐車して公共交通機関を利用するようにするしくみ

(16) ［⓰　　　　　　　］：熱帯地方の海岸に育つ木（えびなどの養殖のため伐採がすすむ）

(17) ［⓱　　　　現象］：［⓲　　　　沖］の海水温度が異常上昇する現象（世界的な異常気象の原因という説も） **参考** 逆をラニーニャ現象

(18) 【⓳　　　　氏】：環境保護活動家・ノーベル平和賞・「モッタイナイ」

32. 環境問題のキーワード　53

33 ▶ カタカナ語

➡解説編 p.178〜183

1 政治

(1)	【❶　　　　　　　　　　】≒**政権公約**（※特に具体的数値などを提示したもの）（→ p.21）
(2)	［❷　　　　式 ］：衆議院，参議院の比例代表制の選挙で， 得票数に比例させて議席を配分する時の計算方法（→ p.23）
(3)	［❸　　　　　　　　　　］：文民統制（職業軍人でない人が軍の指揮権を持つこと）（→ p.30）

2 地方自治（→ p.18）

(1)	【❹　　　　　（制度）】：行政監察官（制度）・行政監視人・苦情処理人（**オンブズパーソン**とも）
(2)	【❺　　　　　　　　　】：**解職請求**（直接請求権の１つ，首長や議員を辞めさせようとする）
(3)	［❻　　　　　　　　　　］：住民発議のこと（条例の制定・改廃を請求できる権利）
(4)	［❼　　　　　　　　　　］：住民投票のこと

3 情報化社会

(1)	［❽　　　　　　　］：新聞・テレビ・ラジオなど（不特定多数の人々に大量の情報を伝える**もの**）
(2)	【❾　　　　　　　　　　】：情報をさまざまな角度から適切に読み取る力
(3)	［❿　　　　　　　　］：情報格差。パソコンなどが使えない人と使える人の間で 情報に接する機会の格差が広がること
(4)	［⓫　　　　　　　　］：情報通信技術を，よりよく使う考え方や態度

4 景気（→ p.42）

(1)	【⓬　　　　　　　　】：物価が上がり続けて通貨価値が下がる現象（インフレ）
(2)	【⓭　　　　　　　　】：物価が下がり続けて通貨価値が上がる現象（デフレ）
(3)	［⓮　　　　　　　　］：不景気なのに物価が上がる現象
(4)	［⓯　　　　　　　　］：景気の悪循環のこと

5 人権(→ p.16)

(1)	【⑯　　　　　　　　　　　】	：死亡(脳死含む)の場合，臓器を提供**するかしないか**の意思を表示したカード(自己決定権)
(2)	〔⑰　　　　　　　　　　　〕	：医者が患者にどんな医療をするか十分に説明し，患者がその内容に同意すること(自己決定権)
(3)	〔⑱　　　　　　　　　　　〕	：障がいがあっても普通に暮らせる社会をめざす考え
(4)	【⑲　　　　　　　　　　　】	：🌑**障害となる段差などを取り除いていこうとすること**
(5)	【⑳　　　　　　　　　　　】	：🌑**誰もが安全に簡単に利用できるような工夫**(商品)　バリアフリー概念の発展型(※障がい者に限らない)

6 資源

(1)	【㉑　　　　　　　　　　　】	：**希少金属**(精密機器に不可欠なコバルトやイリジウムなど)　近年，都市で捨てられた家電製品から積極的にそれらを再利用しようという考えから，使用済みスマホなどを資源とみなして**都市鉱山**ということがある
(2)	〔㉒　　　　　　　　　　　〕	：海底の地中に大量に埋蔵されているメタンなどのシャーベット状の化石燃料
(3)	〔㉓　　　　　　　　　　　〕	：地下深くの頁岩層(シェール層)に含まれるメタンなどのガス状の化石燃料
(4)	〔㉔　　　　　　　　　　　〕	：地下深くの頁岩層(シェール層)に含まれる原油
(5)	【㉕　　　　　　　　　　　】	：植物からつくられる燃料，ガソリンの代用品となる

7 都市問題

(1)	【㉖　　　　　　　　　　　】	：都市中心部の人口が減少し，周辺部の人口が増加する現象
(2)	〔㉗　　　　　　　　　　　〕	：生活に必要な諸機能が中心市街地に集約された効率的な都市　郊外への都市拡大を抑制し，車がなくても買い物などが出来る都市
(3)	〔㉘　　　　　　**問題**〕	：周辺と隔絶された低所得者世帯が密集する住宅地域が都市内部にあるという問題
(4)	〔㉙　　　**現象(効果)**〕	：高速道路や橋などが整備されて人々の移動がさかんになり，都市が発展したり，逆に衰退したりすること

8 企業(→ p.38)

(1)	【㉚　　　　　　　　】：企業連合(価格や生産量などの協定を結ぶ)←**独占禁止法**違反
(2)	【㉛　　　　　**企業**】：**新興企業**・まだ未開発の分野を切り開いていこうとする比較的小さな企業。(パソコン関連やサービス業などに多い)
(3)	[㉜　　　　　　　　]：知的資源・生産に必要な技術や知識(特許や著作権, 商標なども)
(4)	[㉝　　　　　　　　]：企業努力のこと(新製品開発・社内改革・生産性向上・新規開拓など)
(5)	[㉞　　　　　　　　]：法令順守(法令遵守)・利益のためにズルイことをしてはダメですね
(6)	[㉟　　　　　　]：企業が文化的・社会的意義のある活動に対しておこなう支援・貢献 　　🔘 企業の[㊱　　　　　　　]が重視されるようになっている
(7)	[㊲　　　　　　]：研究開発〜製造〜加工〜販売などを含めた農業関連産業

9 労働

(1)	【㊳　　　　　　　】：労働者が団結して仕事を停止し, 雇用者に主張を通そうとすること
(2)	[㊴　　　　　　　　]：企業が事業の再編成のためにおこなう 　　　　　　　　　　　事業所の統合や閉鎖・人員の整理や削減(**リストラ**)
(3)	[㊵　　　　　]：公共職業安定所(職安)。仕事の紹介をおこなっている
(4)	[㊶　　　　　　　]：労働者が自分で出社・退社時間を決めて 　　　　　　　　　　働くことが出来る雇用形態
(5)	[㊷　　　　　　]：雇用機会を増やすため, 仕事を多くの人に振り分けること 　　　　　　　　　(より多くの人を雇って失業者を減らそうとするもの)
(6)	[㊸　　　　　　]：学生が在学中から企業や役所などで職業体験をする制度
(7)	【㊹　　　　　　】：仕事や家庭生活, 地域活動を両立できるようにすること
(8)	[㊺　　　　　　]：生活保護や職業訓練など, 失業しても困らないように 　　　　　　　　　整備する安全網。非正規雇用者の増加対策でもある
(9)	[㊻　　　　　　]：すべての人へ生活に必要な最低限のお金を給付する考え 　　　　　　　　　莫大な財源の確保や労働意欲の減退など課題は多い

10 貧困問題

(1)	[㊼ **開発目標**]	：2000 年の国連ミレニアムサミットでの宣言をまとめたもの 貧困と飢餓の撲滅, 初等教育の普及, 乳児死亡率低下など 2015 年, SDGs としてまとめられる (→ *p.47*)
(2)	[㊽]	：公正貿易 途上国の原料や製品を適正な価格で継続的に購入することで, 途上国の生産者の経済的な自立をめざす運動のこと
(3)	[㊾]	：少額融資 貧しい人に事業を始めるための少額のお金を貸し出すこと 貧困地域の女性に現金収入を得る機会を与えるなどの成果
(4)	[㊿]	：親を亡くすなどして路上での暮らしを強いられている 子どもたち

11 消費生活

(1)	【 51 】	：一定期間内であれば, 無条件に契約を取り消すことを 業者に要求できる制度 (訪問販売などによって消費者が意に沿わない契約をしてしまった場合)
(2)	[52]	：先にお金を払って購入するカード (図書カードなど)
(3)	[53]	：信用払い (代金後払い) ができるカード (使いすぎると後で大変)
(4)	[54 **係数**]	：消費支出にしめる食料費の割合 (%)

12 その他

(1)	【 55 】	：輸入抑制のための緊急措置 特定の産物の輸入が国内の産業を圧迫した場合に発動される
(2)	[56]	：農作物の生産から消費までの流通が明確にわかるしくみ 生産者が誰かわかるので, 消費者は安心して買うことができる
(3)	[57]	：自然災害による被害を予測し, その被害範囲を地図化したもの 予測される災害の発生地点, 被害の拡大範囲および被害程度, 避難経路, 避難場所などの情報を地図上にあらわしたもの
(4)	[58]	：世界的に貴重な地質・地形を認定し, 自然に親しむための公園 世界ジオパークには, 洞爺湖や有珠山, 糸魚川, 島原半島, 山陰海岸, 室戸がある 日本ジオパークは, 阿蘇山, 隠岐など多数
(5)	[59]	：海外から日本へ外国人が訪れてくる旅行 (観光客) を指す外来語 2015 年の流行語大賞が「爆買い」→ **インバウンド**需要が増加
(6)	[60]	：道路や鉄道, 学校, 港湾施設などの【 61 】のこと

クーリング・オフ:【　　日】以内なら書面により無条件に契約を解約できる(マルチ商法は 20 日)	
高齢者とは[満　　歳]以上の人々	
国民年金は[満　　歳]になったら加入(支払い)義務	
介護保険は[満　　歳]になったら加入(支払い)義務	

第一回衆議院議員の選挙権は,直接国税【　　円】以上を納める【 満　　歳 】以上の男子	
現在の選挙権は【 満　　歳 】以上の男女	
被選挙権	知事と参議院は【 満　　歳 】
	上記以外すべて【 満　　歳 】(衆議院議員も県議会議員も市長も)
首長の任期は[　年]・地方議会議員は[　年]・衆議院議員【　年】・参議院議員【　年】	

直接請求権	条例の制定 or 改廃に必要な署名数は有権者の【　　】以上→首長へ提出 20 日以内に議会を招集して採決
	監査の請求に必要な署名数は有権者の【　　】以上→監査委員へ提出
	議会の解散・首長・議員の解職(リコール)に必要な署名数は 有権者の【　　】以上→選挙管理委員会へ提出→住民投票で過半数→失職
首長は議会の議決に不満があれば【　　日】以内に再議を要求できる しかし出席議員の[　　]以上で再議決したら拒否できない	
議会が首長の不信任を議決(総議員の $\frac{2}{3}$ 以上が出席する議会で $\frac{3}{4}$ 以上の賛成で可決)した場合, 首長は【　　日】以内に議会を解散 or 辞職しなければならない	

	衆議院	参議院
議員定数	【　　人】	【　　人】
任期	【　年】 解散あり	【　年】 [　年]ごとに半数ずつ改選
選挙権	[満　歳]以上	[満　歳]以上
被選挙権	【 満　歳 】以上	【 満　歳 】以上
選挙区	小選挙区制で[　人]	都道府県の選挙区制で[　人]
	全国を[　]ブロックに分けた 比例代表制で[　人]	全国から(特にブロック分けしない) 比例代表制で[　人]

憲法改正の発議は，各議院の総議員の【　　】以上の賛成→国民投票で【　　　　】			

定足数は，本会議では[　　　]・委員会では[　　　]		

通常国会の会期は[　　　　日]（延長は1回まで）

国務大臣の[　　　　　]は国会議員でなければならない

衆議院の優越	法律案 の議決	衆議院で可決し参議院が否決 （両院協議会を開くこともある） 参議院が【　　　日】以内に議決しない場合は否決とみなす	衆議院で 出席議員の 【　　】以上で 再可決→成立
	予算 の議決	衆議院で可決し参議院が否決→両院協議会で不一致 　　　　　　参議院が【　　　日】以内に議決しない時	衆議院の議決が 国会の議決 となる
	条約 の承認	衆議院で可決し参議院が否決→両院協議会で不一致 　　　　　　参議院が【　　　日】以内に議決しない時	
	首相 の指名	衆議院で可決し参議院が否決→両院協議会で不一致 　　　　　　参議院が【　　　日】以内に議決しない時	
	衆議院が**内閣不信任**を議決した場合 内閣は【　　　日】以内に衆議院を解散させるか，内閣が総辞職		

衆議院が解散された時は，解散の日から【　　　日】以内に衆議院議員の総選挙をおこない， 　　　　　その選挙の日から【　　　日】以内に特別会を召集しなければならない （特別会が召集された時点で，内閣は総辞職し，首相指名がおこなわれる）

大日本帝国憲法の発布【　　　　年】2月11日

広島に原爆投下【　　年　月　日】,長崎は【　月　日】,終戦記念日は【　月　日】

日本国憲法の公布【　　年　　月　　日】・施行【　　年　　月　　日】

日本国憲法【第　　条】:平和主義(戦争放棄)

日本国憲法【第　　　条】:生存権(健康で文化的な最低限度の生活を営む権利)

労働基準法:労働時間は1日【　時間】,週に【　　時間】が原則。

EU加盟国数は【　　か国】(2020年現在 イギリス離脱後)	国連加盟国は[　　か国](2020年)
国連の安全保障理事会の常任理事国は[　　か国](米英仏ロ中)	
国連の安全保障理事会の非常任理事国は[　　か国],任期は[　年]	

	国際連合（2020 年現在 193 か国）
	国連平和維持活動（日本も自衛隊を海外派遣）
	国連児童基金（「飢えた子にミルクを」・親善大使に黒柳徹子氏）
	国連教育科学文化機関（世界遺産を決める）
	世界貿易機関（GATT が発展して発足・貿易問題の調整と解決）
	世界保健機関（新型コロナウイルスなど伝染病対策や麻薬取締まり）
	国内総生産（GNP から海外生産の額を引いたもの・近年 GNP より重視）
	ヨーロッパ連合〔欧州連合〕（2020 年現在 27 か国）
	北大西洋条約機構（冷戦時代～西側諸国の軍事同盟）
	米国・メキシコ・カナダ協定（NAFTA に代わる協定・新NAFTA とも） （アメリカ）
	東南アジア諸国連合（東南アジア 10 か国の経済協力）
	石油輸出国機構（産油国の利益を守る・1973 年，石油危機を引きおこす）
	新興工業経済地域（アジアでは韓国・台湾・香港・シンガポール）
	アジア太平洋経済協力会議（太平洋を囲む国々が参加）
	環太平洋経済連携協定（環太平洋パートナーシップ協定とも）
	政府開発援助（発展途上国への公的な援助）
	非政府組織（国際的なボランティア組織〔赤十字社や国境なき医師団など〕）
	非営利組織〔非営利法人〕（民間のボランティア団体）
	情報通信技術（インフォメーション・テクノロジー。ICT ということもある）
	製造物責任法（製品の欠陥があれば企業が責任をもつ）
	国連加盟国が掲げた目標

■ アルファベット略称 ■（これだけは）…日本語で書きなさい

UN	
PKO	
UNICEF	
UNESCO	
WTO	
WHO	
GDP	
EU	
NATO	
USMCA	
ASEAN	
OPEC	
NIES	
APEC	
TPP	
ODA	
NGO	
NPO	
IT(ICT)	
PL法	
SDGs	

■公民の経済分野で特に覚えておくこと ■→答えは解説編 p.150 ～ 151

1 【　　　　　　　　　　　　　　　　(制度)】：(訪問販売やキャッチセールスで)契約をした日から

【　　日】以内なら無条件で取り消せる

(マルチ商法では 20 日以内)

2 【　　　　法（製造物責任法）】：【　　　　　　商品】は会社が責任を持つ

3 需要と供給

需要＝[　　　　　　　　（　　　　　　）]

供給＝[　　　　　　　　（　　　　　　）]

需要が供給を上回ると商品価格は【　　がる】

供給が需要を上回ると商品価格は【　　がる】

価格

[　　　　曲線]

E

[　　　　曲線]

0　　　　　　　　　　　　量

4 【　　　　価格】：需要と供給が一致したときの価格（E点）

5 [　　　価格]：ある商品の市場を独占している大企業が決めた価格

実際は完全独占よりも，少数の企業による【　　　　　】が一般的

▶独占の形態：[　　　　　　]・トラスト・コンツェルン

🌑独占状態では自由競争がおこなわれず価格や生産量の支配が生じるため消費者に不利益

【　　　　法】で禁止←【　　　　　　　　　】が監視と法の運用

6 【　　　　　　　】：国や地方公共団体が決定(許可)する商品やサービスの価格や料金

電車・電気・ガス・水道料金など🌑市民生活に与える影響が大きいから

7 外国為替相場

1 ドル＝ 100 円→ 1 ドル＝ 110 円になる…円の価値が[　　がる]＝ドルの価値が[　　がる] 海外旅行に行くと[　　]・輸出には[　　　　]⇔輸入には[　　　　]	
1 ドル＝ 110 円→ 1 ドル＝ 100 円になる…円の価値が[　　がる]＝ドルの価値が[　　がる] 海外旅行に行くと[　　]・輸出には[　　　　]⇔輸入には[　　　　]	

8 株式会社

(1) 資金を集めるために【　　　　　】を買ってもらう(株式を買うことで会社に**出資**してもらう)

(2) 株主(株式を買った人)は【　　　**責任**】：会社が大赤字でも株券がパーになるだけ

(3) 株主のメリット：会社に利益があれば出資額に応じて【　　　　】がもらえる

(4) 株式会社は最高機関である【　　　　　　】の決定で運営される

(5) 株主総会では【　　　　　　】に応じて議決権をもつ(1人1票ではない)

---

9 日本銀行：【　　　銀行　】【　　　の銀行　】【　　　の銀行　】

---

10 【　　　　　　**制度**】：中央銀行が紙幣の発行量を調整する制度(金本位制度に代わる)
世界恐慌以降に各国が採用(日本も)・紙幣と金の交換は出来ない

11 景気変動

【　　　　　　　　】：物価が上がり続けて，通貨の価値が下がる現象

【　　　　　　　　】：物価が下がり続けて，通貨の価値が上がる現象

---

12 【　　　**政策**】：日本銀行がおこなう

◆不景気の時には【　　　**オペレーション**】をおこなう

◆不景気の時には**預金準備率**を【　引き　　げる】

---

13 【　　　**政策**】：政府がおこなう

◆不景気の時には**公共事業**を【　　　す】&【　　税】

---

14 直接国税：【　　税】【　　税】【　　　税】

---

15 【　　　　　　**制度**】：給料が多いほど所得税の税率が高くなるしくみ(相続税は遺産額)
所得の再分配(所得の不平等をやわらげる)の機能がある

---

16 社会保障制度の4つの柱
【　　　　】【　　　　　】【　　　　】【　　　　】

■ 年代暗記・公民編 ■

年代	できごと	ゴロ合わせ
1215	マグナ・カルタ(英)	人に一言，マグナ・カルタ(大憲章)
1642	清教徒革命(ピューリタン革命)始まる(英)	人，無視に怒った清教徒
1688	名誉革命おこる(英)	色やや明らか議会制
1689	権利の章典(英)	一路躍進，権利の章典
1776	独立宣言(米)	いーな，なろうぜ独立国
1789	フランス革命おこる & 人権宣言	非難バクハツ，バスティーユ
1861	南北戦争おこる(米)	人は向いてる南北に(野郎一発当ててやる)
1863	奴隷解放宣言 by リンカン	一番無惨な奴隷を解放(ゲティスバーグ演説)
1868	明治元年	
1889	大日本帝国憲法発布	いち早く，できたよ憲法アジア初
1912	大正元年	
1925	普通選挙法・治安維持法	〈25年に25歳以上〉
1926	昭和元年	
1929	世界恐慌	人，国苦しむ世界恐慌
1950	朝鮮戦争	隣で戦争，ひどく困る(ことはなかったけど)
1951	サンフランシスコ平和条約	インク濃い字で「安保もね」
1955	アジア=アフリカ会議(in インドネシア・バンドン)	行くぜ GOGO バンドンへ
1956	日ソ共同宣言→国際連合加盟	恨み解く頃，国連加盟
1960	アフリカの年	一苦労，なんとかかんとか独立へ
1964	東京オリンピック・東海道新幹線	一苦労したよ東京オリンピック
1965	日韓基本条約	行くか老後は韓国へ
1972	沖縄返還	人，苦難に耐えて復帰する
1972	日中共同声明	ビッグなニュースで声が明るい
73	第4次中東戦争→石油ショック	ナミダが出るぜ，紙がない
1978	日中平和友好条約	平和の使者はビッグなパンダ
1989	平成元年・消費税導入(3%)	
1990	東西ドイツ統一(1989年ベルリンの壁崩壊)	遠く暮れゆく東西ドイツ
91	ソ連解体	悔いが残るゼソ連邦
1995	阪神・淡路大震災(1.17)・地下鉄サリン事件	
2001	アメリカ同時多発テロ(9.11)	
2011	東日本大震災(3.11)	
年	あなたが【 　　　　　　　】に入学する	がんばれ